Marijan Kosel und Jürgen Weißenrieder

Projekte sicher managen

200 Jahre Wiley – Wissen für Generationen

Jede Generation hat besondere Bedürfnisse und Ziele. Als Charles Wiley 1807 eine kleine Druckerei in Manhattan gründete, hatte seine Generation Aufbruchmöglichkeiten wie keine zuvor. Wiley half, die neue amerikanische Literatur zu etablieren. Etwa ein halbes Jahrhundert später, während der »zweiten industriellen Revolution« in den Vereinigten Staaten, konzentrierte sich die nächste Generation auf den Aufbau dieser industriellen Zukunft. Wiley bot die notwendigen Fachinformationen für Techniker, Ingenieure und Wissenschaftler. Das ganze 20. Jahrhundert wurde durch die Internationalisierung vieler Beziehungen geprägt – auch Wiley verstärkte seine verlegerischen Aktivitäten und schuf ein internationales Netzwerk, um den Austausch von Ideen, Informationen und Wissen rund um den Globus zu unterstützen.

Wiley begleitete während der vergangenen 200 Jahre jede Generation auf ihrer Reise und fördert heute den weltweit vernetzten Informationsfluss, damit auch die Ansprüche unserer global wirkenden Generation erfüllt werden und sie ihr Ziel erreicht. Immer rascher verändert sich unsere Welt, und es entstehen neue Technologien, die unser Leben und Lernen zum Teil tiefgreifend verändern. Beständig nimmt Wiley diese Herausforderungen an und stellt für Sie das notwendige Wissen bereit, das Sie neue Welten, neue Möglichkeiten und neue Gelegenheiten erschließen lässt.

Generationen kommen und gehen: Aber Sie können sich darauf verlassen, dass Wiley Sie als beständiger und zuverlässiger Partner mit dem notwendigen Wissen versorgt.

William J. Pesce
President and Chief Executive Officer

Peter Booth Wiley
Chairman of the Board

Marijan Kosel und Jürgen Weißenrieder

Projekte sicher managen

*Mit sozialer Kompetenz
die Ziele erreichen*

WILEY-VCH Verlag GmbH & Co. KGaA

1. Auflage 2007

Alle Bücher von Wiley-VCH werden sorgfältig erarbeitet. Dennoch übernehmen Autoren, Herausgeber und Verlag in keinem Fall, einschließlich des vorliegenden Werkes, für die Richtigkeit von Angaben, Hinweisen und Ratschlägen sowie für eventuelle Druckfehler irgendeine Haftung

Bibliografische Information der Deutschen Nationalbibliothek
Die Deutsche Nationalbibliothek verzeichnet diese Publikation in der Deutschen Nationalbibliografie; detaillierte bibliografische Daten sind im Internet über http://dnb.d-nb.de abrufbar.

© 2007 WILEY-VCH Verlag GmbH & Co. KGaA, Weinheim

Alle Rechte, insbesondere die der Übersetzung in andere Sprachen, vorbehalten. Kein Teil dieses Buches darf ohne schriftliche Genehmigung des Verlages in irgendeiner Form – durch Photokopie, Mikroverfilmung oder irgendein anderes Verfahren – reproduziert oder in eine von Maschinen, insbesondere von Datenverarbeitungsmaschinen, verwendbare Sprache übertragen oder übersetzt werden. Die Wiedergabe von Warenbezeichnungen, Handelsnamen oder sonstigen Kennzeichen in diesem Buch berechtigt nicht zu der Annahme, dass diese von jedermann frei benutzt werden dürfen. Vielmehr kann es sich auch dann um eingetragene Warenzeichen oder sonstige gesetzlich geschützte Kennzeichen handeln, wenn sie nicht eigens als solche markiert sind.

Printed in the Federal Republic of Germany

Gedruckt auf säurefreiem Papier.

Satz TypoDesign Hecker GmbH, Leimen
Druck und Bindung AALEXX Druck GmbH, Großburgwedel
Umschlaggestaltung Christian Kalkert, Birken-Honigsessen
Wiley Bicentennial Logo Richard J. Pacifico

ISBN: 978-3-527-50255-4

Inhaltsverzeichnis

Geleitwort 9

Vorwort 11

1 Einleitung 15

2 Grundlagen des Projektmanagements 19
2.1 Wann macht ein Projekt überhaupt Sinn? 19
2.2 Was ist Projektmanagement? 22
2.3 Wie kommen Projekte eigentlich zustande? 22
2.4 Organisationsformen von Projekten 22
    2.4.1 Einfluss-Projektmanagement 23
    2.4.2 Matrix-Projektmanagement 24
    2.4.3 Reines Projektmanagement 24
    2.4.4 Bereichsbezogenes Projektmanagement 25
2.5 Projektbeteiligte 25
    2.5.1 Der Auftraggeber 25
    2.5.2 Das Lenkungsteam 26
    2.5.3 Der Projektleiter 27
    2.5.4 Die Projektmitarbeiter 28
    2.5.5 Die Linienvorgesetzten 28
    2.5.6 Sonstige Projektbeteiligte 28
2.6 Die Projektorganisation 29
2.7 Die Projektphasen 29
2.8 Die Projektplanung 30
2.9 Der Projektentstehungsprozess – von der Idee zum Projektabschluss 32

3 Unternehmenskultur und Projektmanagement 35
3.1 Teilaspekte der Unternehmenskultur 36
3.2 Die pathologische Unternehmenskultur 41

Projekte sicher managen. Marijan Kosel und Jürgen Weißenrieder
Copyright © 2007 WILEY-VCH Verlag GmbH & Co. KGaA, Weinheim
ISBN 978-3-527-50255-4

3.3	Implizite Regeln – die ungeschriebenen Gesetze 44	
3.4	Welche Unternehmenskultur fördert Projektmanagement? 47	
3.5	Projektmanagement im schwierigen Unternehmensumfeld 49	
3.6	Das Zusammenspiel von Projekt und Linie – Kampf der Kulturen? 50	
3.7	Wie kann Projektmanagement die Unternehmenskultur positiv beeinflussen? 52	

4 Woran Projekte wirklich scheitern 57

4.1	Beispiel 1: Das »spontane Projekt« 58
4.2	Beispiel 2: Wenn Projekte mit »Soda-Personal« bearbeitet werden 60
4.3	Beispiel 3: Wenn das Unternehmen unter »Projektitis« leidet 61
4.4	Beispiel 4: Boykottierung durch die Linie 62
4.5	Beispiel 5: Die falschen Projektmitarbeiter 63
4.6	Projektblockaden und deren originäre Ursachen 64
4.7	Anzeichen für Projektboykott 70
4.8	Erfolgsfaktoren des Projektmanagements 72

5 Erfolgsfaktor Projekteffektivität – die richtigen Projekte auswählen 75

5.1	Die Projekt- und Vorhabenliste 77
5.2	Die Nutzen-/Aufwandsbetrachtung 78
5.3	Einbindung der strategischen Projekte in das Zielsystem des Unternehmens 81

6 Erfolgsfaktor Projektbeteiligte – das richtige Rollenverständnis 85

6.1	Der Auftraggeber 85	
	6.1.1	Das richtige Rollenverständnis und Aufgaben des Auftraggebers 85
	6.1.2	Meilensteine als wichtiges Führungsinstrument des Auftraggebers 90
6.2	Das Lenkungsteam 91	
	6.2.1	Das Lenkungsteam als oberstes Entscheidungsgremium im Projekt 91
	6.2.2	Das Lenkungsteam als Bindeglied zwischen Projekt und Linie 93
6.3	Die Linienvorgesetzten 94	
6.4	Der Projektleiter 97	

6.5. Die Projektmitarbeiter 97
6.6 Die richtige Größe des Projektteams 99
6.7 Die richtige Projektorganisation 100
6.8. Die Kommunikation zwischen den Projektbeteiligten 101

7 Erfolgsfaktor Projekteffizienz – Projekte richtig angehen 105
7.1 Die Auftragsklärung 107
    7.1.1 Das Zielkreuz der Projektarbeit 109
    7.1.2 Die Projektskizze 110
    7.1.3 Der Projektleitfaden/das Projekthandbuch 112
    7.1.4 Der Auftragsklärungsworkshop 114
    7.1.5 Die erforderlichen Ressourcen 115
    7.1.6 Der Projektstrukturplan 115
7.2 Der richtige Projektstart 117
    7.2.1 Die Auftaktsitzung 117
    7.2.2 Der Auftaktworkshop (Kick-off) 119
7.3 Die Projektplanung 124
    7.3.1 Die Ablauf- und Terminplanung 125
    7.3.2 Die Meilensteinplanung 127
    7.3.3 Die Ressourcen- und Kostenplanung 129
7.4 Die regelmäßige Kommunikation mit dem Lenkungsteam 130
7.5 Der richtige Projektabschluss – aus den Erfahrungen lernen 132
    7.5.1 Der formale Projektabschluss 132
    7.5.2 Die Projektevaluation 134

8 Erfolgsfaktor Projektleitung – Führungsverhalten und Instrumente 137
8.1 Die Erwartungen an den Projektleiter und dessen Verantwortung 137
8.2 Das richtige Führungs- und Rollenverständnis des Projektleiters 140
8.3 Die Aufgaben des Projektleiters 147
8.4 Die Auswahl des richtigen Projektleiters 152
8.5 Die Führungsinstrumente des Projektleiters 156
    8.5.1 Die Projektbesprechungen 157
    8.5.2 Die Projektmanagementinstrumente als Führungsinstrumente 159
8.6 Die Zusammenarbeit im Team 163
    8.6.1 Merkmale guter Projektteams 164
    8.6.2 Teambildung und -entwicklung 165

8.7 Der Umgang des Projektleiters mit pathologischer Unternehmenskultur *167*
8.8 Der Projektmanagement-Check für Projektleiter *170*

9 Gelebtes Projektmanagement – wie Sie sicherstellen, dass Ihr Projektmanagement auch gelebt wird *175*
9.1 Prozessorientiertes Vorgehen – gelebtes Projektmanagement als Projekt *178*
9.2 Analyse und Diagnose *180*
9.3 Commitment des Managementteams *181*
9.4 Beschreibung des Grobkonzepts und der Mindeststandards *182*
9.5 Einsicht bei allen Führungskräften erzeugen *183*
9.6 Alle laufenden Projekte nochmals auf den Prüfstand *184*
9.7 Einen Projektmanagementverantwortlichen installieren *186*
9.8 Alle Projektleiter ausbilden *187*
9.9 Regelmäßige Projektreviews durchführen *188*
9.10 Leistungsbeurteilung für Projektmitarbeiter *190*

10 Zu guter Letzt *193*

Anlagen *195*

Literaturverzeichnis *205*

Anmerkungen *209*

Stichwortverzeichnis *213*

Geleitwort

Das Konzept des Projektmanagements ist heute ein integraler Bestandteil nicht nur des beruflichen Alltags, auch im schulischen und privaten Bereich kommt der Projektmanagementansatz immer mehr zum Tragen. Zahlreiche wissenschaftliche Arbeiten und Publikationen setzen sich mit diesem Thema auseinander. Der Schwerpunkt liegt jedoch im Allgemeinen immer auf den Prozessen und Werkzeugen und deren Anwendung bei der Umsetzung eines erfolgreichen Projektmanagement-Systems. Man ist geneigt zu glauben, dass bei der richtigen Anwendung der vorgegebenen Werkzeuge sich auch automatisch der Projekterfolg einstellt. Aus Erfahrung wissen wir, dass dies nicht der Fall ist. Ein hoher Prozentsatz aller Projekte endet mit einem nur mäßigen Erfolg oder wird nie zu Ende gebracht. Dabei ist die Idee des Projektmanagements nicht eine Erfindung der Neuzeit. Schaut man in die Geschichte, findet man viele Beispiele hochkomplexer Bauwerke oder anderer überragender Leistungen, die ohne unser heutiges Verständnis des Projektmanagements entstanden sind. Zurückblickend hätten diese Leistungen eigentlich nie erbracht werden können. Und doch wurden sie realisiert. Daraus leitet sich ab, dass zu einem erfolgreichen Projekt mehr als nur standardisierte Werkzeuge gehören.

Projekte können bei uns im Unternehmen grundsätzlich in zwei Typen eingeteilt werden: erstens Projekte, die im Auftrag von Kunden in aller Welt realisiert werden, zweitens interne Projekte, die das Ziel haben, Organisationsstrukturen, Führungsinstrumente oder neue Produkte, Verfahren und Abläufe zu entwickeln und einzuführen.

Projektarbeit ist im Anlagenbau die übliche Organisationsform, um maßgeschneiderte Lösungen für Siloanlagen, Logistikcenter und hochkomplexe Förder- und Schüttgutanlagen für Kunden auf der ganzen Welt zu entwickeln und zu fertigen. Hierfür gibt es eine Fülle ausgereifter Projektmanagementwerkzeuge und klar definierte Organisationsstrukturen mit einem Projektleiter an der Spitze. Dennoch wird der Erfolg eines Projektes von anderen Faktoren bestimmt. Gerade bei internationalen Projekten, bei denen neben der Unternehmenskultur auch noch die jeweilige Länderkultur be-

Projekte sicher managen. Marijan Kosel und Jürgen Weißenrieder
Copyright © 2007 WILEY-VCH Verlag GmbH & Co. KGaA, Weinheim
ISBN 978-3-527-50255-4

rücksichtigt werden muss, zeigt sich die Bedeutung kultureller Einflüsse auf die Projektarbeit besonders deutlich. Hier kommt es vor allem darauf an, mit Menschen aus unterschiedlichen Kulturen situationsgerecht und zielführend kommunizieren und agieren zu können. Ein Gespür für andere Kulturen und das Erkennen wichtiger Signale auf der Verhaltens- und Beziehungsebene ist hier ein zentraler Schlüssel zum Projekterfolg. Interkulturelle Kompetenz ist dabei unverzichtbar.

Als Beispiel sei hier der kulturelle Unterschied zwischen der deutschen und arabischen Welt genannt. So würden wir in unserem Kulturkreis bei der Bewältigung von Problemen Gespräche mit allen Beteiligten am Tisch ungeachtet deren Hierarchie führen. In der arabischen Kultur ist dies nicht zielführend, da durch den Top-Down-Managementstil sich die Mitarbeiter nur dem eigenen Chef verpflichtet fühlen. Konflikte lassen sich also nur unter Beachtung von Hierarchiestufen und unter Vermeidung von Gesichtsverlust lösen. Projektmeetings laufen in der arabischen Welt ebenfalls anders ab als in unserem bekannten Kulturkreis. Das Festhalten an formalen Abläufen erscheint aus arabischer Sicht als unflexibel und Zeitverschwendung und führt oftmals zu Unverständnis bei den Beteiligten. Diese Beispiele ließen sich noch weiter fortsetzen und gelten in ähnlicher Weise auch für andere Kulturkreise.

Anders sieht es bei Projekten der zweiten Kategorie, den internen Projekten, aus. Hier gibt es eine Fülle von Aufgaben, die heute über den klassischen Projektansatz gelöst werden. Dies sind im Wesentlichen Organisationsprojekte und Entwicklungsprojekte. Die Umsetzung dieser Projekte erfolgt meist parallel zu der eigentlichen Tätigkeit am Arbeitsplatz, das heißt die an den Projekten beteiligten Personen unterliegen einer zusätzlichen Belastung. Eine erfolgreiche Projektarbeit erfordert eine Unternehmenskultur, die diesen Aspekten Rechnung trägt. Eine straffe Führung und eine offene Kommunikationskultur, die durch das Topmanagement vorgelebt und eingefordert wird, bieten die beste Basis dafür. Ebenso sind die Auswahl der richtigen Projekte und eine Ressourcenplanung für einen Projekterfolg unabdingbar. Erfolgreiche Projektarbeit ist also kein Hexenwerk – vorausgesetzt, die Unternehmenskultur passt. Wenn nicht, dann wird's schwierig.

Die Verfasser dieses Buches wollen mit ihrem Ansatz keine weitere Projektmanagementmethode entwickeln, sondern zeigen eindrucksvoll und mit vielen Praxisbeispielen belegt auf, welche anderen Faktoren entscheidend sind, um Projekte erfolgreich umzusetzen.

Februar 2007   *Wolfgang Horn*
                Geschäftsführer der Zeppelin Silos & Systems GmbH
                in Friedrichshafen

Vorwort

Warum noch ein Buch über Projektmanagement? Sicher ist es eine Tatsache, dass Projektarbeit im Vergleich zur herkömmlichen Arbeit in der Linie an Bedeutung gewinnt, weil die Geschwindigkeit von Veränderungen in Unternehmen zunimmt. Damit nimmt automatisch auch die Notwendigkeit zu, Prozesse und Methoden in Unternehmen immer häufiger auf den Prüfstand zu stellen. Aber alleine das ist kein Grund, noch ein Buch über Projektmanagement zu schreiben. Wenn man bei Amazon den Suchbegriff »Projektmanagement« eingibt, werden einem sage und schreibe 1 128 Buchtitel hierzu aufgelistet. Bei Bol übrigens nicht viel weniger, nämlich 996. Hätte uns das nicht abschrecken müssen? Ist nicht alles, was man dazu sagen beziehungsweise schreiben kann, längst gesagt beziehungsweise geschrieben? Lange haben wir damit gerungen, ob wir das Thema Projektmanagement aufgreifen sollten oder nicht. Viele Stunden haben wir damit verbracht, uns zu überlegen, worin die Innovation, der einzigartige Nutzen unseres Buches bestehen sollte. In unserer langjährigen Beratungspraxis haben wir viele Seminare über Projektmanagement gehalten und noch mehr Projekte begleitet. Wir arbeiten fast ausschließlich in Projekten. Wir haben auch mehrere Kunden dabei unterstützt, das bestehende Projektmanagement zum Leben zu erwecken oder Projektmanagement im Unternehmen als Organisationsform einzuführen. Wir haben die unterschiedlichsten Ausprägungen von Projektmanagement gesehen und dabei gelernt, dass es auch unterschiedliche Formen von Projektmanagement gibt, die erfolgreich sein können. Wir haben Unternehmen kennen gelernt, die ein ausgefeiltes Projektmanagementsystem mit Projekthandbüchern, Softwaretools, Projektrichtlinien und projektgeschulten Mitarbeitern vorweisen können. Trotzdem sind sie mit ihren Projekten nicht zwingend erfolgreich, und wir mussten feststellen, dass das Einhalten formaler Arbeitsschritte alleine noch keine Garantie für ein funktionierendes Projektmanagement darstellt. Andere Unternehmen wiederum verfügen über kein formales Projektmanagement mit einem festen Regelwerk. Dort findet Projektmanagement eher intuitiv statt, und siehe da: Auch das kann funktionieren. Die entscheidende

Projekte sicher managen. Marijan Kosel und Jürgen Weißenrieder
Copyright © 2007 WILEY-VCH Verlag GmbH & Co. KGaA, Weinheim
ISBN 978-3-527-50255-4

Erfahrung, die wir immer wieder gemacht haben, ist: »*Projekte scheitern an den Menschen, nicht an den Methoden.*« Damit meinen wir aber nicht das Versagen Einzelner, wie Projektleiter oder Projektmitarbeiter, sondern wir meinen das *kollektive Versagen* ganzer Organisationen, die mit den Anforderungen und den Gegebenheiten der Projektorganisation nicht zurechtkommen. Da »verträgt« sich der Projektgedanke nicht mit der bestehenden Unternehmenskultur. Dort »beißen« sich die heimlichen Spielregeln – die impliziten Regeln – im Unternehmen mit den Erfordernissen des Projektmanagements. Was nützt es, wenn künftige und potenzielle Projektleiter in den Projektmanagement-Seminaren massenhaft Projektmanagementmethoden und -tools vermittelt bekommen, wenn der »Schlüssel« (zum Projekterfolg), den man ihnen dort in die Hand drückt, nicht zum »Schloss« – also zum Problem – passt? Projektmanagement kann nicht isoliert von der Unternehmenskultur insgesamt gesehen werden. Noch mehr: Im Prinzip kann man auch nicht von »falschem« oder »richtigem« Projektmanagement sprechen, sondern auf der Basis einiger Grundprinzipien muss im Unternehmen »das« Projektmanagement entwickelt werden, das zu diesem Unternehmen, seiner Kultur und den Besonderheiten seines Marktes, der Prozesse und des Reifegrades passt. Wie fruchtbar der Boden ist, auf den das Projektmanagement dann dort fällt, hängt eben von der jeweiligen Unternehmenskultur ab. Die Projektkultur ist immer ein Spiegelbild der Unternehmenskultur. Die wesentliche Einflussgröße auf die Unternehmenskultur sind die impliziten Regeln, die gemeinsamen, unausgesprochenen Annahmen, auf die sich das alltägliche Verhalten stützt. In diesem Buch geht es uns weniger um das Management der großen Megaprojekte mit Millionenbudget, sondern in erster Linie um die Vielzahl der kleinen Projekte, die so mehr oder weniger nebenbei erledigt werden sollen und die über 95 % aller Projekte ausmachen. Große Projekte, wie z.B. Bauprojekte, Entwicklungsprojekte oder die Errichtung neuer Produktionsanlagen unterliegen ganz anderen Gesetzmäßigkeiten als die kleinen »Amateurprojekte«. Die Bedeutung von Megaprojekten ist in der Regel für die Unternehmen sehr groß. Deshalb herrscht hier im Allgemeinen ein hoher Umsetzungsdruck und eine hohe Aufmerksamkeit für das Projekt. Es hat »management attention«. Die Projektverantwortlichen werden für diese Aufgaben freigestellt und können mit der vollen Unterstützung der Geschäftsleitung rechnen, was nicht zuletzt in einem angemessenen Projektbudget zum Ausdruck kommt. Für das Management von Großprojekten stehen eine Vielzahl professioneller Tools zur Verfügung, und die Qualitätssicherung verlangt eine Unmenge von Standards ab. Damit unterliegen Großprojekte einer viel stärkeren Professionalisierung. Deutlich schwieriger stellt sich die Abwicklung der zahlreichen kleinen und mittleren Alltagsprojekte dar. Die Projektleiter führen die Projekte meist neben ihrer eigentlichen Arbeit durch, sie haben in der Regel nur wenig Rückendeckung seitens der Geschäftsführung, sie führen Projektmitarbeiter, denen gegenüber sie keine disziplinarische Weisungsbefugnis haben, und sie können nur selten auf ausreichende personelle und finanzielle Ressourcen zurückgreifen. Ein Ziel dieses Buches besteht darin, einen ganzheitlichen Projektmanagementansatz vorzustellen, der die Gegebenheiten und Auswirkungen von Unternehmenskulturen und deren implizite Regeln auf das Projektmanagement sowie Lösungsansätze aufzeigt. Wir erheben nicht den Anspruch eines wissenschaftlichen Ansatzes, sondern wir möchten damit unsere Erfahrungen aus der Praxis leicht verständlich und klar wiedergeben.

Bei der Gliederung haben wie uns für folgenden Aufbau entschieden: Nach der Einführung werden wir im zweiten Kapitel die Grundlagen des Projektmanagements kurz darstellen. Darin werden die grundlegenden Begriffe erklärt. Diese sind für das weitere Verständnis wichtig. In Kapitel 3 wollen wir den Einfluss der Unternehmenskultur auf das Projektmanagement und umgekehrt aufzeigen. Dabei geht es vor allem um die Beantwortung der Frage »Was ist eine projektförderliche Unternehmenskultur, und wie kann man Projekte in einem schwierigen Unternehmensumfeld zum Erfolg bringen?«. Neben einigen Antworten werfen wir in diesem Kapitel aber auch selbst noch eine ganze Reihe von Fragen auf und beschreiben Problemfelder, zu denen wir in den Kapiteln 5ff. Lösungen anbieten. Kapitel 4 beleuchtet die Frage »Woran scheitern Projekte wirklich?«. Dabei wollen wir auf die tatsächlichen, die tiefer liegenden Gründe des Scheiterns von Projekten schauen. Den Schwerpunkt des Buches bilden die nachfolgenden Kapitel, in denen wir die vier Erfolgsfaktoren des Projektmanagements darstellen. In Kapitel 5 wird der Erfolgsfaktor »Projekteffektivität – die richtigen Projekte auswählen« dargestellt. Kapitel 6 befasst sich mit dem Erfolgsfaktor »Projektbeteiligte« und deren Aufgaben sowie Rollenverständnis. Kapitel 7 ist der »Projekteffizienz« und der Frage »Wie geht man Projekte richtig an?« gewidmet. Kapitel 8 beschreibt die Aufgaben, das Rollenverständnis und die Instrumente des Projektleiters. Zu guter Letzt werden wir in Kapitel 9 aufzeigen, wie Sie Projektmanagement einführen und in hohem Maße sicherstellen können, dass es auch wirklich gelebt wird und nicht nur auf dem Papier steht.

Mit dem Buch richten wir uns an Projektleiter und Projektmanagementbeauftragte, insbesondere aber auch an Unternehmenslenker und das Topmanagement. Den Projektleitern möchten wir konkrete Hilfestellungen und praxisbewährte Projektmanagementtools an die Hand geben. Ihnen soll das

Buch dabei helfen, die Mechanismen des eigenen Unternehmens besser zu verstehen, sich der Besonderheiten ihrer Rolle bewusst zu werden und dabei die Lern- und Entwicklungsmöglichkeiten zu erkennen. Den Topmanagern möchten wir Ansätze für die Gestaltung ihres Projektmanagements aufzeigen und Anstöße zur Weiterentwicklung der Projekt- und der Unternehmenskultur bieten.

Wenn wir im weiteren Verlauf ausschließlich in der männlichen Form sprechen, so geschieht dies keinesfalls aus Mangel an Respekt vor dem weiblichen Geschlecht, sondern nur aufgrund der besseren Lesbarkeit. Herzlichen Dank für Ihr Verständnis.

Bedanken möchten wir uns vor allem bei unserer Teamassistentin Frau Annette Heß, die mit unermüdlichem Einsatz die letzten Korrekturen und Änderungen eingearbeitet hat und die auch in dieser stressigen Zeit ihren Humor und ihre gute Laune nicht verloren hat. Ebenso möchten wir uns bei allen bedanken, die in den letzten Jahren am Projektmanagement-Seminar der Verwaltungs- und Wirtschaftakademie in Karlsruhe teilgenommen und uns mit ihren Diskussionsbeiträgen sehr inspiriert haben. Ein besonderer Dank geht an alle unsere Kunden, aus deren betrieblicher Praxis die Beispiele und Anregungen größtenteils stammen. Last but not least bedanken wir uns bei unserem Lektor Herrn Jens Kreibaum vom Wiley Verlag für die gute Zusammenarbeit und die Unterstützung.

Tettnang, im April 2007 *Marijan Kosel*
Jürgen Weißenrieder

1
Einleitung

»Um klar zu sehen,
genügt ein Wechsel der Blickrichtung.«

(Antoine de Saint-Exupery, 1900–1944)

Ergänzend zu der herkömmlichen Aufbau- beziehungsweise Linienorganisation hat sich Projektmanagement als effiziente Organisationsform für bestimmte Aufgaben längst bewährt. Die Planungsmethoden und Projektmanagementinstrumente wurden im Laufe der Jahre immer weiter verfeinert und perfektioniert. Egal ob in der Industrie, im Handel oder in den öffentlichen Verwaltungen, ohne Projektmanagement ist die effiziente Abarbeitung vieler Aufgaben kaum mehr vorstellbar. Als Geburtsstunde des Projektmanagements für die industrialisierte Welt gilt das Manhattan-Projekt. Die Amerikaner wollten die Atombombe unter allen Umständen vor den Deutschen fertig stellen. Die Aufgabe war von so enormer Komplexität und stand unter so extremem Zeitdruck wie nie zuvor. Planung mit Netzplantechnik und Projektkontrolle waren die zentralen Elemente von Projektmanagement zu diesem Zeitpunkt.[1] Natürlich hat sich Projektmanagement aus diesen Anfängen heraus weiterentwickelt. Doch die Bilanzen, die in den letzten Jahren von den unterschiedlichsten Personen und Institutionen zu Projektmanagement gezogen wurden, sind teilweise sehr ernüchternd:

- »Das Projekt ist schon heute ein Oldtimer – edel, sündhaft teuer, erbärmlich ineffizient, ein Spielzeug für die, die es sich leisten können. Ein heroisches Ding aus Anfangstagen« findet Adrian W. Fröhlich und fordert: Projekte gehören abgeschafft.[2]
- Professor Manfred Gröger, Projektmanagement-Experte an der Fachhochschule München, hat (wie auch immer) errechnet, dass Deutschlands Projekte jährlich 150 Milliarden Euro vernichten. Dabei waren lediglich 43 Prozent der durchgeführten Projekte auch effektiv, das heißt strategisch die richtigen Projekte. Und nur 31 Prozent der Projekte rentierten sich, weil sie effizient durchgeführt wurden.[3] Wenn auch die Zahlen nur schwer nachvollziehbar sind, so werden hier zwei grundsätzlich wichtige Aspekte eines erfolgreichen Projektmanagements angesprochen, nämlich die Projekteffektivität (Werden die richtigen Projekte

angegangen?) und die Projekteffizienz (Werden die Projekte richtig, im Sinne von rationell beziehungsweise zielgerichtet durchgeführt?).
- Einer VW-Studie zufolge, die auf über 300 Interviews mit Projektmanagementexperten basiert, glauben nur 20 % der Verantwortlichen an unternehmensweite Vorteile von Projektmanagement. Projektmanagement als Methode, um wichtige Aufgaben und Vorhaben unternehmerisch zu gestalten, ist als solche nicht anerkannt.[4]
- Die in Überlingen am Bodensee ansässige Akademie für Führungskräfte der Wirtschaft veröffentlichte bereits 1997 eine Studie unter dem Titel *Schlechte Noten für Projektmanager – Führungskräfte kritisieren die Praxis des betrieblichen Projektmanagements*. Darin kam sie unter anderem zu dem Ergebnis, dass Projektmanagement noch zu häufig als Feuerwehreinsatz in Krisensituationen missverstanden und missbraucht werde. »Unklare Zielsetzungen durch die Auftraggeber verhinderten vielfach die erfolgreiche Durchführung. Die meisten Vorhaben könnten nur unter viel zu großem Termindruck durchgepeitscht werden.«[5]
- Das Beratungsunternehmen *Eloquent* hat in einer Untersuchung Folgendes festgestellt: »Ein Fünftel der Befragten sind bis 10 Prozent, gut die Hälfte bis 30 Prozent und ca. ein Viertel sogar über 50 Prozent ihrer Arbeitszeit in Projekten damit beschäftigt, festgefahrene Situationen aufzubrechen, mikropolitische Störungen in den Griff zu bekommen, Kompetenzdefizite abzubauen und Planungs- und Kooperationsdefizite zu managen.«[6]

Auch die Erfahrungen, die wir gemacht haben, liefern Hinweise darauf, dass sowohl die Projekteffektivität als auch die Projekteffizienz – positiv formuliert – noch verbesserungsfähig sind:

1) Die Unternehmen versinken in einer »Flut von Projekten«. Mitarbeiter beklagen sich, dass sie vor lauter Projekten keine Zeit für ihre eigentliche Arbeit haben. Projektarbeit wird dann eher als lästige Zusatzbelastung empfunden. Allein der Gedanke, eine Bugwelle von unfertigen Projekten vor sich her zu treiben, verursacht ein Gefühl der Überlastung und der Ohnmacht.
2) Sich gegenseitig beeinflussende beziehungsweise voneinander abhängige Projekte laufen unkoordiniert nebeneinander her. Es findet kein Informationsaustausch, geschweige denn eine Abstimmung zwischen den Projekten statt.

3) Projekte »versanden«. Nicht selten haben wir auf die Frage »Was macht eigentlich das Projekt xy?« die Antwort erhalten: »Ja, das läuft noch (manchmal auch schon seit Jahren), wir treffen uns hin und wieder noch.« Ein untrügliches Zeichen, dass das Projekt eigentlich schon gestorben ist, auch wenn es noch niemand für tot erklärt hat.
4) Projekte werden zwar abgeschlossen, aber nie umgesetzt. Wurde da nur für den Papierkorb gearbeitet? Oder, etwas schonender ausgedrückt, für die Schublade? (Das sind dann die so genannten »Schubladenprogramme«.)
5) Projektleiter beklagen sich über fehlendes Engagement der Projektmitarbeiter. Projektmitarbeiter übernehmen keine oder nur widerwillig Projektaufgaben, sie fehlen unentschuldigt bei den Projektbesprechungen, sie bringen sich bei den Projektbesprechungen nicht ein und sitzen ihre Zeit nur ab.
6) Projektmitarbeiter beklagen sich über dominierende Projektleiter, die die Lösung bereits im Kopf haben. (Ob das irgendwie mit Punkt 5 zusammenhängt?)
7) Die Projektmitarbeiter vertreten im Projekt nur die Interessen ihres Bereiches und sehen nicht die übergeordneten Projektziele.
8) Die Projektmitarbeiter reiben sich in offenen und verdeckten, zum Teil sehr subtilen Konflikten auf.

Die oben aufgeführten Beispiele sind Belege für eine immense Ressourcenverschwendung, eine Verschwendung, die man sich angesichts der abnehmenden Personalkapazitäten und der zunehmenden Anspannungsgrade immer weniger leisten kann. Gerade dann, wenn Ressourcen knapp sind, sollte mithilfe von Projektmanagement so effizient wie möglich mit ihnen umgegangen werden. Was läuft da schief? Worauf es bei einem erfolgreichen Projektmanagement ankommt, ist doch eigentlich klar: Man braucht eine effiziente Projektorganisation, Auftrag und Projektziele müssen klar sein, es muss eine saubere Projekt- und Meilensteinplanung erstellt werden, die benötigten Ressourcen (Personal und Finanzen) sind einzuplanen und bereitzustellen. Wie das alles geht, kann man in den vielen Projektmanagementbüchern nachlesen oder auf einem der zahlreichen Seminare lernen. Woran liegt es also, dass trotz der ausgefeilten Projektmanagementinstrumentarien so viele Projekte scheitern? Liegt es wirklich in erster Linie an den persönlichen Fähigkeiten der Projektleiter, wie eine der zahlreichen Untersuchungen[7] zu Tage gefördert hat? Wir glauben auch, dass Projekte in erster Linie an den Menschen im Unternehmen und nicht an den Methoden scheitern. Aber wir glauben, dass es zu kurz gesprungen ist, wenn man es nur an den persönlichen Fähigkeiten der Projektleiter oder der Projektmitarbeiter festmacht. Außerdem gibt es noch eine Reihe weiterer aktueller Entwicklungen, die wir nicht außer Acht lassen dürfen: Der Zeitdruck in der Projektarbeit wächst. Operative Hektik wird zum Normalfall. Trotz eines breiten Spektrums an Strategien und Vorgehensweisen, um Projekte pünktlich, budgetgerecht und mit gutem Ergebnis abzuschließen, sind Projektteams immer häufiger gezwungen, von heute auf morgen »ins kalte Wasser zu springen« (Jump & Go-Projekte). Gerade in wettbewerbsintensiven und innovationsfreudigen Branchen probieren Unternehmen alternative Vorgehensweisen aus, denn eine umfangreiche Planung ist noch kein Garant für einen erfolgreichen Umgang mit Komplexität, Unsicherheit und Dynamik. Chaotische Situationen lassen sich nicht länger mit viel Vorlauf planen. Die Planung erfolgt sozusagen während des Fluges. Dies ist auf den ersten Blick geradezu die Karikatur des konventionellen Projektmanagements, sozusagen ein Angriff auf die Grundidee von Projektmanagement. Grundlegend ist hier die Fähigkeit, schnell zu reagieren und zu organisieren, Alternativen in der Hand zu halten, auf Ressourcen schnell zugreifen zu können und vor allem, diese Veränderungen nicht als Störungen zu begreifen, sondern mit geeigneten Interventionsmöglichkeiten damit umgehen zu können. Die oben aufgeführten Probleme lassen sich also nicht durch noch mehr der Gleichen (mehr Planung und mehr Kontrolle etc.) lösen, sondern nur durch eine Lösung »zweiter Ordnung«, also auf einem ganz anderen Weg.

Dieses Buch soll Sie auch auf die Fettnäpfchen und Fallstricke »erster Ordnung« hinweisen. Der Mehrwert soll für Sie aber vorrangig in den Betrachtungen »zweiter Ordnung« liegen. Wir möchten Sie in die Lage versetzen, diese Aspekte besser zu erkennen und zu reflektieren. Außerdem möchten wir Ihnen praktische Hilfsmittel und Vorgehensweisen zur Verfügung stellen, mit denen Sie in diesen Situationen erfolgreich intervenieren können. Wir sind sicher, dass Sie in unseren Beispielen viele bekannte Situationen entdecken werden, bei denen Sie beifällig nicken werden. Es könnte allerdings auch sein, dass Sie eigene Glaubenssätze, Einstellungen und Denkmuster verwerfen müssen, um eine neue Qualität des Projektmanagements für sich und Ihr Unternehmen zu entdecken.

2
Grundlagen des Projektmanagements

«Wenn Sie das tun,
was Sie bisher getan haben,
werden Sie das bekommen,
was Sie bisher bekommen haben.«

(Unbekannt)

Bevor wir auf das Kernthema unseres Buches zu sprechen kommen, halten wir es für wichtig, kurz auf die Grundlagen des Projektmanagements einzugehen. Wir haben es in diesem Kapitel so weit wie möglich vermieden, unsere persönlichen Erfahrungen, Sichtweisen und Ratschläge einfließen zu lassen. Unser Bestreben in diesem Kapitel ist die kurze und sachliche Darstellung der Projektmanagementgrundlagen. Die Inhalte dieses Kapitels würden wir im Zusammenhang mit Projektmanagement als die Lösung »erster Ordnung« bezeichnen. Nicht dass diese Aspekte nicht wichtig wären für erfolgreiche Projekte. Im Gegenteil: Sie leisten einen wichtigen Beitrag. Es ist allerdings umgekehrt so, dass man mit der Anwendung dieser Projektmanagementgrundlagen keine Garantie für den Projekterfolg hat. Man kann es auch anders formulieren: Wenn Projekte schief gehen, dann liegt es meist an etwas anderem. Dazu später mehr.

Mit berechenbarer Regelmäßigkeit wird in unseren Projektmanagementseminaren zu Beginn die Frage gestellt: »Was ist eigentlich ein Projekt?« »Projekt« ist aus dem Lateinischen abgeleitet und bedeutet soviel wie »Entwurf, Vorhaben oder Plan«. Damit wird deutlich, dass ein Projekt immer zukunftsgerichtet ist und Planung einen zentralen Aspekt einnimmt. Planung bedeutet in diesem Zusammenhang die Vorwegnahme künftigen Handelns. Im heutigen Sprachgebrauch schließt ein Projekt aber nicht nur die Planung, also die konzeptionelle Vorbereitung, sondern auch die Ausführung mit ein.[1] Doch damit ist die eigentliche Frage der Teilnehmer nicht beantwortet. Diese wollen vielmehr wissen, wann es Sinn macht, eine bestimmte Aufgabe oder ein Vorhaben als Projekt zu definieren.

2.1 Wann macht ein Projekt überhaupt Sinn?

Nach DIN 69901 ist ein Projekt ein Vorhaben, das im Wesentlichen folgende Merkmale aufweist:

Projekte sicher managen. Marijan Kosel und Jürgen Weißenrieder
Copyright © 2007 WILEY-VCH Verlag GmbH & Co. KGaA, Weinheim
ISBN 978-3-527-50255-4

- Einmaligkeit der Bedingungen in ihrer Gesamtheit,
- Zielvorgabe,
- zeitliche, finanzielle, personelle oder andere Begrenzungen,
- Abgrenzung gegenüber anderen Vorhaben,
- projektspezifische Organisation.

Nachdem Sie sich das durchgelesen haben, sind Sie vermutlich nicht schlauer als vorher. Eher noch verwirrter? Deshalb wollen wir uns der Frage »Wann macht ein Projekt überhaupt Sinn?« von einer anderen Seite her nähern. Unternehmen werden ständig mit neuen Herausforderungen konfrontiert: gesetzliche und tarifliche Änderungen, neue Kundenanforderungen, veränderte Marktbedingungen, steigender Kostendruck oder steigende Erwartungen der Shareholder. Diese Herausforderungen ziehen ständig neue Aufgaben nach sich:

- Einführung neuer Software,
- Entwicklung neuer Produkte,
- Durchführung von Prozessanalysen, die in Prozessoptimierungen münden,
- Maßnahmen zur Produktivitätssteigerung,
- Image- und Werbekampagnen,
- Erschließung neuer Märkte (neuer Regionen oder neuer Zielgruppen etc.),
- Einführung neuer Führungsinstrumente wie zum Beispiel Zielvereinbarungen oder Leistungsbeurteilungen,
- die Systematisierung der Personalentwicklung,
- Neue Formen der Arbeitsorganisation in der Produktion,
- Einführung neuer Entgeltsysteme,
- Einführung flexibler Arbeitszeitsysteme,
- ein neues Ablagesystem,
- oder auch ganz banale Dinge wie zum Beispiel die Gestaltung von besonderen Jubiläums- oder anderen Betriebsfeiern.
- ... ???

All diese (Sonder-)Aufgaben müssen angegangen und bewältigt werden. Die Frage lautet nur »Wie?«. Die herkömmliche Aufbauorganisation des Unternehmens ist im Idealfall so gestaltet, dass wiederkehrende Aufgaben – also das typische Tagesgeschäft – möglichst effizient abgewickelt werden. Wenn es um die Beschaffung von Fertigungsmaterialien, die Arbeitsvorbereitung, die Einstellung neuer Mitarbeiter oder die Erstellung von Quartalsberichten geht, dann sind die Verantwortlichkeiten, die Informations- und Kommunikationswege sowie die Abläufe zuverlässig geregelt. Hier greift das *Prinzip der generellen Regelungen*. »Zur Zuverlässigkeit gehört, dass gleichartige Vorgänge in gleicher Weise behandelt werden und damit ebenfalls die Erledigung wiederkehrender Arbeiten effizient und mit vorhersagbaren Ergebnis gestaltet wird.«[2] Die herkömmliche Linienorganisation ist also dazu da, das Tagesgeschäft, immer wiederkehrende Aufgaben und Arbeiten effizient zu erledigen. Hier besteht ein hohes Maß an Vorhersagbarkeit bezüglich der zu ergreifenden Aktivitäten und der Ergebnisse. Doch neben diesen routinemäßigen Arbeiten gibt es Aufgaben, die eine gewisse *Einmaligkeit* und *Neuartigkeit* aufweisen – Aufgaben, bei denen der Lösungsweg nicht von vornherein auf der Hand liegt. Wenn diese dann auch noch mit einer gewissen *Komplexität versehen sind, dann ist die herkömmliche Aufbauorganisation mit der Bearbeitung dieser Aufgaben oft hoffnungslos überfordert.* Ein Vorhaben als Projekt zu definieren macht also immer dann Sinn, wenn

- das Vorhaben eine gewisse Komplexität aufweist, mit der ein einzelner Mitarbeiter überfordert wäre oder dessen Lösung die vorliegende Komplexität nur unzureichend berücksichtigt,
- das Vorhaben verschiedene Abteilungen oder Bereiche betrifft, also übergeordnete Bedeutung hat und damit das Zusammenwirken verschiedener Unternehmensbereiche erforderlich ist,
- das Vorhaben für das Unternehmen von großer Bedeutung, mit großen Risiken verbunden oder sehr terminkritisch ist.

Die Definition als Projekt stellt dann sicher, dass es mit einer hohen Priorität versehen wird und damit im Fokus der Entscheidungsträger bleibt. Je stärker diese Aspekte gegeben sind, umso eher ist ein Projekt die richtige Form der Aufgabenerledigung.[3] Verzetteln Sie sich also nicht in akademischen Diskussionen, ob bestimmte Arbeiten oder Vorhaben den Kriterien der DIN-Norm entsprechen und damit als Projekt zu definieren sind oder nicht, sondern überlegen Sie sich, welche Organisationsform – die herkömmliche Linienorganisation oder die Projektorganisation – die geeignetere zur Bewältigung der anstehenden Aufgaben ist. *Projektmanagement ist eine Organisationsform, die das Tagesgeschäft effektiv unterstützen soll.* Alle Probleme, die durch die Projektorganisation nicht effektiv gelöst werden, kommen früher oder später wieder in die Linie zurück. Dort gehören sie dann auch hin.

2.2 Was ist Projektmanagement?

Die DIN-Norm 69901 definiert Projektmanagement als »die Gesamtheit von Führungsaufgaben, -organisation, -techniken und -mitteln für die Abwicklung eines Projektes«. Anders ausgedrückt: Projektmanagement ist ein Führungssystem, das mithilfe von bestimmten Planungs-, Steuerungs- und Kontrollinstrumenten sicherstellt, dass die richtigen Projekte ausgewählt und effizient bearbeitet werden. Diese Definition macht deutlich, dass Instrumente und Methoden nur Hilfsmittel, nicht aber das Projektmanagement selbst darstellen. Projektmanagement ist nach unserem Verständnis in erster Linie ein ganzheitliches Führungssystem zur professionellen Abwicklung von Projekten, also für Aufgaben, für deren Erledigung die betrieblichen Routinen nicht ausreichen.

2.3 Wie kommen Projekte eigentlich zustande?

Projekte können auf höchst unterschiedliche Art und Weise zustande kommen. Die Kenntnis darüber kann für den Projektleiter oftmals von großer Bedeutung sein. Auslöser für Projekte sind häufig gesetzliche oder tarifliche Änderungen, Marktveränderungen, veränderte Kundenanforderungen, Entscheidungen in Geschäftsführer- oder Bereichsleitersitzungen oder einfach eine »Idee bestimmter Leute« im Unternehmen. Projekte können auch durch Mitarbeiter initiiert werden. Nämlich dann, wenn ein Mitarbeiter im Rahmen seiner Linienaufgabe auf ein wichtiges Thema oder Problem stößt, das er mit den Mitteln, die der Linienorganisation zur Verfügung stehen, nicht lösen kann. Er wird dann auf seine Vorgesetzten zugehen und vorschlagen, ein Projekt aufzusetzen. Es ist naheliegend, wer dann als Projektleiter in Frage kommt.

2.4 Organisationsformen von Projekten

Je nach Größe, Komplexität und Bedeutung des Projekts haben sich in der Praxis unterschiedliche Formen der Projektorganisation herausgebildet:[4]

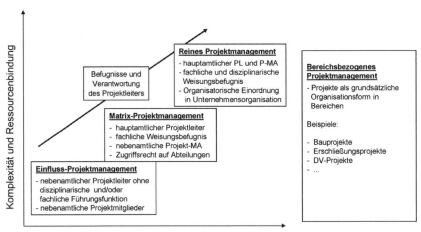

Abb. 1: Organisationsformen von Projekten

2.4.1 Einfluss-Projektmanagement

Das am häufigsten eingesetzte Modell gerade bei kleineren Projekten stellt das Einfluss-Projektmanagement dar. Hier werden dem Projektleiter nur wenig Kompetenzen eingeräumt. Die Projektmitarbeiter verbleiben in der Linie und sind nur temporär und nebenamtlich im Projekt eingesetzt. Die disziplinarische Führung für die Projektmitarbeiter verbleibt also bei den Linienvorgesetzten. Der Projektleiter besitzt weder gegenüber den Projektmitarbeitern noch gegenüber der Linie eine Weisungsbefugnis. Seine Einflussmöglichkeiten (seine Macht) leiten sich in erster Linie von der Unterstützung und Rückendeckung des Auftraggebers beziehungsweise des Lenkungsteams ab. Deshalb ist gerade in diesem Organisationsmodell die Verbindung zwischen Projekt und Linie durch ein Lenkungsteam (siehe 2.5.2) unverzichtbar. Der Vorteil dieses Organisationsmodells liegt in der intensiven Einbindung der Linie. Die größte Herausforderung für den Projektleiter bei diesem Modell liegt darin, die Projektmitarbeiter »bei der Stange zu halten«. Projektleiter, die diesem Organisationsmodell unterliegen, beklagen sich häufig darüber, dass ihre Projektmitarbeiter nur wenig Engagement im Projekt zeigen oder sich gar nach und nach (zumindest gedanklich) aus dem Projekt verabschieden. Inwieweit der Projektleiter im Einfluss-Projektmanagement aufgrund der fehlenden Kompetenzen überhaupt für die Zielerreichung verantwortlich gemacht werden kann, darüber gehen die Meinungen auseinander. Wir meinen, dass die Verantwortung auf jeden Fall beim Projektleiter liegen sollte, um den Umsetzungsdruck aufrecht zu erhalten. Dies gilt aber nur, wenn Auftraggeber und Lenkungsteam ihrer Verantwortung, nämlich dem Projektleiter den Rücken zu stärken, auch nachkommen.

2.4.2 Matrix-Projektmanagement

Beim Matrix-Projektmanagement verfügt der Projektleiter über mehr Kompetenzen als im Einfluss-Projektmanagement. Er hat ein »Zugriffsrecht« auf die Linie und in der Regel ein fachliches Weisungsrecht gegenüber den Projektmitarbeitern. Voraussetzung für ein funktionierendes Matrix-Projektmanagement ist eine exakte Festlegung der Verantwortung und der Kompetenzen von Projekt und Linie. Dieses Modell erfordert eine gute Abstimmung zwischen Projektleitung und Linienvorgesetzten im Bezug auf die Projektmitarbeiter. Sonst sind Konflikte vorprogrammiert, da die Mitarbeiter »Diener zweier Herren« sind, was selten gut geht. Das Matrix-Projektmanagement kommt in der Regel bei mittleren bis großen Projekten zum Einsatz.

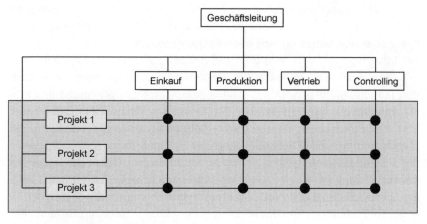

Abb. 2: Matrix-Projektmanagement

2.4.3 Reines Projektmanagement

Beim reinen Projektmanagement ist der Projektleiter mit den meisten Kompetenzen ausgestattet. Er ist hauptamtlich Projektleiter mit in der Regel hauptamtlichen Projektmitarbeitern, gegenüber denen er fachlich und disziplinarisch weisungsbefugt ist. Beim reinen Projektmanagement ist das

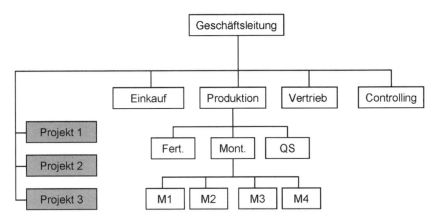

Abb. 3: Reines Projektmanagement

Projekt eine selbstständige Organisationseinheit, die in die Unternehmensorganisation eingebettet ist. Dieses Modell eignet sich für größere Projekte ab einer Projektdauer von zwei Jahren, die auch eine hohe strategische Bedeutung für das Unternehmen haben.

2.4.4 Bereichsbezogenes Projektmanagement

Neben den oben dargestellten Organisationsformen kann Projektmanagement auch die grundsätzliche Form der Auftragsbearbeitung in der Linie darstellen. Insbesondere in der Baubranche, im Anlagenbau oder in der EDV-Programmierung werden größere Kundenaufträge generell als Projekt abgewickelt. Auf diese Form des Projektmanagements wollen wir an dieser Stelle nicht weiter eingehen. Diese Organisationsform hat in der Regel den stabilen Charakter einer Linienorganisation und unterliegt tendenziell auch den gleichen Führungs- und Organisationsprinzipien.

2.5 Projektbeteiligte

2.5.1 Der Auftraggeber

Der Auftraggeber kann ein externer Kunde, der Leiter einer Linieneinheit, ein Mitglied der Unternehmensleitung oder auch ein Gremium, zum Beispiel das Managementteam sein. Ohne Auftraggeber kann es kein Projekt geben. Der Auftraggeber ist derjenige, der das Projekt »will«. Nach dem Grundsatz »Wer bestellt, bezahlt!« finanziert er das Projekt auch. Dabei kommen ihm unter anderem folgende Aufgaben zu: Der Auftraggeber

- beauftragt den Projektleiter mit der Projektdurchführung (gegebenenfalls auch das Lenkungsteam),
- sorgt für Klarheit der Projektziele (gegebenenfalls mit dem Lenkungsteam),
- setzt das Lenkungsteam (Lenkungsausschuss, Steuerungsteam etc.) ein,
- gibt die erforderlichen Finanzmittel und Ressourcen frei,
- trifft die Grundsatzentscheidungen im Projekt,
- kann den Projektauftrag wieder entziehen,
- erklärt das Projekt für abgeschlossen.

2.5.2 Das Lenkungsteam

Für das Lenkungsteam gibt es in der betrieblichen Praxis eine Vielzahl an alternativen Begriffen: Lenkungsausschuss, Lenkungskreis, Steuerkreis, Steuerungsteam, Projektsteuerungsgremium ... Für welchen man sich letztlich entscheidet, ist wohl eine Frage der Gewohnheit und des persönlichen Geschmacks. Wir haben uns für den Begriff Lenkungsteam entschieden, weil mit dem Begriff »Team« gleichzeitig auch eine Aussage zur Form der Zusammenarbeit in diesem Gremium verbunden ist. Das Lenkungsteam ist das Entscheidungsgremium im Projekt, wenn es darum geht, Grundsatzentscheidungen zu treffen. Das Lenkungsteam wird vom Auftraggeber eingesetzt. Mitglieder im Lenkungsteam sind in der Regel die vom Projekt direkt betroffenen Leiter der Linieneinheiten, also meistens Bereichs-, Ressort- oder Abteilungsleiter. Häufig ist auch der Auftraggeber Mitglied im Lenkungsteam. Bei einer ausgeprägten Teamkultur kann das Lenkungsteam auch in die Auftraggeberrolle schlüpfen. Der Projektleiter ist *nicht* Mitglied des Lenkungsteams, er *berichtet* an das Lenkungsteam. Dem Lenkungsteam obliegen in der Regel folgende Aufgaben:[5]

- Ernennung des Projektleiters,
- Benennung der Projektmitarbeiter (kann auch auf Vorschlag des Projektleiters erfolgen),
- Planung des Projektbudgets (wird sinnvollerweise an den Projektleiter übertragen),
- Freigabe des Projektbudgets,

- Grundsatzentscheidungen treffen,
- als Schlichtungsgremium fungieren, wenn es zu Konflikten zwischen Projekt und Linie kommt,
- bei Bedarf externe Berater oder Unterstützer hinzuziehen.

Eine weitere wichtige Funktion, die das Lenkungsteam ausübt, ist die des Bindegliedes zwischen Projekt und Linie. In dieser Funktion hat das Lenkungsteam darauf zu achten, dass einerseits die Interessen und Bedürfnisse der Linie im Projekt ihre Berücksichtigung finden. Andererseits ist es Aufgabe des Lenkungsteams, dafür zu sorgen, dass das Projekt die Unterstützung durch die Linie erfährt, die für den Projekterfolg notwendig ist.

2.5.3 Der Projektleiter

Die Hauptaufgabe des Projektleiters ist es, sicherzustellen, dass die Projektziele erreicht werden. Im Einzelnen bedeutet das: die budgetierten Projektkosten nicht zu überschreiten, die Projekttermine, insbesondere den Fertigstellungstermin, einzuhalten und das geforderte Ergebnis in der vereinbarten Qualität zu erreichen. Dazu nimmt er im Wesentlichen folgende Aufgaben wahr:

- Er führt die Auftrags- und Zielklärung mit dem Auftraggeber/Lenkungsteam durch;
- ihm obliegt (in der Regel) die fachliche Führung der Projektmitarbeiter;
- er erstellt mit seiner Projektgruppe den Projektplan;
- er führt regelmäßige Projektgruppenbesprechungen durch;
- er kontrolliert die Projektfortschritte laufend;
- er stellt die laufende Information aller Projektbetroffenen, insbesondere des Lenkungsteams sicher;
- er holt sich bei Bedarf die erforderlichen Entscheidungen beim Lenkungsteam ein;
- er macht möglichst früh auf bestehende Zielerreichungsrisiken aufmerksam.

Wenn im Lenkungsteam die »Sponsoren« des Projekts vertreten sind, dann können wir den Projektleiter als »Treiber« des Projekts bezeichnen. Er trägt damit im Rahmen seiner Befugnisse die Hauptverantwortung für das Projektergebnis. Entsprechend dem Verantwortlichkeitsprinzip kann es nur einen Projektleiter geben.

2.5.4 Die Projektmitarbeiter

Die Projektmitarbeiter sind in der Regel Mitarbeiter oder auch Führungskräfte der betroffenen Linienbereiche. Das wichtigste Auswahlkriterium für die Projektmitarbeiter ist ihre fachliche Qualifikation. Bei der Zusammenstellung des Projektteams ist darauf zu achten, dass alle erforderlichen Qualifikationen durch die Projektmitarbeiter abgedeckt werden. Die Projektmitarbeiter bearbeiten einzelne Arbeitspakete oder können auch als Teilprojektleiter eingesetzt werden.

2.5.5 Die Linienvorgesetzten

Die Linienvorgesetzten werden bei der Aufzählung der Projektbeteiligten häufig vergessen. Dabei spielen sie eine wichtige Rolle, weil sie ein Projekt durchaus auch kippen können. Die Linienvorgesetzten können in unterschiedlicher Form vom Projekt betroffen sein. Einerseits kann das Projekt direkte Auswirkungen auf das Liniengeschäft haben, wie zum Beispiel bei der Einführung einer neuen Software oder bei der Implementierung neuer Arbeitsabläufe. In diesem Fall ist sicherzustellen, dass die betroffenen Abteilungen und Bereiche in das Projekt eingebunden werden. Die Einbindung erfolgt in der Regel durch die Entsendung von Mitarbeitern in das Projekt, was zu einer weiteren Form der »Betroffenheit« führt. Dieser Begriff ist durchaus auch im negativen Sinne zutreffend, denn neben den (nicht immer erwünschten) Auswirkungen, die das Projekt für die Linie mitbringt, müssen sie nun auch noch ohnehin schon knappe Personalressourcen an das Projekt abgeben. Weiterhin kann die Linie durch das Projekt betroffen sein, indem sie dem Projekt Anlagen, Maschinen oder Sachmittel temporär zur Verfügung stellen soll. Dies ist beispielsweise bei der Entwicklung neuer Produkte der Fall, wenn der Projektleitung die Nutzung der Produktionsanlagen eingeräumt wird, um Versuchsfertigungen durchzuführen.

2.5.6 Sonstige Projektbeteiligte

Neben den Projekthauptakteuren kann es je nach Art und Umfeld des Projekts noch weitere Projektbeteiligte geben. Das können externe Berater oder Moderatoren sein, Kunden, Lieferanten, Interessengruppen und so fort. Im Vorfeld eines Projektes ist es wichtig, sich gut zu überlegen, welche weiteren Projektbeteiligten in welcher Form mit einbezogen werden sollen.

2.6 Die Projektorganisation

Mit der Projektorganisation werden die Verantwortlichkeiten benannt und die Informationsbeziehungen und -kanäle klar geregelt. Im Rahmen der Projektorganisation erfolgt auch die namentliche Benennung des Projektleiters, der Projektmitglieder sowie der Mitglieder des Lenkungsteams. Nicht immer ist ein mehrköpfiges Lenkungsteam als Entscheidungsgremium erforderlich. Gerade bei sehr kleinen Projekten kann auch der Auftraggeber oder auch ein von ihm bevollmächtigter Vertreter diese Funktion wahrnehmen. In Abbildung 4 ist das Grundprinzip der Projektorganisation dargestellt. Hinzu können noch das erweiterte Projektteam, Fachausschüsse, externe Berater, der Projektkoordinator und bei größeren Projekten die Teilprojektleiter mit ihren Teams kommen.

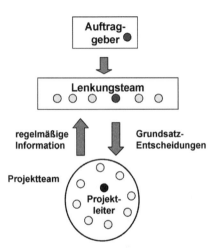

Abb. 4: Grundprinzip der Projektorganisation

2.7 Die Projektphasen

Der Projektverlauf lässt sich grob in vier Phasen (siehe auch Anlage 2) einteilen:

1) In der *Definitionsphase* geht es zunächst einmal darum, sich Klarheit darüber zu verschaffen, was man mit dem Projekt überhaupt erreichen möchte, welche Auswirkungen es gegebenenfalls auf das Unternehmen insgesamt hat, mit welchen Kosten zu rechnen sein wird, und ob es wirt-

schaftlich ist. In dieser Phase des Projekts entsteht das Lastenheft, in dem der Auftraggeber beschreibt, was er als Ergebnis des Projekts erhalten möchte. Die Beantwortung der Frage »Soll das Projekt angegangen werden?« schließt die Definitionsphase ab. Wird die Frage verneint, wird die Idee verworfen. Im anderen Fall erfolgt eine *vorläufige Projektfreigabe*.

2) In der *Planungsphase* findet die eigentliche Projektarbeit statt. Die Planungsphase startet mit einer detaillierten Auftrags- und Zielklärung. Darauf aufbauend wird das Pflichtenheft erstellt. Das Pflichtenheft legt fest, auf welche Leistungsmerkmale sich Auftraggeber bzw. Lenkungsteam und Projektleiter geeinigt haben. Das Pflichtenheft hat quasi Vertragscharakter. Auf dieser Basis erfolgt zunächst die Grobplanung, die wiederum die Basis für die *endgültige Projektfreigabe* bildet. Ist das Projekt endgültig freigegeben, erstellt das Projektteam die Feinplanung für die einzelnen Projektschritte einschließlich der Meilensteinplanung sowie die Kosten- und Ressourcenplanung.

3) In der *Realisierungsphase* geht es um die *Umsetzung der Projektpläne*. Im Mittelpunkt steht die laufende Kosten-, Termin- und Leistungskontrolle.

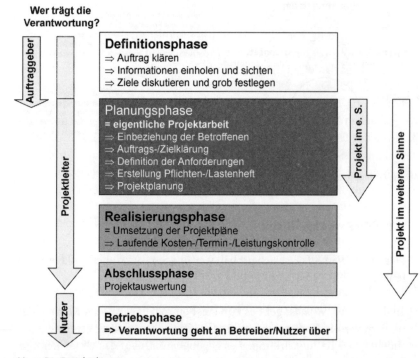

Abb. 5: Die Projektphasen

In der Realisierungsphase ist die Information und Kommunikation mit dem Lenkungsteam am intensivsten. Hier stehen vor allem die *Meilensteinberichte* im Vordergrund.

4) In der *Abschlussphase* wird die *Projektdokumentation* erstellt, der Projektverlauf wird nach Erfolgsfaktoren (»Was lief gut?«) und Verbesserungsmöglichkeiten (»Was können wir beim nächsten Projekt besser machen?«) analysiert. Die Überführung des Projekts in die Linie wird vorbereitet. Der Projektleiter stellt den Abschlussbericht im Lenkungsteam vor. Wenn die Projektziele aus Sicht des Lenkungsteams erreicht wurden, kann der Projektleiter entlastet und das Projekt offiziell als beendet erklärt werden.

5) Die Praxis zeigt immer wieder, dass der Projektleiter trotz offiziellem Projektabschluss noch gefordert ist, nämlich dann, wenn nach Überführung des Projekts in der *Betriebsphase* noch Probleme auftauchen oder Nachbesserungen erforderlich sind. Ist dies nicht der Fall, geht die Verantwortung nun endgültig in die Linie über.

2.8 Die Projektplanung

Die Projektplanung erfolgt mehrstufig und beginnt bereits in der Definitionsphase, wenn es darum geht, die Projektidee zu konkretisieren. Wird die Projektidee nach der Konkretisierung als vielversprechend betrachtet, erfolgt die *vorläufige* Projektfreigabe. Die nächste Planungsstufe stellt die Grobplanung dar. Die Grobplanung wird zweckmäßigerweise durch den vorgesehenen Projektleiter durchgeführt. Darin geht es um eine grobe Einplanung der Termine einschließlich der Meilensteintermine sowie der erforderlichen Ressourcen. Die Grobplanung bildet die Grundlage für die *endgültige* Projektfreigabe, die auch als Projektbeauftragung bezeichnet wird. Zur Grobplanung gehört auch der Projektstrukturplan. Der Projektstrukturplan ist quasi der »Masterplan«. Darin wird das Projekt in Teilprojekte und Arbeitspakete unterteilt und die Verantwortlichkeiten festgelegt. Nach der Projektbeauftragung erfolgt die Fein- oder Detailplanung durch das Projektteam. Darin werden die Aktivitäten und Abläufe detailliert geplant. Die Termine werden so weit wie möglich festgelegt und grafisch als Netz- oder Balkenplan dargestellt. Die Meilensteintermine mit dem jeweiligen Berichtstermin werden terminlich fixiert. Die Aufgaben werden den Projektmitarbeitern zugewiesen. Dies sind systematische und organisatorische Arbeitsschritte, die für den Erfolg eines Projekts von großer Bedeutung sind. Der Projektplan stellt im weiteren Projektverlauf ein wichtiges Führungs-,

Steuerungs- und Motivationsinstrument dar. Er ist *ein* wichtiges Instrument, aber eben nicht der einzige Erfolgsfaktor.

2.9 Der Projektentstehungsprozess – von der Idee zum Projektabschluss

Auch wenn Projekte auf die unterschiedlichste Art und Weise zustande kommen und verlaufen, so gibt es doch so etwas wie ein »Grundmuster« oder einen »Soll-Prozess«. Dieser wird sicherlich von Projekt zu Projekt variieren und entsprechend angepasst werden müssen. Der nachfolgend dargestellte Projektentstehungsprozess soll dazu dienen, Struktur und Transparenz in diesen komplexen Vorgang zu bringen. Wir empfehlen auch, den Projektentstehungsprozess einschließlich des Projektverlaufs als Kernprozess im Unternehmen zu definieren und zu beschreiben. Damit legen Sie Standards fest, die die Prozesssicherheit enorm steigern.

Jedes Projekt hat seinen Ursprung in einem Impuls. Das kann eine gesetzliche Auflage, eine neue Kundenanforderung, eine Idee der Geschäftsführung oder der Gesellschafter, ein Beschluss des Managementteams oder auch ein massives Qualitäts- oder Kostenproblem sein. Nicht in allen Fällen ist von vornherein klar, ob daraus auch wirklich ein Projekt wird. Dann muss die Projektidee oder das Vorhaben weiter konkretisiert werden. Dazu sind in der Regel weitere Informationen notwendig, die zusammengetragen und ausgewertet werden müssen. Man wird sich vor allem mit den Fragen »Was bringt es uns?« und »Was wird es voraussichtlich kosten?« beschäftigen müssen. Ab einer bestimmten Investitionssumme lohnt es sich sicherlich auch, eine detaillierte Wirtschaftlichkeitsrechnung zu machen. Die Pros und Contras werden mit zunehmender finanzieller Bedeutung in die Waagschale geworfen werden müssen. Diese Betrachtungen wird man üblicherweise im Managementteam (oberer Führungskreis) anstellen. Es ist auch denkbar, den vorgesehenen Projektleiter mit der Informationssammlung und Bewertung zu beauftragen. Kommt man zu dem Entschluss, die Idee oder das Vorhaben umsetzen zu wollen, kann damit das Projekt freigegeben werden. Da in der Regel der Informationsstand zu diesem Zeitpunkt noch sehr unvollständig ist, empfiehlt es sich, noch von einer *vorläufigen* Projektfreigabe zu sprechen. Die *endgültige* Projektfreigabe erfolgt erst nach Vorliegen der Grobplanung. Hierzu gehören auch der Meilenstein- und der Projektstrukturplan. Nach der vorläufigen Projektfreigabe ist der Projektleiter zu bestimmen und das Lenkungsteam zu installieren. Der vorgesehene (aber noch nicht ernannte) Projektleiter hat zunächst die Aufgabe, den Projektauftrag und die Projektziele mit dem Auftraggeber oder, noch besser, gleich mit dem Lenkungsteam zu klären. In der Praxis hat es sich gerade bei kleineren und mittleren Projekten gezeigt, dass es durchaus Sinn macht, die Auftrags- und Zielklärung sowie die Grobplanung »in einem Aufwasch« durchzuführen. Als Hilfsmittel können dabei die Projektskizze oder der Projektleitfaden herangezogen werden (siehe Anlage 1 und 2). In der Grobplanung sind die Teilziele, grobe Projektschritte, Angaben zu erforderlichen finanziellen und per-

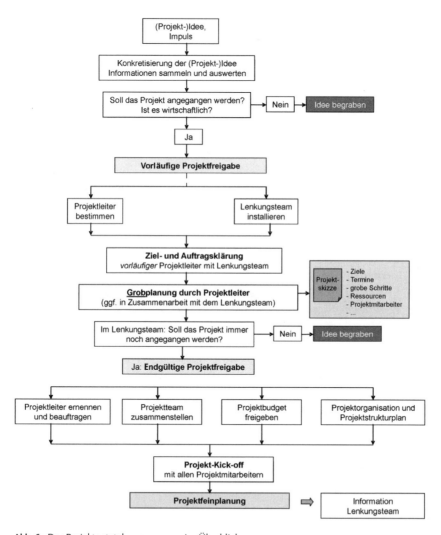

Abb. 6: Der Projektentstehungsprozess im Überblick

sonellen Ressourcen und gegebenenfalls auch die Zusammensetzung des Projektteams enthalten. Nach Vorliegen der Grobplanung kann die endgültige Projektfreigabe erfolgen. Das bedeutet, der Projektleiter wird nun formell ernannt, das Projektteam wird zusammengestellt, das Projektbudget wird freigegeben, die Projektorganisation und der Projektstrukturplan werden verabschiedet. Damit kann's losgehen. Für einen würdigen und gelungenen Projektstart bietet sich ein Auftaktworkshop (Projekt-Kick-off) an. Neben den sozialen und Teamentwicklungsaspekten, die im Projekt-Kick-off bearbeitet werden, sollte die Erarbeitung des detaillierten Projektplans auf der Tagesordnung stehen. Um eine durchgängige Einbeziehung und Information sicherzustellen, empfiehlt es sich, den Projekt(detail)plan im Lenkungsteam verabschieden zu lassen.

Das Wichtigste in Kürze:

- Eine Aufgabe ist nur dann ein Projekt, wenn es folgende Merkmale aufweist: Einmaligkeit der Bedingungen in ihrer Gesamtheit, Zielvorgabe, zeitliche, finanzielle, personelle oder andere Begrenzungen, Abgrenzung gegenüber anderen Vorhaben und projektspezifische Organisation.
- Projektmanagement ist ein Führungssystem, das mithilfe von bestimmten Planungs-, Steuerungs-, und Kontrollinstrumenten sicherstellt, dass die richtigen Projekte ausgewählt und effizient bearbeitet werden.
- In einem richtigen Projekt gibt es verschiedene Beteiligte: Auftraggeber, Lenkungsteam, Projektleiter, gegebenenfalls Teilprojektleiter und Projektmitarbeiter.
- Ein Projekt durchläuft verschiedene Phasen: Definitionsphase, Planungsphase, Realisierungsphase und Abschlussphase. Daran schließt sich die Betriebsphase an, die im engeren Sinne nicht mehr zum Projekt gehört.
- Auftragsklärung, Projektfreigabe und Meilensteine sind wichtige Ereignisse auf dem Weg zum Projektabschluss.

3
Unternehmenskultur und Projektmanagement

> Nicht das Kapital, sondern der Geist
> bestimmt den Wert eines Unternehmens.
>
> *(Claude Dornier, 1884–1969)*

Die Bedeutung der Unternehmenskultur für den Unternehmenserfolg ist spätestens seit 1982 bekannt, als das bahnbrechende Buch *In Search of Excellence* von Peters und Waterman[1] auf den Markt kam. Den Einfluss der Unternehmenskultur auf den Unternehmenserfolg und das steigende Interesse von Investoren und Analysten an weichen Erfolgsfaktoren belegen auch die jüngsten Studien des »Great Place to Work Institute« in den USA: So wiesen börsennotierte Unternehmen auf den Bestenlisten des seit 1998 durchgeführten Wettbewerbs »100 Best Companies to Work For« über einen Zeitraum von sieben Jahren eine deutlich bessere Performance auf als der Marktdurchschnitt.[2] Auch in Deutschland zeigt sich, dass die Bestplatzierten in Wettbewerben wie BestPers-Award oder TOP JOB 100 in punkto Unternehmenserfolg ganz vorne stehen. Selbst in den Basel-II-Vorgaben zur Beurteilung der Kreditwürdigkeit spielen Fragen der Unternehmens- und der Managementkultur im Rating eine nicht unwesentliche Rolle. Da ist es nur naheliegend, auch den Zusammenhang zwischen Projekterfolg und Unternehmenskultur genauer zu untersuchen. Unternehmenskultur wird zum Beispiel beschrieben als die »Gesamtheit von Normen, Wertvorstellungen und Denkhaltungen, die das Verhalten der Mitarbeiter und somit das Erscheinungsbild eines Unternehmens prägt«.[3] Einfacher ausgedrückt ist Unternehmenskultur die übliche Art und Weise, wie Beschäftigte sich im Unternehmen verhalten und wie sie miteinander umgehen. Die Unternehmenskultur ist das Verhaltensprogramm, sozusagen die »Software des Unternehmens«, die letztlich die Aktivitäten und Handlungen steuert. Das führt zu einer »Bei-uns-machen-wir-das-so-Haltung«. Die Hardware, also Maschinen, Einrichtungen und die ganze Technik, können Sie überall einkaufen. Aber die Software erfüllt es mit Leben. Diese Software können Sie nicht einkaufen, die müssen Sie selbst entwickeln und ständig pflegen.

Wenn Sie als Externer ein Unternehmen, eine Behörde oder einen Kaufladen betreten, dann merken Sie sehr schnell, welche Kultur dort vorherrscht. Werden Sie freundlich begrüßt oder schaut man missmutig an Ihnen vorbei? Haben Sie den Eindruck, die Mitarbeiter gehen offen und respektvoll miteinander um? Wirken die Mitarbeiter locker und natürlich oder eher angespannt und ernst? Wird gelacht oder herrscht eine gedrückte Stimmung? Reagieren die Mitarbeiter flexibel oder eher formalistisch-bürokratisch? Sind die Reaktionen eher: »Heute geht das nicht mehr!« oder »Wir werden das prüfen und melden uns dann wieder!« statt: »O.K., geben Sie her, wir machen das schnell!«? Werden Sie zurückgerufen, wenn man es Ihnen zusagt oder müssen Sie sich selbst nochmals melden? Wie verhalten sich die Mitarbeiter, wenn ein Vorgesetzter den Raum betritt?

Hinter diesen beobachtbaren Verhaltensweisen verbergen sich unterschiedliche Kulturaspekte, die auch ihre Auswirkungen auf das Projektmanagement in diesen Unternehmen haben.

3.1 Teilaspekte der Unternehmenskultur

Unternehmenskultur kann man nicht wie ein Auto in Einzelteile zerlegen. Unternehmenskultur wirkt nur in der Summe. Sie ist die Gesamtheit aller unausgesprochenen Annahmen, Regeln und üblichen Verhaltensweisen, die sich alle gegenseitig mehr oder weniger stark beeinflussen. Um Unternehmenskultur dennoch einigermaßen verständlich beschreiben zu können, ist es hilfreich, sie in verschiedene Teilaspekte zu zerlegen, wohl wissend, dass diese Aspekte alle irgendwie miteinander zusammenhängen. Folgende Aspekte der Unternehmenskultur halten wir dabei für besonders wichtig:

- **Führungskultur**: Die Führungskultur ist sozusagen die Leitkultur, die die anderen Aspekte der Unternehmenskultur maßgeblich prägt. »Das Führungsverhalten der Führungskräfte hat unmittelbaren Einfluss auf die Unternehmenskultur. Man kann sagen »Führungskultur = Unternehmenskultur«, denn Führungskräfte prägen die Unternehmenskultur in erster Linie.[4] Da können in Unternehmensleitbildern und Führungsgrundsätzen noch so sehr eine konstruktive Zusammenarbeit, ein offener und respektvoller Umgang miteinander oder die Arbeit im Team beschworen werden. Wenn das Verhalten der Führungskräfte eine andere Sprache spricht, verlieren diese Leitbilder für die Mitarbeiter ihre Wirkung. Und natürlich ist vor allem das Verhalten der Unternehmensleitung für alle anderen Führungskräfte maßgeblich. Wenn die Unternehmensleitung einen kooperativen Führungsstil anweist, dann ist das ein Widerspruch an sich. Oder wenn die Unternehmensleitung Vereinbarungen nicht einhält, dann muss sie sich nicht wundern, wenn ihre

Führungskräfte sich das zum Vorbild nehmen. Wenn Führungskräfte wie Würdenträger durchs Unternehmen wandeln, unnahbar und eitel, wie kann sich da Offenheit und Vertrauen entwickeln? In Abwandlung des Zitats von Viktor Frankl kann man nur sagen: »Werte kann man nicht anweisen, Werte muss man vorleben – und einfordern.«

- **Verbindlichkeitskultur:** Wenn Vereinbarungen oder Absprachen getroffen werden, können Sie sich dann immer darauf verlassen, dass diese auch eingehalten werden? Welche Verbindlichkeit besteht, wenn in Besprechungen Maßnahmen vereinbart werden? Werden diese dann auch umgesetzt oder unterhalten Sie sich in einigen Monaten wieder darüber, dass *man* (wer das auch immer ist) doch dies oder jenes angehen müsste? In Unternehmen mit einer wenig ausgeprägten Verbindlichkeitskultur werden Absprachen nur selten eingehalten. Jeder geht dann davon aus, dass man sich ohnehin nicht daran hält. Und das Verheerende daran ist, dass es keine Konsequenzen nach sich zieht. Häufig wird das Fehlverhalten nicht einmal angesprochen. Eine hohe Ausprägung der Unverbindlichkeitskultur führt dann zu der häufig beklagten »organisierten Unverantwortlichkeit«.

- **Streitkultur:** Ist es möglich, auch kritische Dinge zu äußern oder auch mal eine unpopuläre Position einzunehmen? Oder herrscht eine Kultur der Jasager und Duckmäuser vor? Wenn Mitarbeiter Angst haben, ihre Bedenken oder berechtigte Kritik zu äußern, dann bleiben viele wichtige Aspekte unberücksichtigt. Dann lässt man andere, den Chef, die Kollegen oder andere Abteilungen, auch mal ins »offene Messer« laufen. Wie viele Fehler passieren, weil keiner es wagt, auch mal zu widersprechen, weil keine Gegenpositionen eingenommen werden, wo es angebracht wäre? Wie oft werden Beschlüsse einfach abgenickt und keiner steht so richtig dahinter, weil Bedenken nicht ausgeräumt werden konnten? Vielleicht haben Sie solche Situation auch schon erlebt, wo Beschlüsse im Meeting abgenickt werden und anschließend am Kaffeeautomaten im kleinen Kreis darüber abgelästert wird? Eine konstruktive Streitkultur bedeutet, sich für seine Überzeugungen einsetzen zu können, sich an anderen Meinungen zu reiben, aber auch Toleranz gegenüber anderen Meinungen zu zeigen. Das eine geht nicht ohne das andere. Eine konstruktive Streitkultur stellt sicher, dass sich die besten Argumente durchsetzen.

- **Fehlerkultur:** Wie wird mit Fehlern umgegangen? Ist es möglich, Fehler offen anzusprechen, um daraus zu lernen? Oder ist es besser, Fehler zu vertuschen, weil man sonst negative Konsequenzen zu befürchten hat? Nur ein offener Umgang mit Fehlern sorgt dafür, dass Lernen im Unternehmen stattfinden kann und dass aus Fehlern Verbesserungen abgeleitet werden können. »Angst um den Arbeitsplatz, Disziplinierungsmaßnahmen und ein destruktiver Umgang mit Fehlern sind kein guter Nährboden für kontinuierliche Verbesserungen.«[5] In einer Angstkultur wird kein Projektleiter in der Lenkungsteamsitzung offen über Fehler berichten, sondern er wird alle Energien dafür einsetzen, um Fehler zu vertuschen.

- **Besprechungskultur:** Projektbesprechungen oder Projektmeetings, je nachdem, welcher Begriff Ihnen besser gefällt, sind das zentrale Führungsinstrument und Arbeitsforum in Projekten. Daher hat die Besprechungskultur eine hohe Bedeutung in Bezug auf die Projekteffizienz. Auf die Frage »Wie effizient laufen Ihre Besprechungen ab?« antwortete jüngst eine Teilnehmerin unseres Projektmanagementseminars: »*Das hängt davon ab. Wenn obere Führungskräfte dabei sind, ist die Effizienz sehr gering, denn da wird bei uns viel »geblubbert«. Da schaut dann jeder, dass er möglichst gut dasteht. Da geht es dann nicht um die Sache, sondern nur um eine gute Außenwirkung. Wenn die Mitarbeiter unter sich sind, steht die Sache im Vordergrund.*« Eine ineffiziente Besprechungskultur liegt dann vor, wenn die Besprechungsteilnehmer vom Thema abschweifen, wenn durcheinander geredet wird, wenn keine Ergebnisse festgehalten werden, wenn »versteckte Spielchen« gespielt werden oder wenn eben nur »geblubbert« wird.

- **Kooperationskultur:** Eine ausgeprägte Kooperationskultur zeichnet sich durch einen erkennbaren Willen zur Zusammenarbeit aus. In einer Kooperationskultur steht der Win-Win-Gedanke im Vordergrund. Die Mitarbeiter wissen, dass sie ein gemeinsames Ziel haben, und dass sie dieses nur erreichen können, wenn sie am gleichen Seil und in die gleiche Richtung ziehen. Hier wird der Teamgedanke gelebt. Abteilungsdenken, (ungesundes) Konkurrenzdenken, Ellenbogenmentalität und Profilierungssucht sind untrügerische Anzeichen einer fehlenden Kooperationskultur. Hier wird der eigene Vorteil zu Lasten der anderen gesucht. In einem solchen Umfeld tun sich Projektleiter besonders schwer. Wenn Projektverantwortliche und Linienverantwortliche um Ressourcen, Macht und Anerkennung streiten, bleibt nicht selten der Projektleiter auf der Strecke. »Viele gute Projektarbeiten scheitern bei der Verwirklichung in der Linie, weil die Politik und die Macht der Linie unterschätzt wird.«[6] Die Kooperationskultur ist sehr eng verbunden mit der *Vertrauenskultur*. Wo das gegenseitige Vertrauen fehlt, kann keine echte, verlässliche Zusammenarbeit stattfinden. In einer Misstrauenskultur werden sich die Mitarbeiter ständig fragen: »Welche verdeckten Ziele könnten

die Auftraggeber mit dem Projekt wohl verfolgen?« Man nimmt der Geschäftsleitung die Lauterkeit des Projektes nicht ab. Ist das Ganze womöglich ein Marionettenprojekt, in dem andere im Hintergrund die Fäden ziehen?7)
- **Umsetzungskultur:** Werden Maßnahmen nach dem Prinzip »Just do it!« angegangen, um auch einmal Erfahrungen mit neuen Ansätzen zu sammeln, oder scheitert die Umsetzung immer an den letzten drei Prozent Restrisiko? In manchen Unternehmen herrscht eine »Bedenkenträgerkultur« vor, die jegliche Veränderung und Innovation im Ansatz erstickt. Alle Energien fließen dort in die Beweisführung, dass es nicht funktionieren kann. Würde dieselbe Energie in die Beantwortung der Frage »Wie müssen wir es angehen, damit es funktioniert?« gesteckt, könnten enorme Potenziale erschlossen werden. Die Bedenkenträgerkultur ist im Übrigen ein fruchtbarer Boden für einen blühenden Bürokratismus im Unternehmen. Schließlich ist es die Hauptaufgabe des Bürokratismus zu verhindern, dass eben die letzten paar Prozent Restrisiko eintreten könnten. Eine von uns geschätzte Führungskraft, die sich mit dieser Bedenkenträgergrundhaltung nicht abfinden mochte, pflegte immer zu sagen: »Ich möchte von Ihnen nicht hören, dass es nicht geht, sondern ich möchte von ihnen hören, *wie* es geht.« Gerade in einer Bedenkenträgerkultur werden es Projekte aufgrund ihres innovativen Charakters besonders schwer haben.

Diese Beispiele machen deutlich, dass alles irgendwie miteinander zusammenhängt. Die verschiedenen Kulturaspekte ergänzen oder bedingen sich gegenseitig. Deshalb wollen wir an dieser Stelle die weiteren Aspekte der Unternehmenskultur wie zum Beispiel Belohnungs-, Anerkennungs- oder Leistungskultur gar nicht weiter vertiefen. Auf eine relativ häufige und äußerst schädliche Kulturvariante müssen wir an dieser Stelle aber doch noch eingehen. Diese Kulturvariante wollen wir als »*Alibi-Kultur*« oder auch als »*So-tun-als-ob-Kultur*« bezeichnen. In dieser Kultur geht es den Akteuren gar nicht darum, die für das Unternehmen besten Ergebnisse zu erzielen, sondern nur darum, möglichst gut dazustehen. Man tut also nur so, als ob man das Beste geben würde. In Wahrheit geht es nur um den eigenen Vorteil. In Besprechungen stimmt man Entscheidungen zu, um sie dann in kleinerer Runde wieder schlechtzumachen. Reden und Taten liegen meilenweit auseinander. Man spielt eine bestimmte Rolle, die der eigenen Überzeugung komplett widerspricht. Manche Führungskräfte und auch Mitarbeiter spielen ihre Rolle dabei so gut, dass sie zweifelsfrei den »Oscar für die beste Industrieschauspielerleistung« verdient hätten.

In einer Alibikultur setzen sich nur die besten »Industrieschauspieler« durch. Das sind diejenigen, die es vorzüglich verstehen, so zu tun, als ob sie hinter der Unternehmenspolitik, den Unternehmenszielen oder den Entscheidungen stehen würden. So werden Entscheidungen durchgewinkt, hinter denen keiner steht. Es versteht sich von selbst, dass sie dann auch nicht umgesetzt werden. Industrieschauspieler meinen nicht, was sie sagen, und sie tun es auch nicht. Sie würden niemals öffentlich etwas kritisieren, aber sie boykottieren es im Stillen. Sie sind Meister der Fassade. Manchmal werden sie auch als Blender bezeichnet und ihre Äußerungen sind meist reine Lippenbekenntnisse. Es ist schwer, sie zu identifizieren, da sie sich immer angepasst verhalten und kaum Angriffsfläche bieten. Sie schwimmen im Strom des Unternehmensgeschehens mit, mit möglichst geringem Aufwand. Industrieschauspieler »bedienen« die Unternehmenssysteme lediglich, sie stehen nicht wirklich dahinter. Ein paar Beispiele gefällig?

- Industrieschauspieler führen mit ihren Mitarbeitern keine wirklichen Leistungsbeurteilungsgespräche. Das Beurteilungsgespräch reduziert sich im Wesentlichen auf den formalen Akt des Unterschreibens. Das System »Leistungsbeurteilung« wird eben bedient. Es soll ihnen ja keiner etwas vorwerfen können.
- Zielvereinbarungen sind nicht das Papier wert, auf dem sie stehen. Der Industrieschauspieler vereinbart lieber leicht erreichbare Ziele. Damit muss er sich keinen unangenehmen und zeitaufwendigen Diskussionen mit seinen Mitarbeitern stellen.
- Unternehmensziele, die mit viel Begeisterung und Überzeugung in einem mehrtägigen Zieleworkshop erarbeitet wurden, verschwinden in der Schublade, auch wenn man sich im Workshop darauf »commited« hat, die Begeisterung des Workshops ins Unternehmen und an die Mitarbeiter zu tragen.
- Der Industrieschauspieler führt Zertifizierungen wie ISO 9000 oder VDA 6.1 nicht durch, um wirkliche Verbesserungen einzuleiten, sondern nur um ein Zertifikat aufweisen zu können.

Die Alibikultur wird dadurch gestützt, dass es keine Konsequenzen für Industrieschauspieler gibt. Sie entsteht meistens dort, wo niemand die Einhaltung von Vereinbarungen kontrolliert beziehungsweise einfordert. Welche Auswirkungen eine Alibikultur auf Projekte hat, können Sie sich sicher vorstellen. Wenn ein Industrieschauspieler dem Projekt seine »volle« Unterstützung zusichert, dann können Sie davon ausgehen, dass im Falle des Scheiterns des Projektes alle schuld sind, nur nicht der Industrieschauspieler. Diese Verhaltensweise ist im Übrigen in der amerikanischen Krimiserie »Columbo« sehr schön zu beobachten. Dort »zeichnen sich die Mörder erstaunlich übereinstimmend dadurch aus, dass sie dem Inspektor auf joviale Art ihre Unterstützung anbieten. Ähnlich verhält es sich in Projekten, in denen der Projektleiter dann anstelle der versprochenen Unterstützung beobachten muss, wie sein Projekt boykottiert wird.«[8] Die Alibi-Kultur ist geprägt durch taktische Manöver, Intrigen und politische Spielchen. Tom DeMarco hat hierfür den Begriff »pathologische Politik« geprägt. Auch er kommt zu der Erkenntnis, »dass man pathologische Politik nicht von unten her heilen kann – man kann allenfalls seine Zeit damit verschwenden, es trotzdem zu versuchen – und schlimmstenfalls seine eigene Position dabei gefährden«.[9] Wir möchten DeMarcos Ansatz aufgreifen und im weiteren Verlauf den Begriff »*pathologische Unternehmenskultur*« verwenden. Unter diesem Begriff wollen wir alle schädlichen (krankhaften) Ausprägungen der Unternehmenskultur zusammenfassen.

3.2 Die pathologische Unternehmenskultur

Die pathologische Unternehmenskultur vereinigt alle negativen Kulturausprägungen in sich. Typische Symptome sind unter anderem: Industrieschauspielerei, Unverbindlichkeit, Egoismus, Misstrauen, Obrigkeitsdenken, Unterwürfigkeit, Abteilungsdenken, Mobbing und vieles andere mehr. Es gibt in jedem Unternehmen mehr oder weniger stark ausgeprägte pathologische Kulturelemente. Man wird sie wahrscheinlich nie ganz ausschalten können. Wenn sie allerdings überhandnehmen, verfällt das Unternehmen in allgemeinen Zynismus.[10] Man beschäftigt sich irgendwann nur noch mit sich selbst. Man wird zu Gefangenen des Systems, aus dem der Einzelne nur durch einen Unternehmenswechsel ausbrechen kann. In einem solchen Umfeld dominiert McGregors Menschenbild »Typ X«. Douglas McGregor[11] untersuchte bereits Ende der sechziger Jahre, welches Menschenbild Führungskräfte von ihren Mitarbeitern haben und stieß dabei auf zwei grundsätzliche Ausprägungen, die er »Typ X« und »Typ Y« nannte. Das negative, pessimistische Menschenbild (Typ X) geht davon aus, dass Menschen von Natur aus arbeitsscheu sind und es vermeiden, Verantwortung zu übernehmen. Man muss sie ständig anleiten, kontrollieren, zwingen und disziplinieren, damit man eine entsprechende Arbeitsleistung erhält.

Eine pathologische Unternehmenskultur kann auch als Erklärung für die Ergebnisse der jüngsten Gallup-Studie herangezogen werden. Demnach haben fast ein Fünftel der Beschäftigten keine emotionale Bindung an ihren

Arbeitgeber. »Sie arbeiten aktiv gegen die Interessen des Unternehmens, haben die innere Kündigung vollzogen oder sind mit der Arbeitssituation unglücklich.«[12] 68 Prozent der Arbeitnehmer haben nur eine geringe emotionale Bindung. Sie sabotieren zwar nicht aktiv, aber sie machen Dienst nach Vorschrift. Nur 13 Prozent der Arbeitnehmer in Deutschland weisen eine hohe emotionale Bindung auf und sind damit besonders produktiv für das Unternehmen.[13] Mitarbeiter reagieren mit den unterschiedlichsten Bewältigungsstrategien auf pathologische Unternehmenskulturen:

- *Kündigung des Arbeitsverhältnisses*: Mitarbeiter, die in ihrem Berufsleben noch etwas leisten und erreichen möchten, erkennen sehr bald, dass sie sich nach einem Arbeitgeber mit besseren Perspektiven umschauen müssen. Dieser Weg steht in der Regel besonders den jüngeren, qualifizierten und leistungswilligen Mitarbeitern offen. Die Guten gehen, die anderen (müssen) bleiben. Das hat mittelfristig für das Unternehmen verheerende Folgen.
- *Innere Kündigung*: Mitarbeiter, denen der Weg der Kündigung aus welchen Gründen auch immer versperrt ist, kündigen innerlich. Die älteren Mitarbeiter schauen sich nach Frühpensionierungs- und Altersteilzeit-Möglichkeiten um. Gedanklich haben sie sich ohnehin schon selbst verrentet. Ein früherer, älterer Kollege pflegte auf die Frage »Wie geht's?« stets zu antworten »noch ein Jahr, drei Monate und siebzehn Tage, dann habe ich es geschafft«. Man konnte den Eindruck gewinnen, er zähle die Tage bis zu seiner Entlassung aus dem Gefängnis. Bei der inneren Kündigung werden Unternehmertum, Engagement und Selbstverwirklichung in die Freizeit übertragen. Man engagiert sich dann eben im Verein, lässt sich in den Gemeinderat wählen oder geht einer Nebenerwerbstätigkeit nach. Klar, dass man dann auch während der Arbeitszeit gedanklich oder sonstwie damit beschäftigt ist. Die restliche Zeit verbringt man mit Internetsurfen und Privatgesprächen.
- *Opferhaltung:* Manche Mitarbeiter resignieren und verfallen dagegen komplett in eine Opferhaltung. Dann wird nur noch gejammert und geklagt, weil »die da oben« mal wieder was entschieden haben, was keiner nachvollziehen kann, oder weil »die rechte Hand nicht weiß, was die Linke tut« oder weil »jeden Tag eine neue Parole ausgerufen wird«. Diese Mitarbeiter laufen dann durchs Unternehmen wie das »Leiden Christi« und versuchen Trost und Zuspruch zu finden, wo es nur geht. Wenn sie dann noch auf Gleichgesinnte treffen, dann kann das in wahren Jammerorgien ausarten.

- *Zynismus*: Mit Humor geht alles besser, auch wenn es schwarzer oder beißender Humor ist. Im Zynismus spiegelt sich Frustration, Hoffnungslosigkeit, Desillusionierung und verlorener Respekt gegenüber dem Unternehmen, den Vorgesetzten oder auch der eigenen Arbeit wider. Man macht sich lustig über die neuesten Ansagen des Managements, über eine Personalentscheidung oder über das neue Projekt.

Scott Dilbert beschreibt diese Kultur in seinem Buch »Das Dilbert-Prinzip« sehr anschaulich, humorvoll und mit einer gehörigen Portion Zynismus versehen. Hierzu ein Beispiel:

»Zum Nutzen des Lesers habe ich die beliebtesten Lügen des Managements zusammengestellt und nummeriert. Ich betrachte das als Dienst für die Allgemeinheit. Wenn Sie jetzt von der Niedertracht Ihrer Manager erzählen, können Sie ganz einfach mit einer Nummer auf die verschiedenen Lügen verweisen.

Die großen Lügen des Managements:

1) Die Mitarbeiter sind unser wertvollstes Gut.
2) Meine Tür steht jedermann offen.
3) Wer etwas riskiert, wird belohnt.
4) Unsere Leute sind die Besten.
5) Ihr Beitrag ist uns wichtig.
6) ...

Es ist nicht immer leicht, den Unterschied zwischen einer frechen Lüge des Managements und einer ganz gewöhnlichen dummen Bemerkung herauszufinden.«[14]

Je stärker die pathologische Unternehmenskultur ausgeprägt ist, desto größer ist das Risiko für das Scheitern von Projekten. Vor dem Hintergrund der oben dargestellten Kulturausprägungen dürften vor allem folgende Fragestellungen von Interesse sein:

1) Welches Umfeld bzw. welche Unternehmenskultur braucht Projektmanagement?
2) Wie können Projektleiter ihr Projekt in einer pathologischen Unternehmenskultur trotzdem zum Erfolg bringen?
3) Welche (positiven) Impulse und Wirkungen kann das Projektmanagement auf die Unternehmenskultur geben beziehungsweise haben?

3.3 Implizite Regeln – die ungeschriebenen Gesetze

Bevor wir uns den obigen Fragen zuwenden, gehen wir noch auf die Haupteinflussgröße der Unternehmenskultur ein, die »impliziten Regeln«. Implizite Regeln sind die ungeschriebenen Regeln, die »To do's« und die »Not to do's«, nach denen sich alle Beschäftigten mehr oder weniger richten. Sie bestimmen das Handeln und Verhalten der Mitarbeiter im Unternehmen. Sie sind der Motor der Kultur. Im Gegensatz zu den expliziten Regeln, wie zum Beispiel Dienstanweisungen, Vorschriften, betriebliche Regelungen und dergleichen, kann man die impliziten Regeln nirgendwo nachlesen. Implizite Regeln sind das Ergebnis der Unternehmenshistorie. Darin bilden sich alle Erfahrungen und Prägungen der Mitarbeiter ab. Welchen Einfluss implizite Regeln auf das Verhalten von Menschen haben, kann man sich daran vergegenwärtigen, wie unterschiedlich sie sich in verschiedenen Umfeldern verhalten. Die gleichen Menschen verhalten sich im Fußballstadion anders als im Theater und dort wiederum anders als in der Sauna. Auch dort haben sich implizite Regeln herausgebildet, die das Verhalten der Menschen steuern. Während im Fußballstadion wohl niemand daran Anstoß nimmt, wenn man ein Bierchen zum Spiel trinkt und lauthals sein Missfallen kundtut, so würde das im Theater wohl eher mit Befremden aufgefasst werden. Die impliziten Regeln funktionieren so gut, dass sie zu »ungeschriebenen Gesetzen« werden und jeder nachfolgenden Generation als die »richtige« Art des Denkens, des Fühlens und des Handelns weitergegeben werden.[15]

Problematisch werden implizite Regeln besonders dann, wenn sie in krassem Gegensatz zu den Unternehmensleitlinien und -bildern stehen. Dies führt dann dazu, dass diese nicht mehr ernst genommen, belächelt oder gar verspottet werden. Wenn beispielsweise eine Unternehmensleitlinie lautet: »Wir wollen eigenverantwortliche, unternehmerisch denkende und handelnde Mitarbeiter«, Führungskräfte ihren Mitarbeitern aber keine Entscheidungs- und Handlungsspielräume einräumen und deren Arbeiten bis ins letzte Detail kontrollieren, dann werden solche Leitlinien zur Farce.

Was kann man tun, um implizite Regeln außer Kraft zu setzen oder sie durch andere zu ersetzen? Zunächst einmal ist es wichtig, die impliziten Regeln zu »enttarnen«, sie ins Bewusstsein der Führungskräfte und Mitarbeiter zu rücken. Man muss sie thematisieren und deren Auswirkungen auf das Arbeitsverhalten und auf den Unternehmenserfolg deutlich machen und schließlich durch neue, von den Mitarbeitern bewusst formulierte Regeln ersetzen. Und auch hier ist es so: Die neuen Regeln werden nur dann gelebt, wenn sie vom Topmanagement sichtbar vorgelebt und eingefordert werden. Wenn die Unternehmensleitung Sparappelle an die Belegschaft richtet, aber weiterhin erster Klasse fliegt und in den feinsten Hotels absteigt, dann nützt es wenig, in den Unternehmensleitlinien zu behaupten: »Wir sind kostenbewusst.«

Möchten Sie wissen, welche impliziten Regeln in Ihrer Firma gelten? Dann bitten Sie doch Ihre Führungskräfte darum, die nachstehenden impliziten Regeln entsprechend ihrer Gültigkeit zu bewerten. Sie können gerne auch noch eigene Regeln aufnehmen, von denen Sie glauben, dass sie in Ihrem Unternehmen eine besondere Bedeutung haben. In Führungskräfte-Trainings führen wir regelmäßig solche Befragungen durch. Anschließend wird das Ergebnis besprochen und gemeinsam analysiert, welche Auswirkungen die impliziten Regeln auf das Verhalten der Mitarbeiter und die Unternehmenskultur insgesamt haben. Wenn Sie wissen möchten, wo Sie stehen, schicken Sie uns Ihre Werte unter info@wekos.com zu, dann erhalten Sie Vergleichswerte aus anderen Unternehmen. Ein Benchmarking, von dem Sie nur profitieren können. Werte über 3,0 weisen auf erheblichen Handlungsbedarf hin.

Man kann sich nun die Frage stellen, welche Auswirkungen die einzelnen Regeln auf die Projektarbeit haben. Immer wenn ein Projekt holprig läuft, kann man davon ausgehen, dass eine oder wahrscheinlich mehrere implizite Regeln greifen. Die Kenntnis über die impliziten Regeln im Unternehmen kann helfen, die versteckten Fouls im Spiel rechtzeitig zu erkennen und sich darauf einzustellen.

Welche impliziten Regeln gelten bei Ihnen?
1 Punkt = Aussage trifft absolut nicht zu / 5 Punkte = Aussage trifft vollkommen zu

1) Der Chef hat immer Recht. | 1 | 2 | 3 | 4 | 5 |
2) Wir sagen oftmals »Ja« und meinen »Nein«. | 1 | 2 | 3 | 4 | 5 |
3) Wenn Vereinbarungen nicht eingehalten werden, ist es nicht schlimm. | 1 | 2 | 3 | 4 | 5 |
4) Besprechungen fangen immer etwas später an. | 1 | 2 | 3 | 4 | 5 |
5) Bei uns ist es wichtiger, die Formalien einzuhalten, statt auf das Ergebnis zu achten. | 1 | 2 | 3 | 4 | 5 |
6) Die Arbeit geht immer dort hin, wo sie erledigt wird. | 1 | 2 | 3 | 4 | 5 |
7) Lerne Klagen (Jammern) ohne zu leiden, dann geht's Dir auch künftig gut. | 1 | 2 | 3 | 4 | 5 |
8) Über Fehler spricht man nicht, Fehler versucht man zu verbergen. | 1 | 2 | 3 | 4 | 5 |
9) Wer früh kommt und spät geht, der gilt als hoch motiviert. | 1 | 2 | 3 | 4 | 5 |
10) In unserem Bereich ist alles in Ordnung. Wenn es Probleme gibt, dann sind es die anderen. | 1 | 2 | 3 | 4 | 5 |
11) Vertrauen ist gut, Kontrolle ist besser. | 1 | 2 | 3 | 4 | 5 |
12) Nichts gesagt ist genug gelobt. | 1 | 2 | 3 | 4 | 5 |
13) Die, die das beste »Wording« haben und am besten Folien malen können, machen bei uns Karriere. | 1 | 2 | 3 | 4 | 5 |
14) Wer dem Chef immer Recht gibt, macht bei uns Karriere. | 1 | 2 | 3 | 4 | 5 |
15) Fachliche Aufgaben haben vor Führungsaufgaben immer Vorrang. | 1 | 2 | 3 | 4 | 5 |
16) Betriebszugehörigkeit ist wichtiger als Leistung. | 1 | 2 | 3 | 4 | 5 |
17) Diejenigen, die sich am besten durchsetzen können, machen bei uns Karriere. | 1 | 2 | 3 | 4 | 5 |
18) Kritik nach oben behält man besser für sich, weil man sonst als Nörgler oder Querulant gesehen wird. | 1 | 2 | 3 | 4 | 5 |
19) Das machen wir immer schon so. | 1 | 2 | 3 | 4 | 5 |
20) Vor lauter Projekten kommen wir nicht zu unserer eigentlichen Arbeit. | 1 | 2 | 3 | 4 | 5 |
21) Jeder kümmert sich um seinen eigenen Bereich, was in anderen Bereichen läuft, geht mich nichts an. | 1 | 2 | 3 | 4 | 5 |
22) Wer am lautesten ruft, wird zuerst bedient. | 1 | 2 | 3 | 4 | 5 |
23) »Ober sticht Unter.« | 1 | 2 | 3 | 4 | 5 |

3.4 Welche Unternehmenskultur fördert Projektmanagement?

An dieser Stelle wollen wir uns mit der Frage auseinandersetzen: »Welche Unternehmenskultur bildet einen fruchtbaren Boden, auf dem Projekte gut gedeihen können?«. Ein möglichst reibungsfrei funktionierendes Projektmanagement setzt eine bestimmte Unternehmenskultur oder zumindest das Vorliegen ganz bestimmter Kulturelemente voraus. Je besser Unternehmenskultur und Projektmanagement zueinander passen, umso erfolgreicher können Projekte zum Abschluss gebracht werden.

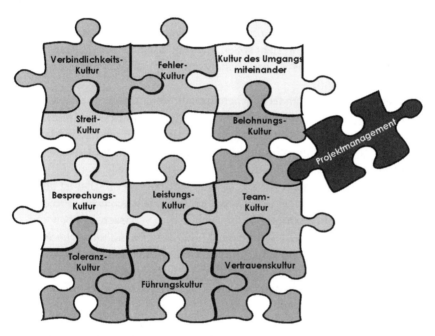

Abb. 7: Passgenauigkeit von Unternehmenskultur und Projektmanagement

Projektmanagement ist eine Arbeitsform, die eine weitestgehend hierarchiefreie und interdisziplinäre Zusammenarbeit erfordert. Projektmanagement sprengt häufig die Grenzen der herkömmlichen Aufbauorganisation. In der Projektarbeit sind Flexibilität, das Beschreiten neuer Wege sowie das Hinterfragen bestehender Strukturen und Abläufe gefordert. Die Arbeit in Projekten bedeutet, sich der Einmaligkeit der Bedingungen und den besonderen Herausforderungen zu stellen und projektspezifische Prozesse zu gestalten. Worauf kommt es ganz besonders an? Folgende Teilaspekte der Unternehmenskultur halten wir für besonders wichtig:

1) **Ganzheitliches und vernetztes Denken:** Bei der Projektarbeit stehen Unternehmensziele und übergeordnete Interessen im Vordergrund und nicht Abteilungs- und Bereichsdenken. Der obere Führungskreis versteht sich dabei als Managementteam, in dem jeder neben der Verantwortung für seine Bereichsziele auch Mitverantwortung für das gesamte Unternehmen trägt. Das Managementteam ist bei den strategischen Unternehmensprojekten logischerweise identisch mit dem Lenkungsteam.
2) **Verbindlichkeit:** Was vereinbart und besprochen wurde, gilt verbindlich, solange bis etwas Neues vereinbart wird. Wenn (knapp gesetzte) Projekttermine eingehalten werden sollen, dann müssen die Absprachen auch verlässlich sein. Jedes Nichteinhalten von Absprachen behindert den Projektfortschritt.
3) **Innovations- und Veränderungsbereitschaft:** Neuartigkeit ist ein wesentliches Merkmal von Projekten, deshalb benötigen Projekte ein innovationsfreudiges und veränderungsbereites Umfeld. Ein gewisses Maß an Experimentierfreudigkeit und Risikobereitschaft sollte im Unternehmen schon vorhanden sein. Bewahrer, Verhinderer und Bedenkenträger blockieren den Fortschritt. Ein echter Projektmanagement-Killer ist demnach die implizite Regel: »*Das haben wir noch nie so gemacht!*« Projektarbeit bedeutet, eingefahrene Gleise auch mal zu verlassen und bewusst neue Wege zu beschreiten. In einer Kultur des »*Das haben wir noch nie so gemacht*« werden Projektleiter mit innovativen Ansätzen ins Leere laufen. Dieses Verhalten blockiert den Projektfortschritt, denn »viele bezeichnen das als Erfahrung, was sie schon seit Jahren falsch machen«.[16]
4) **Kooperationsbereitschaft:** Projektarbeit ist in erster Linie eine interdisziplinäre Zusammenarbeit verschiedener Linienbereiche. Erst mit einer durch Vertrauen und Offenheit geprägten Kooperationsbereitschaft können die Synergien im Unternehmen zur Geltung kommen. Wo gegeneinander gearbeitet wird, wo man sich gegenseitig den Erfolg missgönnt, kann kein Projekt gedeihen.
5) **Ausgeprägte Kommunikationsbereitschaft und -fähigkeit:** Projektarbeit ist in erster Linie Kommunikation. Gerade weil die Abläufe und Aufgaben im Projekt nicht standardisiert sind, ist deutlich mehr Kommunikation als in der Linie erforderlich. In der Linie machen Regelungen und Standardisierungen einen Großteil der Kommunikationserfordernisse überflüssig. Projektarbeit ist auf eine intensive Kommunikation ange-

wiesen, innerhalb des Projektteams, zwischen Projektteam und Lenkungsteam, zwischen Lenkungsteam und der Linie und zwischen Projektteam und Linie.

6) **Hierarchiefreiheit:** Natürlich wird es eine absolute Hierarchiefreiheit wohl nie geben. Dennoch: In Projekten müssen Beschäftigte hierarchieübergreifend zusammenarbeiten. Da kann es auch mal erforderlich sein, dass ein Mitarbeiter als Projektleiter Führungskräfte führt. Führungskräfte aus der Linie müssen bereit sein, sich auch von Projektmitgliedern aus der Mitarbeiterebene etwas sagen zu lassen. Ein direktiver Führungsstil verträgt sich nicht mit dem Projektmanagementgedanken.

3.5 Projektmanagement im schwierigen Unternehmensumfeld

Welches Umfeld für Projekte förderlich ist, haben wir oben ausführlich dargestellt. Doch was kann man tun, wenn die Rahmenbedingungen nicht so günstig sind, wie sie sein sollten? Langfristig gesehen kann die Antwort nur lauten: den Unternehmenswandel umgehend einläuten. »Pathologische Politik kann man heilen.«[17] Eine Unternehmenskultur, die geprägt ist von gegenseitigem Misstrauen, Missgunst, Unverbindlichkeit, Konkurrenzdenken, Abteilungs- und Bereichsegoismen, Industrieschauspielerei und Bewahrertum kann aber nicht von heute auf morgen verändert werden. Da bedarf es eines grundlegenden Unternehmenswandels. »Alternde Unternehmen, denen es nicht gelingt, Elemente ihrer Kultur zu entwickeln, zu adaptieren und zu verändern, sind zunehmend schlechter angepasst: Sie werden zu Dinosauriern – mit allen Folgen, die das auch für die historischen Dinosaurier hatte.«[18] Jede Unternehmenskultur verfügt über sehr starke bewahrende und stabilisierende Kräfte. Das ist wie bei einer hochgewachsenen Wiese. Wenn Sie immer die gleichen Wege auf dieser Wiese benutzt haben, dann haben sich da feste (eingefahrene) Trampelpfade gebildet. Um neue Wege anzulegen und die alten verschwinden zu lassen, bedarf es intensiver Anstrengungen. Dazu müssen die neuen Wege von möglichst vielen Menschen beschritten und die alten gemieden werden. Hierfür braucht es einen gut geplanten und intensiven Veränderungsprozess. Da sind Beharrlichkeit und ein langer Atem notwendig. In der Regel vergehen Jahre, bis sich die Unternehmenskultur grundlegend gewandelt hat. So lange können Sie natürlich nicht warten. Im Übrigen ist es auch unrealistisch (um im Bild der Wiese zu bleiben), darauf zu warten, bis die Wiese gemäht wird, weil man dabei häufig selber zu den Opfern gehört. Deshalb stellt sich die Frage: »Was kann man als Projektleiter (und auch als Auftraggeber) in einem schwierigen Unternehmensumfeld tun?« Hierauf werden wir in Kapitel 8 eingehen.

3.6 Das Zusammenspiel von Projekt und Linie – Kampf der Kulturen?

Das Spannungsfeld zwischen Projekt- und Linienarbeit wird sehr anschaulich, wenn auch etwas zynisch in Scott Adams »Dilbert-Prinzip« beschrieben:[19]

> »Wenn Sie nicht an einem ›Projekt‹ arbeiten, haben Sie wahrscheinlich einen undankbaren, langweiligen und sich ständig wiederholenden Job. Sie arbeiten dann wie eine Ameise, die unaufhörlich Krümel zu ihrem Nest schleppt.
> Wenn Sie dagegen an einem Projekt arbeiten, sieht das Leben gleich ganz anders aus. Sie sind natürlich noch immer eine Krümel schleppende Ameise, aber zwischen Ihnen und dem Ameisenhügel findet ein russisches Hochtanz-Festival statt.«

Projektarbeit ist natürlich viel spannender als die Arbeit in der Linie, die sich vorrangig am »Prinzip der generellen Regelungen« zu orientieren hat, die sicherstellen muss, dass standardisierte Prozesse und Abläufe zu reproduzierbaren Ergebnissen führen. Sie muss sicherstellen, dass das Tagesgeschäft möglichst effizient und fehlerfrei bewältigt wird. Dieses Spannungsfeld aus Projekt und Linie kann zusätzlich noch durch die Aufmerksamkeit verstärkt werden, die das Projekt durch die Unternehmensleitung oder im Unternehmen generell erfährt. Während das Projekt (so sollte es zumindest sein) stets im Fokus der oberen Entscheidungsträger steht und der Projektleiter in den Lenkungsteamsitzungen immer wieder ein gutes Forum geboten bekommt, um seine Leistungen hervorzuheben, wird von der Linie erwartet, dass sie ihre Aufgaben unauffällig und effizient erledigt. Das birgt natürlich erhebliche Konfliktpotenziale. Einerseits ist das Projekt auf die Zuarbeit und die Unterstützung der Linie angewiesen. Andererseits sind schon viele Projektumsetzungen in der Linie gescheitert, weil die Befindlichkeiten der Linie nicht ausreichend berücksichtigt wurden. »Die Einführung von Projektmanagement in einem Unternehmen bedeutet meist eine Veränderung der Machtverhältnisse und wird von der traditionellen Linienmacht oft als Bedrohung empfunden.«[20] Das bisherige Gleichgewicht der Organisation wird durch Projekte gestört, was zu Unsicherheit und Ängsten bei den Betroffenen führt. Hierzu ein schönes Beispiel aus der Praxis:

Die Unternehmensleitung eines großen Automobilzulieferers hatte beschlossen, einen Veränderungsprozess im Unternehmen anzustoßen. Man wollte eine neue Führungs- und Kooperationskultur im Unternehmen etablieren. Die Mitarbeiter sollten sich mehr einbringen können, mehr Verantwortung übernehmen und ihre Ideen und Potenziale noch mehr zum Wohle des Unternehmens einsetzen. Das war natürlich nur über eine höhere Mitarbeiterzufriedenheit zu erreichen. Dazu war eine Veränderung des Führungsstils, weg vom hierarchischen hin zum kooperativen Führungsstil, erforderlich. Das Projekt war über einen Zeitraum von drei Jahren mit einem hauptamtlichen Projektleiter und sechs für das Projekt freigestellten Mitarbeitern angelegt. Die Ernsthaftigkeit und Entschlossenheit des Vorhabens wurde zudem durch ein großzügig bemessenes Projektbudget unterstrichen. Die Aufforderung an die Projektgruppe lautete »bewusst auch ganz neue Wege zu gehen, die Kosten sollten an dieser Stelle keine Beschränkung darstellen«. Der Projektstand wurde in den Sitzungen des Managementteams laufend verfolgt und die Ziele des Veränderungsprozesses immer wieder deutlich gemacht. Es wurden Teamtrainings, Mitarbeiter-Feedbacks, Zukunftstage und vieles mehr mit einem gewaltigen Aufwand durchgeführt. Der Prozess erreichte eine Intensität, die die Projektgruppe allein nicht mehr bewältigen konnte, so dass die Linie, in diesem Fall die Abteilung »Personalentwicklung (PE)« um Unterstützung gebeten wurde. Doch statt wie erwartet freudig auf den Prozess aufzuspringen, zeigten sich die PE-Mitarbeiter eher reserviert, teilweise abweisend und auch ein wenig gekränkt. Was war da passiert? Dieser Frage wurde in einem gemeinsamen Workshop mit allen Führungskräften und Mitarbeitern der Personalentwicklung sowie der Projektgruppe nachgegangen. Als es darum ging, ihre derzeitige Situation zu skizzieren, malten die PE-Mitarbeiter folgendes Bild:

Auf der einen Seite war ein altes, auf festen Fundamenten ruhendes, an eine Behörde oder ein Amt erinnerndes Gebäude gezeichnet. Es wirkte sehr altbacken und wenig anziehend. Es sah so aus, als würde es eine Renovierung brauchen, eine Auffrischung. In der Nähe des Hauses waren keine Menschen zu sehen. Dieses Gebäude stellte die Personalentwicklung dar.

Auf der anderen Seite sah man ein wunderschönes, großes, buntes Zirkuszelt. Es überragte das PE-Gebäude sogar ein wenig. Ganz oben wehten drei wunderschöne Flaggen. Die Menschen strömten in Massen zu dem Zelt. Sie schienen alle vergnügt und fröhlich. Dieses Zelt stellte das Projekt dar. Das Zelt stand für Flexibilität, man konnte es jederzeit abbauen und damit zu den Menschen gehen, während das PE-Gebäude starr und statisch daneben wirkte. Dieses Bild sagte alles aus und machte deutlich, dass die Einbindung der Linie schon zu einem viel früheren Zeitpunkt hätte stattfinden müssen, zumal nach Abschluss des Projekts vorgesehen war, die Fortführung des Veränderungsprozesses in die Linie (PE-Abteilung) zu verlagern.

Dieses Beispiel macht deutlich, wie wichtig es ist, die Einbindung der Linie rechtzeitig sicherzustellen. Wer diesen Grundsatz außer Acht lässt, gefährdet den Projekterfolg.

3.7 Wie kann Projektmanagement die Unternehmenskultur positiv beeinflussen?

Sicherlich kann Projektmanagement allein noch keinen Unternehmenswandel herbeiführen. Das wäre ungefähr so, als ob die Fußball-Weltmeisterschaft 2006 einen gesellschaftlichen Wandel in Deutschland hätte bewirken können. Aber ähnlich wie die Fußball-Weltmeisterschaft kann es Erfolgsbeispiele und positive Impulse beisteuern. Es kann aufzeigen, dass es auch anders geht, und es macht bewusst, dass Veränderungen notwendig sind. Im Vergleich zur Fußball-Weltmeisterschaft hat Projektmanagement den Vorteil, dass es keine Einmalaktion, sondern eine Dauereinrichtung ist. Insofern kann Projektmanagement ein integraler Bestandteil eines Veränderungsprozesses sein. Es kann eine Vielzahl an Chancen bieten, Einfluss auf die Unternehmenskultur zu nehmen, indem Erfolgsbeispiele geschaffen werden. Mitarbeiter, die in erfolgreichen Projekten mitwirken, erleben auf einmal eine ganz andere Art von Zusammenarbeit und Führung. Sie werden aus ihrer oftmals trägen und von Bereichsinteressen geprägten Linienkultur »herausgerissen« und erfahren ein Erfolgsmodell der Zusammenarbeit, das sie gerne auf ihren betrieblichen Alltag, auf die Linienorganisation übertragen möchten. Die Begeisterung, die Neugierde und die Leidenschaft, die sie zum Projekterfolg getragen hat, könnte doch sicherlich auch das Tagesgeschäft bereichern. Im Einzelnen kann Projektmanagement folgende Erfolgsbeispiele schaffen:

1) Erfolgreiche Projektarbeit ist durch eine *gute abteilungs- und bereichsübergreifende Zusammenarbeit* gekennzeichnet. Im Projekt erleben die aus verschiedenen Bereichen stammenden Mitarbeiter plötzlich, dass eine Zusammenarbeit mit »den Anderen« nicht nur möglich, sondern sogar sehr erfolgreich sein kann. Die gemeinsame Zielsetzung erfordert und fördert ein Überwinden des »Abteilungs«- und Bereichsdenkens. Durch die interdisziplinäre Zusammensetzung des Projektteams bekommt man plötzlich einen Einblick in die Aufgaben der anderen und ein ganz anderes Verständnis dafür. Die Automatismen der gegenseitigen Schuldzuweisung und Verdächtigung werden durchbrochen. Man empfindet die andere Denkweise nicht mehr als Bedrohung, sondern als nützliche Ergänzung. Auf einmal bekommt der abstrakte Begriff »Synergieeffekt« eine konkrete Bedeutung. Nach und nach entstehen immer mehr und immer dichtere Netzwerke. Mitarbeiter, die in eingeschworenen Projektteams mitgearbeitet haben, betonen diesen Nutzen immer wieder. »Wenn ich etwas von einem anderen Bereich brauche, dann weiß ich jetzt, an wen ich mich wenden muss, und vor allem ist es auch viel einfacher, weil man sich nun kennt.«
2) Im erfolgreichen Projekt erleben die Mitarbeiter einen *partnerschaftlichen Führungsstil,* der durch Sachargumente und nicht über hierarchische Höherstellung überzeugt. Sie erfahren, wie die Beteiligung an Entscheidungen, die Übertragung von Verantwortung und die damit signalisierte Wertschätzung die Motivation erhöht. Sie merken plötzlich, dass ihre Ideen und Anregungen auf fruchtbaren Boden fallen und nicht mit fadenscheinigen Begründungen abgetan werden. Sie können auch Kritik üben, ohne dass es als »Majestätsbeleidigung« aufgefasst wird. Das erhöht auch die Bereitschaft, sich selbst der Kritik zu stellen. Sie spüren Interesse und Anerkennung für ihre Arbeit. Dadurch wird der Leistungsdruck, der vom Projekt ausgeht, als motivierend und nicht als belastend empfunden. Gerne bleiben sie dann auch etwas länger in der Firma, wenn eine wichtige Arbeit noch abgeschlossen werden muss. Unterm Strich profitieren alle davon.
3) Projektleiter erfahren, dass Kritik am *Führungsstil* auch hilfreich sein kann, und dass es entlastend wirkt, wenn Mitarbeiter Verantwortung übernehmen. Sie spüren die Motivation und das Vertrauen der Projektmitarbeiter, das spornt sie selbst auch an. Da sie ihren Mitarbeitern vertrauen können, müssen sie nicht alles kontrollieren. Die Zeit, die sie sich dadurch sparen, können sie für wichtigere Aufgaben wie Projektsteuerung und Informationsbeschaffung verwenden. Sie wissen, dass sie sich gegenüber ihren Projektmitarbeitern nicht verstellen müssen.

Sie können auch mal Unsicherheit zeigen, ohne dass es als persönliche Schwäche ausgelegt wird. Sie fühlen, dass diese Art der Mitarbeiterführung ihrer inneren Überzeugung entspricht. Und sie gewinnen den Eindruck, dass die geringe Wertschätzung, die die Mitarbeiter in der Linie erfahren, weniger etwas mit deren eigener Unzulänglichkeit zu tun hat, sondern vielmehr mit der ihrer Vorgesetzten.

4) Projektarbeit ist *Teamarbeit*. Im Projekt sind Projektleiter und -mitarbeiter auf Gedeih und Verderb aufeinander angewiesen. Entweder sie haben gemeinsam Erfolg, oder sie verlieren gemeinsam. Sie erleben im Projekt hautnah, was es bedeutet, seine Stärken im Team einbringen zu können, im Vertrauen darauf, dass die Schwächen und Defizite durch die anderen kompensiert werden. Sie erfahren, wie wichtig es ist, sich auf gemeinsame Teamregeln zu verständigen und deren Einhaltung einzufordern. Sie spüren, wie gut ihnen das positive Klima im Projektteam bekommt. Im Projektteam können sie Missstände und Kritik offen ansprechen, ohne dass es jemand persönlich nimmt. Im Gegenteil, sie ermuntern sich gegenseitig, es zu tun, weil sie davon überzeugt sind, dass es sie und ihr Projekt voranbringt. Warum ist das in der Linie anders, obwohl man sich doch schon länger kennt? Sind die Verhaltensweisen im Linienteam (Unternehmenskultur) schon so eingefahren, dass man sich schon daran gewöhnt hat? Oder ist es eher Resignation?

5) *Projektarbeit fördert Lernen:* Die Arbeit in der Linie ist Tagesgeschäft, ist Routine. Routine hat den Vorteil, dass man sich nicht mehr allzu sehr anstrengen muss, um die Arbeit zu bewältigen. Man macht es mehr oder weniger mit links. Der Nachteil ist: Man gewöhnt sich an die Mühelosigkeit der Arbeit, man wird nicht mehr herausgefordert, man wird träge und verfettet geistig, man lernt nichts mehr dazu. Meistens, ohne es selbst zu merken. Projektarbeit ist eine hervorragende Möglichkeit des »Learning on the Job«. Im Projekt bekommen die Mitarbeiter die Möglichkeit, unter Echtbedingungen hinzuzulernen. Sie bekommen Einblick in neue, fachfremde Bereiche. Dadurch erweitern sie ihren Blick über den Tellerrand. Sie lernen neue Methoden, Ansätze und Denkweisen kennen und entdecken die Lust am Lernen neu. Im Projekt können ganz bewusst auch neue Wege eingeschlagen werden. Projektmanagement kann dazu beitragen, die Verkrustungen der Organisation und eingefahrene Denk- und Verhaltensweisen aufzubrechen. Unternehmen entwickeln sich nur weiter, wenn sie als Ganzes, als Organisation dazulernen, denn »Organisationen lernen nur, wenn die einzelnen Menschen etwas lernen«.[21)] Projektarbeit als Personalentwicklungsins-

trument kann einen wichtigen Beitrag auf dem Weg zum lernenden Unternehmen leisten.
6) Projektarbeit fördert das *ganzheitliche, das vernetzte Denken*. Durch die Arbeitsteilung in der Linie ist die Sinnhaftigkeit der Arbeit teilweise verloren gegangen. Mitarbeiter bearbeiten oftmals nur noch einen engen Ausschnitt des gesamten Arbeitsprozesses. Sie sehen nicht mehr, welchen Beitrag sie zum Gesamtergebnis beigesteuert haben. Sie wissen oft nicht einmal, wie ihr Arbeitsergebnis weiterverwendet wird. Damit geht viel an Motivation und Identifikation mit dem Unternehmen verloren. Wer schon einmal tapeziert oder sich sonst wie handwerklich betätigt oder womöglich eigenhändig ein Haus gebaut hat, weiß, welchen Stolz und welche Selbstbestätigung man spürt, wenn man das fertige Arbeitsergebnis betrachten kann. Im Projekt werden die Mitarbeiter gezwungen, ganzheitlich, unternehmerisch und vernetzt zu denken. Am Ende sehen sie ihr Arbeitsergebnis und können selbst einschätzen, ob es gut ist oder nicht. Sie wissen, welchen Beitrag sie dazu geleistet haben. Das motiviert und erfüllt sie mit Stolz (»An dieser Brücke habe ich mitgearbeitet.«).

Wir sind uns dessen bewusst, dass die oben aufgeführten Ausstrahlungsmöglichkeiten des Projektmanagements auf die Linie und damit auf die Unternehmenskultur stark rosa gefärbt sind. Das ist unsere Absicht. Damit wollen wir deutlich machen, welche Potenziale im Projektmanagement verborgen sind, welchen Beitrag es zur Unternehmensentwicklung leisten kann. Projektmanagement kann sich zu einer Keimzelle einer neuen Unternehmenskultur entwickeln. Vorausgesetzt, sie wird noch durch begleitende Maßnahmen unterstützt und gehegt und gepflegt. Projektmanagement kann gezielt als ein Element eines Veränderungsprozesses eingesetzt werden. Damit kann Projektmanagement als ein Bestandteil des Change Managements angesehen werden. Es würde den Rahmen dieses Buches bei weitem sprengen, wollten wir den Versuch wagen, »mal so auf die Schnelle« das Thema Change Management abzuhandeln. Wir möchten deshalb auf das wirklich empfehlenswerte Buch von Klaus Doppler und Christoph Lauterburg[22] hinweisen, das die wesentlichen Change-Management-Aspekte sehr praxisnah und leicht verständlich behandelt.

Das Wichtigste in Kürze:

- Die Unternehmenskultur übt einen wesentlichen Einfluss auf das Projektmanagement im Unternehmen aus.
- Umgekehrt kann aber auch die Einführung von Projektmanagement die Unternehmenskultur beeinflussen.
- Zur Unternehmenskultur gehören unter anderem die Führungskultur, Verbindlichkeitskultur, Streitkultur, Fehlerkultur, Besprechungskultur, Kooperationskultur, Vertrauenskultur und Umsetzungskultur.
- Eine pathologische Unternehmenskultur vereinigt alle negativen Ausprägungen der oben genannten Kulturelemente.
- Unternehmenskultur ist die Summe aller impliziten Regeln.
- Folgende Verhaltensmerkmale einer Unternehmenskultur unterstützen erfolgreiches Projektmanagement: ganzheitliches und vernetztes Denken, Verbindlichkeit, Innovations- und Veränderungsbereitschaft, Kooperationsbereitschaft und Hierarchiefreiheit.
- Die Führungskräfte aus der Linie haben einen wesentlichen Einfluss auf den Projekterfolg.

4
Woran Projekte wirklich scheitern

> »Es ist nicht gesagt, dass es besser wird,
> wenn es anders wird.
> Wenn es aber besser werden soll,
> muss es anders werden.«
>
> *Georg Christoph Lichtenberg (1742–99)*

Es gibt eine Unzahl an Untersuchungen, die die Erfolgsquoten von Projekten zum Thema haben. Die Aussagen darüber, wie viele Projekte denn tatsächlich scheitern, gehen je nach Untersuchungsgegenstand, Methode und Branche deutlich auseinander. Die höchste Quote, was das Scheitern von Projekten anbelangt, auf die wir im Rahmen unserer Buchrecherchen gestoßen sind, hat eine Schweizer IT-Beratungsfirma ausgemacht. Nach deren Erhebungen scheitern 70 Prozent aller Schweizer IT-Projekte.[1] In einem Punkt sind sich allerdings alle Untersuchungen einig: Die Gründe für das Scheitern von Projekten liegen weder an den zur Verfügung stehenden Projektmanagement-Tools noch an den Informationstechnologien, sondern sie sind in erster Linie in den »kommunikativen und psychologischen Gründen« zu suchen. *Projekte scheitern an den Menschen und nicht an den Instrumenten und Methoden.*[2] Noch eine interessante Erkenntnis wollen wir Ihnen nicht vorenthalten: Projekte, die dringenden Kundenanforderungen oder gesetzlichen beziehungsweise tariflichen Änderungen entspringen, sind in der Regel mit deutlich geringerem Risiko behaftet, weil hier die Zielsetzungen sowie die Anforderungen und Rahmenbedingungen viel klarer und eindeutiger sind. Außerdem ist der Umsetzungsdruck viel höher, so dass es oftmals keine Alternative dazu gibt. Überhaupt scheint der Umsetzungsdruck, der auf Projekten lastet, eine wichtige Voraussetzung für einen erfolgreichen Projektabschluss zu sein.

In unseren Seminaren fragen wir die Teilnehmer regelmäßig, was aus ihrer Sicht in Projekten immer wieder schiefläuft. Folgende Antworten erhalten wir dabei regelmäßig:

- Der Auftrag und die Projektziele sind unklar.
- Die Auftraggeber interessieren sich zu wenig für das Projekt.
- Die Projektleiter sind inkompetent.
- Das Projektteam ist falsch besetzt.

Projekte sicher managen. Marijan Kosel und Jürgen Weißenrieder
Copyright © 2007 WILEY-VCH Verlag GmbH & Co. KGaA, Weinheim
ISBN 978-3-527-50255-4

- Die dem Projekt zur Verfügung gestellten Ressourcen sind nicht ausreichend.
- Die Projektmitarbeiter engagieren sich nicht ausreichend.
- Widerstände beziehungsweise fehlende Unterstützung im Projektumfeld.

Nun könnte man es sich leicht machen und einfach sagen: »Wenn die Gründe für das Scheitern von Projekten so klar sind, dann liegt doch die Lösung auf der Hand.« Dann muss man doch eigentlich nur den Auftrag und die Projektziele klarer formulieren, die Projektleiter schulen, ausreichende Ressourcen zur Verfügung stellen und so weiter. Doch das wäre zu einfach gedacht und womöglich zu kurz gesprungen. Um auf die wahren Gründe zu stoßen, ist es erforderlich, noch eine oder mehrere Ebenen tiefer zu gehen. Wie bei einer Zwiebel muss man noch weiter »schälen« und sich folgende Fragen stellen:

- Warum werden Projektaufträge und -ziele nicht ausreichend konkret formuliert? (Schließlich weiß doch jeder, dass das wichtig ist.)
- Warum zeigen die Auftraggeber so wenig Interesse für »ihr« Projekt?
- Warum sitzen die falschen Leute in den Projektteams?
- Warum gibt es Widerstände im Projektumfeld?
- Warum werden Entscheidungen verzögert oder Informationen zurückgehalten?
- Und was kann man konkret tun, um die Ursachen, die wirklichen Gründe für das Scheitern von Projekten zu beseitigen?

Um zu verstehen, was in Projekten immer wieder schiefläuft, lassen Sie uns anhand einiger typischer Beispiele aus der Praxis gemeinsam einen Blick hinter die Fassaden werfen.

4.1 Beispiel 1: Das ›spontane Projekt‹

Gefährlich und mit einem hohen Risiko zum Scheitern versehen sind die »spontanen Projekte«. Spontane Projekte entstehen aus einer bestimmten Situation heraus, sind wenig durchdacht und entspringen unterschiedlichsten Vorstellungen. Wie kommt es zu solchen »spontanen Projekten«? Versetzen wir uns dazu zum Beispiel in eine Besprechung des Managementteams:

Im Verlaufe der Besprechung ist man auf ein Problem gestoßen. Nehmen wir als konkretes Beispiel das Thema »Unterschriftenregelung«. Die Unterschriftenregelung im Unternehmen wird allgemein als sehr bürokratisch aufgefasst. Einfachste Entscheidungen erfordern in der Regel mehrere Unterschriften. Auf der Suche nach einer Lösung kommt man auf keinen gemeinsamen Nenner. Die Diskussion dreht sich im Kreis, die ersten Besprechungsteilnehmer schauen schon ungeduldig auf die Uhr, die Stimmung schlägt langsam ins Negative um. Doch da kommt die Erlösung. Irgendjemand sagt: »Da kommen wir heute zu keiner Lösung, machen wir doch ein Projekt daraus.« Dieser Satz kommt an, wie ein zugeworfener Rettungsring, wenn man fünfzig Seemeilen vor der Küste allein auf stürmischer See im Wasser treibt. Da passt das alte ironische, manchmal auch zynische Sprichwort dazu: »Wenn man nicht mehr weiter weiß, bildet man einen Arbeitskreis.«

Doch das Unheil nimmt nun erst seinen Lauf. Der Projektleiter ist auch gleich ausgemacht. Sein Chef hat nun die »ehrenvolle« Aufgabe, dies seinem Mitarbeiter mitzuteilen. Auf den Hinweis »Wann soll ich das denn machen?,« folgt nicht selten »Das kriegen Sie schon irgendwie hin«. Plumps – da liegt sie nun, die volle Verantwortung für ein Projekt, für das man keine Zeit hat, dessen Rahmenbedingungen und Zielsetzungen alles andere als klar sind und das eigentlich keiner wollte. Eine Projektgruppe ist auch bald zusammengestellt. In der ersten Projektbesprechung wird schnell klar, dass nichts klar ist. Der Versuch des Projektleiters, sich beim Auftraggeber Klarheit zu verschaffen, scheitert entweder daran, dass sich keiner als Auftraggeber sieht, oder daran, dass es nur sehr schwierig ist, an die Entscheidungsträger heranzukommen. Der Projektleiter merkt mit der Zeit, dass sich niemand so wirklich für das Projekt interessiert. Es ist offensichtlich auch nur entstanden, weil sich das Managementteam nicht schnell genug einigen konnte. Da er genügend andere Aufgaben (Tagesgeschäft) zu erledigen hat, ist er auch ganz froh, dass niemand nach dem Projektfortschritt fragt, wenngleich ein ständig schlechtes Gewissen bleibt. Auch die Projektmitarbeiter, die ohnehin mehr oder weniger wider Willen in das Projekt gekommen sind, merken, dass das Projekt wohl nicht sehr wichtig ist und verabschieden sich nicht nur gedanklich, sondern auch physisch so nach und nach aus dem Projekt. Auf diese Weise wird dann aus einem spontanen Projekt ein Pseudo-Projekt. Wenn dann irgendwann mal die Frage aufkommt: »Was macht übrigens das Projekt Unterschriftenregelung?« Dann kommt die Antwort: »Wir arbeiten dran!«

Das scheint die Aussage Reiters zu bestätigen: »In Projekten wird gelogen, dass sich die Balken biegen.«[3]

Eine Untersuchung der Beratergruppe *eloquent* hat übrigens empirisch bestätigt, dass Projekte gern dazu benutzt werden, Probleme, die nicht sofort lösbar sind oder die mit Unsicherheit behaftet sind, zwischenzulagern. Spontane Ideen und Initiativen werden viel zu schnell aufgegriffen und als Projekt benannt.[4] Auf diese Weise werden unbequeme Entscheidungen gerne in Projekte abgeschoben und »Probleme erst einmal für unbestimmte Zeit aus dem Blickfeld genommen und die Entscheidungsverantwortung bei den Entscheidungsvorbereitern (Anm. des Verf.: den Projektleitern) geparkt«[5]. Die Ursache für spontane Projekte liegt häufig aber »auch in einer auf ‚hurry-on'-Botschaften ausgerichteten Unternehmenskultur, die der Phase der Analyse und Durchdringung der Problemstellung nicht genügend Zeit einräumt«[6]. Projekte sind viel zu wichtig und Ressourcen viel zu knapp, als dass sie als Schnellschuss aus der Hüfte auf den Weg gebracht werden sollten.

4.2 Beispiel 2: Wenn Projekte mit ›Soda-Personal‹ bearbeitet werden

Die Personalkapazitäten in Unternehmen orientieren sich in der Regel ausschließlich am Bedarf in der Linie. Wenn nun neue Projekte initiiert werden, dann müssen die dafür notwendigen Ressourcen von der Linie abgezweigt werden, da man aufgrund der zeitlichen Begrenztheit von Projekten verständlicherweise keine dauerhaften Personalkapazitäten aufbauen möchte. Das ist im Übrigen auch der Grund für die projekttypische »Konkurrenz um knappe Ressourcen«. Und weil die Ressourcen im Unternehmen knapp sind, geht es tagtäglich (implizit) um die Frage, wie können/müssen wir unsere Ressourcen einsetzen, um den größtmöglichen Unternehmensnutzen zu erzielen? Jede Projektfreigabe sollte eine unternehmerische Entscheidung darstellen. Nämlich die Entscheidung, lohnt es sich, das Projekt anzugehen oder nicht? Diese Entscheidung kann nur auf Basis einer möglichst realistischen und vollständigen Kosten-Nutzen-Betrachtung gefällt werden. Vollständig ist eine Kosten-Nutzen-Betrachtung aber nur dann, wenn die für das Projekt eingesetzten internen Personalkapazitäten möglichst realistisch mit eingerechnet werden. Genau dies erfolgt in den allerwenigsten Fällen, denn »das Personal ist ja sowie*so da*«. Dieses (sowie-)Soda-Personal fließt in der Regel nicht in die Kostenbetrachtung mit ein. Das hat zwei gravierende Auswirkungen:

1) Erstens wird damit die unverzichtbare Diskussion über die notwendigen Ressourcen und deren Herkunft umgangen. Diese Diskussion ist deshalb unverzichtbar, weil sie entweder dazu führt, dass unwirtschaftliche Projekte gar nicht erst freigegeben werden, oder weil sie sicherstellt, dass die erforderlichen Kapazitäten rechtzeitig freigeschaufelt werden.
2) Zweitens wird die Bedeutung des Projekts abgewertet. Es wird so getan, als ob das Projekt quasi so nebenbei bewältigt werden kann. Dies suggeriert den Projektbeteiligten, dass das Projekt wohl nicht so wichtig ist, wenn man nicht einmal bereit ist, die entsprechenden Kapazitäten bereitzustellen.

Hinter beiden Erscheinungen steckt häufig die Tatsache, dass sich das Managementteam nicht einig ist oder eine Einigung über Prioritäten nicht herbeiführen kann. Um keine Entscheidung treffen zu müssen und damit den Konflikt aufbrechen zu lassen, wird der Konflikt auf die nächste Ebene nach unten verlagert.

4.3 Beispiel 3: Wenn das Unternehmen unter ›Projektitis‹ leidet

Per Definition ist ein Projekt ein zeitlich begrenztes, komplexes Vorhaben, das eine hohe Bedeutung für das Unternehmen hat. Es wird deshalb zum Projekt erklärt, weil man den Fokus darauf richten möchte, weil man es im Auge behalten muss. Wenn nun jedes noch so kleine und unbedeutende Vorhaben, jede Aufgabe gleich als Projekt definiert wird, dann verliert das einzelne Projekt an Bedeutung. Wenn Mitarbeiter in drei oder vier verschiedenen Projekten gleichzeitig mitarbeiten, dann ist es nichts Besonderes, dann ist es keine Auszeichnung mehr. Vermutlich ist es den meisten nur noch lästig. Projektmitarbeiter werden sich umso mehr im Projekt engagieren, wenn sie diese Mitarbeit auch als Auszeichnung empfinden. Dies kann aber bei einer inflationären Handhabung von Projekten kaum der Fall sein. Hat die »Projektitis« erst einmal das Unternehmen erfasst, dann wird niemand mehr ein Projekt als Auszeichnung, sondern nur noch als lästige Pflicht empfinden. Weniger ist in diesem Zusammenhang eindeutig mehr.

Auch die Linie leidet unter der Flut an Projekten. »Schon wieder ein neues Projekt? Vor lauter Projekten kommen wir nicht zu unserer eigentlichen Arbeit.« Solche Aussagen lassen darauf schließen, dass sich die Begeisterung und damit auch die Unterstützung für das neue Projekt in Grenzen hält. Dafür kann man durchaus Verständnis haben, denn wenn jede Woche eine »neue Sau durchs Dorf getrieben wird«, dann lässt das Interesse irgendwann nach. Ist die »Projektschraube« einmal überdreht, dann wird in der Linie nicht mehr unterschieden nach wichtigen und unwichtigen Projekten, dann gibt es nur noch lästige Projekte. Dann wird jedes Projekt schlechtgeredet, bevor es überhaupt begonnen hat. Je nach Unternehmenskultur wird unterschiedlich mit solchen Situationen verfahren. Wo Vertrauen und Offenheit vorherrschen, wird man das Problem offen ansprechen können. In pathologischen Unternehmenskulturen findet die Kritik nur verdeckt statt, ohne Hoffung auf Lösung des Problems. Wenn schon viele kleinere Projekte notwendig sind, dann sollte man sicherstellen, dass diese möglichst schnell abgeschlossen werden, um die Anzahl an Projekten überschaubar zu halten. Eines sollte man sich dabei bewusst machen: Menge sichert nur selten Qualität. Die Neigung, spontane Projekte als Schnellschuss auf den Weg zu bringen, fördert die Projektitis ungefähr so wie Feuchtigkeit die Schimmelbildung.

4.4 Beispiel 4: Boykottierung durch die Linie

Da werden Informationen bewusst vorenthalten, der zugesagte Zugriff auf Betriebsmittel wird versagt, man verzögert bestimmte Arbeiten ein wenig oder man lässt den Projektleiter bei der Abschlusspräsentation eiskalt ins offene Messer laufen. Der Widerstand oder die Ablehnung gegen ein Projekt kann auf mehr oder weniger subtile Art und Weise zum Ausdruck gebracht werden. Die Blockade der Informationswege ist im Übrigen eine der gefährlichsten Boykottstrategien, mit denen Projektleiter zu kämpfen haben.[7] Auf das Konfliktpotenzial zwischen Projekt und Linie haben wir an verschiedenen Stellen schon hingewiesen. Nach unseren Schätzungen geht gut ein Drittel der gescheiterten Projekte auf das Konto der Linie. Eigentlich haben doch Projekt und Linie die gleichen Ziele, oder? Das Projekt dient dazu, zukunftsbezogene Themen konzeptionell zu bearbeiten und nach erfolgreicher Arbeit in die Linie zu überführen. Stellt das Projekt nicht eine Investition der Linie in die Zukunft dar, damit sich die Linie ungestört um die operativen Aufgaben kümmern kann? Die Einführung eines betrieblichen Vorschlagswesens, ein neues EDV-System oder die Einführung eines leistungsbezogenen Vergütungssystems, sind das nicht alles Projekte, von denen letztlich die Linie profitiert? Woher also der Widerstand oder die Ablehnung? Wurden die Betroffenen (die Linie) nicht rechtzeitig oder nicht ausreichend genug einbezogen? Gibt es womöglich irgendwelche persönlichen Ängste gegen die aus dem Projekt resultierenden Veränderungen? Stört das

Projekt einfach nur die operative Aufgabenerfüllung in der Linie? Oder fühlen sich die Linienvorgesetzten zurückgesetzt, weil das Projekt bei der Geschäftsleitung oder beim Vorstand mehr Beachtung findet als das weniger spektakuläre Tagesgeschäft? Fühlen sich die Linienmitarbeiter gar als »Schaffdackel gegenüber der Elite der jungdynamischen Projektheinis«, wie es eine Führungskraft einmal sehr bildlich beschrieben hatte? Vielleicht liegt es auch einfach nur daran, dass die Linienmitarbeiter die Intention und Zielsetzung des Projekts nicht verstehen. Machtspiele zwischen Projekt und Linie entstehen aufgrund unterschiedlicher Interessenslagen. Unterschiedliche Interessenslagen entstehen vor allem dort, wo Abteilungsdenken und Bereichsegoismen stark ausgeprägt sind. Da steht dann nicht mehr das Interesse des Gesamtunternehmens im Vordergrund, sondern Bereichsegoismen und Abteilungsdenken. Die Ursachen für die Torpedierung durch die Linie können sehr vielfältig sein. Aber alle Annahmen über die Ursachen machen deutlich, wie wichtig es ist, die Linie gut über das Projekt zu informieren, sie so weit wie möglich einzubeziehen und ihre Mitverantwortung immer wieder deutlich zu machen. Deshalb ist es auch wichtig, das Lenkungsteam mit den obersten Linienverantwortlichen zu besetzen.

4.5 Beispiel 5: Die falschen Projektmitarbeiter

Wenn die falschen Projektmitarbeiter abgestellt werden, dann kann das wiederum verschiedene Ursachen haben. Dahinter kann sich zum Beispiel eine bewusste Strategie der Linie verbergen, um das Projekt zu boykottieren. Dann werden unqualifizierte (um nicht zu sagen unfähige) Mitarbeiter für das Projekt abgestellt. Damit kann man zwei Fliegen mit einer Klappe erschlagen. Erstens sind die eigenen Mitarbeiter dann so beschäftigt, dass sie in der Linie keinen Schaden mehr anrichten. Zweitens sinkt die Erfolgswahrscheinlichkeit des Projekts immens. Man braucht sich nicht einmal vor Vorwürfen zu fürchten, da man den Mitarbeiter ja ganz bewusst ins Projekt entsandt hat, um ihn zu fördern. Eine andere Strategie ist die »Parteibuchpolitik«[8]. Dabei wird das Projektteam ganz gezielt mit Mitarbeitern besetzt, auf deren Loyalität Verlass ist und die das Projekt in ihrem Sinne beeinflussen. Diese Mitarbeiter sehen sich dann nicht als Vertreter der Projektinteressen, sondern als verlängerter Arm ihres Chefs, mit der Folge, dass im Projekt Stellvertreterkämpfe zwischen den Bereichen und Abteilungen ausgetragen werden. Auf Dauer kann das nur zu einem Scheitern des Projekts, bestenfalls zu einem suboptimalen Projektergebnis führen.

Nicht immer stecken politische Spielchen hinter der Fehlbesetzung von Projektmitgliedern. Manchmal wird das Projekt auch nur als nicht wichtig genug erachtet, um die richtigen Leute abzustellen. In der Praxis sind bei der Besetzung von Projektteams stets die gleichen Fehler auszumachen: Entweder werden immer dieselben Mitarbeiter, nämlich die Leistungsträger in Projekten eingesetzt, oder diejenigen, die man am leichtesten in der Linie entbehren kann. Beides schadet auf Dauer.

4.6 Projektblockaden und deren originäre Ursachen

Die oben aufgeführten Beispiele lassen schon erahnen, dass es keine monokausalen Erklärungen für bestimmte Fehlstellungen im Projektumfeld gibt. Die Projektblockaden und -risiken hängen alle irgendwie miteinander zusammen. Die Einflussfaktoren sind so intensiv miteinander verstrickt, dass die Frage »Was ist Ursache und was ist Wirkung?« an die Henne-Ei-Problematik erinnert. Lassen Sie uns an dieser Stelle nochmals die häufigsten Projektrisiken beziehungsweise Gründe für das Scheitern von Projekten im Zusammenhang betrachten:

- fehlende Klarheit bezüglich Auftrag und Projektziele,
- fehlende Unterstützung/fehlendes Interesse seitens Auftraggeber und Lenkungsteam,
- fehlende Unterstützung durch die Linie,
- inkompetente Projektleitung,
- unzureichende Projektressourcen,
- unengagierte Projektmitarbeiter (beziehungsweise die »falschen« Projektmitarbeiter),
- zu viele Projekte.

Abbildung 8 soll die Interdependenzen der verschiedenen Einflussgrößen verdeutlichen.

- *Zu viele Projekte* können dazu führen, dass die Linienbereiche einzelnen Projekten die Unterstützung verweigern (1), weil es einfach zu viele sind und die Linie den Sinn und die Notwendigkeit nicht (mehr) erkennt oder erkennen will. Zu viele Projekte führen außerdem dazu, dass die vorhandenen Ressourcen knapp werden (2) und dass das Interesse und die Unterstützung seitens der Auftraggeber und des Lenkungsteams schwindet (3), weil man mit der Zeit den Überblick über die vielen Pro-

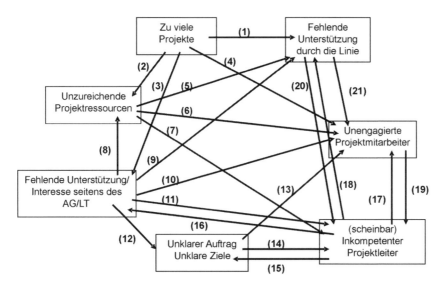

Abb. 8: Die Wechselwirkungen der Projektrisiken

jekte verliert. Auch auf die Projektmitarbeiter hat es negative Auswirkungen (4). Wenn diese das Gefühl haben, dass ihr Projekt nur eines unter zig anderen Projekten ist und sich eigentlich niemand so richtig dafür interessiert, dann leidet darunter irgendwann auch die Motivation und schließlich das Engagement.
- *Unzureichende Projektressourcen* führen zur Demotivation der Projektmitarbeiter (6), weil sie mit den zur Verfügung gestellten Ressourcen nur eingeschränkt arbeiten können. Außerdem wird damit auch die Bedeutungslosigkeit des Projekts signalisiert. Unzureichende Ressourcen können aber auch den Projektleiter als inkompetent erscheinen lassen (7). Das ist dann der Fall, wenn ein ressourcenbedingt schlechtes Projektergebnis dem Projektleiter zugeschoben wird. Eine echte Inkompetenz des Projektleiters würde nur dann vorliegen, wenn er fachlich überfordert wäre und die Projektmanagement-Instrumente nicht beherrschen würde. Die meisten Projektleiter scheitern allerdings nicht daran, sondern am Projektumfeld. Schließlich ist es für den Auftraggeber einfacher, den Projektleiter für den Projektmisserfolg verantwortlich machen zu können, als sich selbst vorwerfen zu müssen, nicht für ausreichende Ressourcen gesorgt zu haben.
- Die *fehlende Unterstützung und das fehlende Interesse seitens des Auftraggebers und des Lenkungsteams* ist, wie man an der Anzahl der abgehenden

Pfeile sehr schön erkennen kann, eine äußerst wichtige, wenn nicht gar die wichtigste Einflussgröße. Das kann dazu führen, dass keine ausreichenden Ressourcen zur Verfügung gestellt werden (8), oder dass die Unterstützung durch die Linie versagt bleibt (9), weil die notwendige Rückendeckung fehlt. Wenn das nötige Interesse am Projekt fehlt, dann nimmt man sich auch nicht die Zeit, um den Auftrag und die Projektziele sauber zu klären (12). Das alles wirkt sich schließlich negativ auf die Motivation der Projektmitarbeiter aus (10). In der Summe wird es negativ auf den Projektleiter zurückfallen und ihn inkompetent erscheinen lassen (11). Nur wenigen, wirklich guten und durchsetzungsfähigen Projektleitern kann es gelingen, die Versäumnisse des Auftraggebers und des Lenkungsteams durch persönlichen Einsatz und Hartnäckigkeit zu kompensieren, indem sie Unterstützung, Ressourcen, Entscheidungen und Informationen konsequent einfordern.

- Ein *unklarer Projektauftrag und unklare Projektziele* haben in erster Linie negative Auswirkungen auf das Engagement der Projektmitarbeiter (13). Wer nicht weiß, wohin er will, dreht sich im Kreis. Die Diskussionen im Projektteam drehen sich dann immer wieder um die Frage »Was wird von uns eigentlich erwartet?« Die Projekteffizienz geht gegen Null, es geht nichts mehr voran. Das kann auch dazu führen, dass die Kompetenz des Projektleiters angezweifelt wird (14). Das ist allerdings nur dann gerechtfertigt, wenn er es unterlassen hat, Auftrag und Ziele sauber zu klären. Nicht selten liegt es aber am Auftraggeber beziehungsweise dem Lenkungsteam, die sich nicht die Zeit nehmen oder nicht in der Lage sind, den Auftrag eindeutig zu formulieren und die Ziele klar zu beschreiben. Sie verlagern damit die daraus resultierenden Konflikte auf die nächste Ebene und verknappen ihre eigenen Ressourcen.
- Die *Kompetenz des Projektleiters* ist neben dem Auftraggeber und dem Lenkungsteam naturgemäß die Haupteinflussgröße auf den Projekterfolg. Inkompetente Projektleiter können jedes Projekt zum Scheitern bringen. Hervorragende Projektleiter können trotz aller Widrigkeiten Projekte auch zum Erfolg führen. Wirklich inkompetente Projektleiter demotivieren in erster Linie die Projektmitarbeiter (17). Sie schaffen es nicht, Auftrag und Projektziele sauber zu klären (15), sich ausreichend Gehör beim Auftraggeber und beim Lenkungsteam zu verschaffen (16) und die erforderlichen Entscheidungen einzuholen. Inkompetenten Projektleitern wird es auch nur schwer gelingen, sich die Unterstützung der Linie zu sichern (18).
- Abbildung 8 macht deutlich, dass *unengagierte Projektmitarbeiter* in erster Linie das Ergebnis und nicht die Ursache für Probleme im Projekt sind.

Alle sechs Einflussgrößen weisen auf die Mitarbeiter. Unengagierte Mitarbeiter können allenfalls den Projektleiter inkompetent aussehen lassen (19), indem sie ihm die notwendige Unterstützung versagen und ihn schlecht dastehen lassen. Aber kann das einem kompetenten Projektleiter, der das Projekthandwerk einigermaßen gut versteht, überhaupt passieren? Wohl eher nicht. Wir haben es in unserer langjährigen Praxis noch nie erlebt, dass ein Projekt bei stimmigen Rahmenbedingungen – kompetenter Projektleiter, klarer Auftrag, klare Ziele, ausreichende Ressourcen, ausreichende Rückendeckung von Auftraggeber und Lenkungsteam – an unengagierten Projektmitarbeitern gescheitert wäre. Nochmals: Unengagierte Mitarbeiter sind das Ergebnis und nicht die Ursache für Probleme im Projekt. Wenn doch, dann hat man bei der Besetzung des Projektteams gehörig daneben gegriffen.

- *Fehlende Unterstützung* durch die Linie führt in erster Linie zur Demotivation der Projektmitarbeiter (21). Eine aktive Boykottierung des Projekts kann darüber hinaus dazu führen, dass der Projektleiter schlecht dasteht (20), wenn ihm zum Beispiel wichtige Informationen vorenthalten werden. Eine wichtige Voraussetzung für eine ausreichende Unterstützung durch die Linie ist die Rückendeckung durch das Lenkungsteam, in dem die Leiter der Linienbereiche vertreten sind. Treten in der Zusammenarbeit zwischen Projekt und Linie Probleme auf, ist es Aufgabe des Projektleiters, im Lenkungsteam darauf hinzuweisen und auf eine Lösung hinzuwirken.

Die dargestellten Wechselwirkungen machen deutlich, dass es nur in wenigen Fällen weiterhilft, den Projektleiter einen Projektmanagement-Crashkurs[9)] belegen zu lassen oder ihn aufzufordern, sich im »Erste-Hilfe-Koffer für Projekte« zu bedienen.[10)] Hier ist ein grundsätzliches Umdenken erforderlich. Hier muss das Übel an der Wurzel angepackt werden. Um an die Wurzel zu gelangen, müssen wir allerdings etwas tiefer bohren, auch wenn es vielleicht noch mehr Schmerzen verursacht und aufwändiger ist.

Mit der nachfolgenden Abbildung wollen wir die »Zwiebel weiter schälen« und den originären Ursachen für das Scheitern von Projekten auf den Grund gehen. Als Ausgangspunkt für die dargestellte Kausalkette haben wir die Aussage herangezogen, die als häufigste Ursache für Projektschwierigkeiten genannt wird: ein unklarer Projektauftrag und unklare Projektziele. Jeder weiß, wie wichtig die Auftrags- und Zielklarheit für das Projekt ist. Da muss man sich schon die Frage stellen, warum werden Projektaufträge und -ziele dann so unklar definiert? Warum scheut man die Mühen einer sauberen Auftrags- und Zielklärung? Wir bedienen uns dabei der »Warum-Fragetechnik«. Wir hinterfragen dabei jede Antwort, die wir erhalten, weiter, indem wir fragen, warum das so ist. Das tun wir so lange, bis wir den eigentlichen Grund für das Problem herausgearbeitet haben. Bei dem in Abbildung 9 dargestellten Beispiel wird schnell deutlich, dass eine saubere Auftrags- und Zielklärung deshalb unterbleibt, weil eigentlich niemand ein aufrichtiges Interesse an dem Projekt hat und niemand bereit ist, sich die dafür nötige Zeit zu nehmen. Man hat es unterlassen, die notwendigen Diskussionen frühzeitig auf der Managementebene zu führen. Warum widerspricht niemand und stellt die Sinnhaftigkeit des Projekts in Frage? Weil es eine implizite Regel gibt, die da lautet: »Man widerspricht dem Chef nicht und übt auch keine Kritik.« Diese Regel hat sich im Laufe der Jahre herausgebildet. Die öffentlichen Maßregelungen des Chefs in den vergangenen Jahren sind legendär. Wer sie einmal erlebt hat, hat gelernt, seine Kritik für sich zu behalten. Und so werden Entscheidungen getroffen, hinter denen niemand so richtig steht.

Abb. 9: Die originären Ursachen für Projektrisiken

Eine andere originäre Ursache für das Projektrisiko »unklarer Projektauftrag/unklare Ziele« kann auch in der Gleichgültigkeit der Lenkungsteammitglieder liegen. Man nickt das Projekt halt ab, damit das Thema vom Tisch ist. Aus den Erfahrungen der Vergangenheit weiß man ja ohnehin, dass es über kurz oder lang ohnehin im Sande verläuft. Wozu sich also großartig einbringen? Eigentlich hat man für solche Themen sowieso keine Zeit. Schließlich wartet das Tagesgeschäft in der Linie. Solange das einigermaßen läuft, ist man aus der Schusslinie. Aus dieser Einstellung spricht Resignation und Bereichsdenken gleichzeitig. Man will eigentlich nichts mehr bewegen und man fühlt sich auch nur seinen Bereichszielen verpflichtet. Für die Unternehmensziele ist schließlich die Unternehmensleitung verantwortlich. Die impliziten Regeln, die hier aus Sicht der Bereichsleiter wirken, könnten lauten: »Schau, dass der eigene Bereich läuft, alles andere geht dich nichts an.« Oder: »Vergeude keine unnötigen Energien, es verläuft ohnehin im Sand.« Diese Beispiele machen deutlich, dass die originären Ursachen von Projektrisiken und die Gründe für das Scheitern von Projekten tief in der Unternehmenskultur wurzeln.

In einer pathologischen Unternehmenskultur wird immer mit Projektbehinderungen und Störungen zu rechnen sein. Wenn das Projektumfeld durch fehlende Offenheit, durch Unverbindlichkeit und fehlende Identifikation mit dem Unternehmen oder gar durch taktische Manöver und Intrigen geprägt ist, dann wird viel Energie aufgewendet werden müssen, um gegen diese Widerstände anzukämpfen. Wo die wirklichen Ziele und Interessen der Beteiligten nur schwer zu erkennen und zu durchschauen sind, kann sich keine Kultur des Vertrauens entwickeln. Die Motive, die letztlich dahinter stehen, können sehr vielfältig sein: Angst vor Veränderungen, Angst, an Einfluss zu verlieren, Angst vor Gesichtsverlust, Machtstreben, Konkurrenz um Anerkennung oder die Befriedigung von Sicherheitsbedürfnissen. Projekte werden so lange Widerständen ausgesetzt sein, wie das Streben Einzelner nach Macht, Anerkennung und Sicherheit die Unternehmensziele und -interessen überlagert. Die Unternehmenskultur lässt sich nicht von heute auf morgen verändern. Es gibt keinen »Knopf«, den man drücken, und keinen »Hebel«, den man ziehen könnte, um die Kultur von heute auf morgen zu verändern. Kulturveränderungen brauchen Zeit. Zeit, um eingefahrene Denk- und Verhaltensweisen aufzubrechen. Zeit, um Vertrauen aufzubauen und Zeit, um zu lernen. Wenn Sie als Topmanager pathologische Kulturelemente in Ihrem Unternehmen ausgemacht haben, dann sind Sie als Change Manager gefragt. Als Projektmanager können Sie so lange natürlich nicht warten. Da stellt sich dann eher die Frage: »Was kann man tun, um Projekte dennoch zum Erfolg zu bringen?«

4.7 Anzeichen für Projektboykott

In Kapitel 3 haben wir uns ausführlich mit der pathologischen Unternehmenskultur befasst. Projektleiter, denen nicht bewusst ist, dass die Störmanöver und Behinderungen unternehmenskulturell bedingt sind, geraten in Gefahr, sich wie Don Quijote in einem unendlichen Kampf gegen Windmühlen zu zerreiben. Am Ende stehen sie dann da wie der »Ritter von der traurigen Gestalt« und beklagen ihr Schicksal. Gegen eine pathologische Kultur kommt ein Projektleiter alleine nicht an. Wo politische Spielchen betrieben werden, kommt man mit rein fachlichen Argumenten nicht weiter. Wir möchten nicht dafür plädieren, sich ebenfalls taktischer Spielchen zu bedienen und damit die pathologische Kultur womöglich noch zu fördern. Ganz im Gegenteil! Wir möchten dafür plädieren, die Spirale der pathologischen Unternehmenskultur zu durchbrechen. Projektleiter, die ebenfalls trickreich und mit Intrigen operieren, geben kein gutes Beispiel für ihr Projektteam. Woher sollen die Projektmitarbeiter wissen, dass ihr Projektleiter nicht auch ihnen gegenüber trickst und intrigiert? Wie können sie ihm vertrauen, wenn sie merken, dass er nicht ehrlich und nur auf seinen persönlichen Vorteil bedacht ist? Ein Projektleiter sollte eine gerade Linie verfolgen. Das bedeutet, Werte wie Verbindlichkeit, Offenheit, persönliche Wertschätzung und Teamorientierung vorzuleben und einzufordern. Zur Abwehr von Intrigen und politischen Spielchen sollte er sich die Unterstützung und Rückendeckung des Auftraggebers und des Lenkungsteams sichern. Für den Projektleiter ist es wichtig zu erkennen, wenn das Projekt bewusst boykottiert wird. Dafür kann es verschiedene Anzeichen geben:

- Informationen werden bewusst zurückgehalten:
  Wenn Sie als Projektleiter hin und wieder das Gefühl haben, diese oder jene Information wäre für Ihr Projekt wichtig gewesen und man Ihnen mit einem Ausdruck mitfühlenden Bedauerns sagt: »Oh ich dachte, das hätte ich Ihnen gesagt,« Dann kann das ein ernst zu nehmender Hinweis auf bewusst vorenthaltene Informationen sein. Das Zurückhalten von Informationen ist im Übrigen eine der beliebtesten und wirksamsten Strategien, um Projekte zu boykottieren.

- Es werden die falschen Leute ins Projekt abgestellt:
  Hier gibt es zwei verschiedene Möglichkeiten. Entweder man schickt Ihnen die »Gurken« mit der Gewissheit, dass diese ohnehin nichts zum Projekt beitragen können und den Projektfortschritt zusätzlich blockieren. Oder

man schickt Ihnen die im wörtlichen Sinne »Linientreuen«. Diese Projektmitarbeiter haben von ihren Linienvorgesetzten den Auftrag erhalten, vornehmlich als Interessenvertreter der Linie zu fungieren. Diese werden sich nur so lange für die Projektziele einsetzen, als diese den Interessen ihres Bereiches dienen. Wenn dann mehrere Linientreue aus verschiedenen Bereichen im Projekt sind, ist es nur eine Frage der Zeit, bis sich der ansonsten in der Linie ausgetragene Konflikt im Projekt fortsetzt.

- Entscheidungen werden verzögert:
  Per Definition sind Projekte immer zeitkritisch. Es ist ein Leichtes, den Projektfortschritt zu behindern. »So wichtige Entscheidungen sollte man natürlich nicht übereilt treffen.« Diese Boykotttaktik ist nur sehr schwer zu enttarnen. Schließlich kann es tatsächlich so sein, dass für eine Entscheidung noch gewisse Untersuchungen oder Überlegungen angestellt werden müssen. Wenn es allerdings immer wieder vorkommt, ist es ein untrügliches Zeichen für einen bewussten Boykott oder für eine nachrangige Priorität. Dann ist es gut, wenn man auf einen verbindlichen Projektplan und die Rückendeckung des Auftraggebers zurückgreifen kann.

- Man gibt sich unerreichbar:
  Ein erbetener Rückruf findet nicht statt, man lässt sich bei der nächsten Sitzung entschuldigen oder fehlt gleich unentschuldigt. Man hat einfach keine Zeit, weil »wichtigere« Dinge warten. Diese Taktik ist besonders ärgerlich. Nicht schon genug, dass sich dadurch der Projektfortschritt verzögert, man muss auch ständig Zeit aufwenden, um seine Gesprächspartner überhaupt zu erreichen. Außerdem wird damit signalisiert, wie unwichtig das Projekt doch ist.

- Killerargumente:
  Diese sind ein weit verbreitetes und beliebtes Boykottmittel. Durch Killerargumente lassen sich Besprechungen blockieren, Entscheidungen verzögern und/oder Anliegen vom Tisch wischen. Die beliebtesten Killerargumente kennen Sie sicherlich auch schon:

- Das haben wir noch nie so gemacht.
- Das haben wir schon immer so gemacht.
- Bei uns ist das alles ganz anders.
- Das haben wir schon vor zehn Jahren versucht, da hat es auch schon nicht funktioniert.
- Wenn das so einfach wäre, dann würde es ja jeder machen.

- Das ist doch viel zu teuer.
- ...

Killerargumenten kann man nur begegnen, indem man sie entlarvt und nachfragt: »Was ist daran zu teuer?« »Wie haben Sie es vor zehn Jahren genau gemacht?« Damit bringt man den anderen in Zugzwang.

Man sollte die oben aufgeführten Signale jedoch nicht immer voreilig als böswillige Boykottstrategien abtun. Die Signale können durchaus auch wichtige Hinweise auf sachlich begründete und ernst zu nehmende Widerstände sein. Es ist besser, sich in einem frühen Projektstadium damit auseinanderzusetzen, anstatt es zu ignorieren und sich am Schluss über das Scheitern des Projekts zu wundern.

4.8 Erfolgsfaktoren des Projektmanagements

Nachdem wir uns die tiefer liegenden Gründe für das Scheitern von Projekten vor Augen geführt haben, stellt sich nun die Frage nach den Erfolgsfaktoren des Projektmanagements. Worauf kommt es denn eigentlich an, wenn man Projekte zum Erfolg bringen will? Auf welche Aspekte muss man besonders achten? Wie kann man auch in einem schwierigen Projektumfeld Projekte zum Erfolg bringen? Die Erfahrungen in der Praxis zeigen, dass es im Wesentlichen vier Erfolgsfaktoren für ein erfolgreiches Projektmanagement gibt:

1) Erfolgsfaktor Nr.1 ist die *Projekteffektivität* (Kapitel 5). Projekteffektivität bedeutet, es werden die »richtigen« Projekte ausgewählt. Was nützt es, wenn man Projekte zwar professionell und zielgerichtet angeht, aber auf die falschen Projekte gesetzt hat? Projekteffektivität bedeutet, man konzentriert sich auf einige wenige Projekte, die man ganz bewusst auswählt. Der Projektfreigabe ist ein systematisches Entscheidungsverfahren vorgeschaltet. In Abbildung 8 kommt die Bedeutung dieses Erfolgsfaktors klar zum Ausdruck.
2) Erfolgsfaktor Nr. 2 sind die *Projektbeteiligten* (Kapitel 6). Neben der fachlichen und methodischen Kompetenz ist es wichtig, dass die Projektbeteiligten ihre Aufgaben kennen und das richtige Rollenverständnis haben. Zu den Projekthauptbeteiligten zählen wir den Auftraggeber, die Lenkungsteammitglieder, den Projektleiter, die Projektmitarbeiter sowie die Linienvorgesetzten. Aufgrund der hervorragenden Bedeutung des

Projektleiters haben wir diesen als eigenständigen Erfolgsfaktor definiert und ihm ein eigenes Kapitel gewidmet.
3) Erfolgsfaktor Nr. 3 ist die *Projekteffizienz* (Kapitel 7). Projekteffizienz bedeutet, die Projekte richtig, im Sinne von zielgerichtet und professionell anzugehen. Bei der Projekteffizienz stehen also die Projektmanagement-Instrumente und deren professionelle Anwendung im Vordergrund. Eine hohe Projekteffizienz kann die Einflüsse der pathologischen Unternehmenskultur zwar abschwächen, aber nicht vollständig kompensieren.
4) Erfolgsfaktor Nr. 4 ist die *Projektleitung*. Ein guter Projektleiter kann Projekte auch in einem schwierigen Umfeld zum Erfolg bringen. Ein schlechter kann jedes Projekt – auch bei besten Rahmenbedingungen – zum Scheitern bringen. Daran zeigt sich die Bedeutung des Projektleiters. In Kapitel 8 werden wir die Aufgaben, das Rollenverständnis, die zur Verfügung stehenden Instrumente sowie die Anforderungen an den Projektleiter darstellen.

Auch wenn wir die verschiedenen Erfolgsfaktoren der besseren Lesbarkeit und Darstellbarkeit halber voneinander getrennt haben, so gehören sie doch zueinander, wie auch Abbildung 8 verdeutlicht. Sie beeinflussen sich gegenseitig. Sie können sich neutralisieren oder verstärken.

Vielleicht wundert sich der eine oder andere Leser an dieser Stelle, dass wir die Unternehmenskultur nicht als eigenen Erfolgsfaktor darstellen. Natürlich ist sie für uns *der* Erfolgsfaktor schlechthin, aber das ist sie nicht nur für das Projektmanagement, sondern für alle Themenbereiche im Unternehmen. Es würde dem Thema nicht gerecht werden, würden wir an dieser Stelle versuchen, in einem Kapitel darzustellen, wie sich der Unternehmenswandel gestalten lässt. Das ist manchen Autoren nicht einmal in einem ganzen Buch gelungen. Wer sich mit diesem spannenden und umfassenden Thema beschäftigen möchte, dem sei an dieser Stelle folgende weiterführende Literatur empfohlen:

- Baumgartner I. u. a.: *OE-Prozesse – Die Prinzipien systemischer Organisationsentwicklung.* Stuttgart, Haupt 2000.
- Doppler, K./Lauterburg, C.: *Change Management – den Unternehmenswandel gestalten.* 3. Auflage, Frankfurt/Main, Campus Verlag 1994.
- Fritz, R.: *Den Weg des geringsten Widerstands managen.* Stuttgart, Klett-Cotta 2000.
- zur Bonsen, M. und all in one spirit: *Real Time Strategic Change. Schneller Wandel mit großen Gruppen.* Stuttgart, Klett-Cotta 2003.

Das Wichtigste in Kürze:

- Projekte scheitern nur selten an den Methoden und Instrumenten, sondern an den Menschen, die beteiligt sind.
- Die Betroffenen sind häufig nicht wirklich im Projekt, trotzdem nehmen sie erheblichen Einfluss darauf.
- Besonders hoch ist das Risiko des Scheiterns bei »spontanen« Projekten.
- Unengagierte Projektmitarbeiter oder Projektleiter, die sich des Umfangs ihrer Aufgabe nicht bewusst sind, verstärken diese Risiken für Projekte.
- Eine »pathologische« Unternehmenskultur behindert den Projekterfolg zusätzlich.
- Die Erfolgsfaktoren für Projekte sind Projekteffektivität, die Projektbeteiligten, die Projekteffizienz und die Projektleitung.

5
Erfolgsfaktor Projekteffektivität – die richtigen Projekte auswählen

> »Eine Strategie zu haben bedeutet, seinen Kurs nach dem Licht der Sterne zu bestimmen und nicht nach den Lichtern jedes vorbeifahrenden Schiffes.«
>
> *(Omar Nelson Bradley, 1893–1981)*

Im folgenden Kapitel möchten wir Ihnen konkrete Prozesse und Tools vorstellen, die Ihnen helfen werden, die richtigen Projekte auszuwählen, denn: Projekte konkurrieren nicht nur mit der Linie um knappe Ressourcen, sondern auch untereinander. Daher ist es eine der wichtigsten Managementaufgaben, dafür zu sorgen, dass die vorhandenen Ressourcen so nutzbringend wie nur möglich verwendet werden. Jede Entscheidung für oder gegen ein Projekt ist eine wichtige Managemententscheidung. Hier kann die Strategie nur lauten:«Fokussierung auf die wichtigen Projekte«. Wer sich in einer Vielzahl von Projekten und »Projektchen« verzettelt, wird kaum die Big Points machen. Viele Projekte defokussieren die Aufmerksamkeit und binden Geld und Personal, das für die strategisch und wirtschaftlich wichtigen Projekte gebraucht wird.

Verschiedene Studien belegen, dass durch die Auswahl der falschen Projekte viel Geld vernichtet wird. In seiner Wirtschaftlichkeitsstudie *Projektmanagement: Abenteuer Wertvernichtung* hat Prof. Manfred Gröger unter anderem errechnet, dass sich nur 43 Prozent aller Projekte rentieren, weil die strategisch richtigen Projekte ausgewählt wurden.[1] Also 57 Prozent aller Projekte hätten gar nicht in Auftrag gegeben werden dürfen! Die Ursachen dafür sind sicherlich vielfältig. Einerseits liegt es in der Natur der Sache, dass überall dort, wo Entscheidungen getroffen werden müssen, es zwangsläufig auch zu Fehlentscheidungen kommt. Davor ist niemand gefeit, und man kann sicherlich keinem Manager unseriöses und unprofessionelles Verhalten vorwerfen, solange alle Möglichkeiten ausgeschöpft wurden, um ausreichende Entscheidungsgrundlagen zu schaffen. Genau da liegt der Hase im Pfeffer. Projekte entstehen, wie bereits in Kapitel 4 dargestellt, in der Vielzahl der Fälle spontan, unsystematisch und ohne einen bewussten Entscheidungsprozess. Jede größere Sachanlageninvestition wird durch Wirtschaftlichkeitsberechnungen und eingehende Analysen untermauert. Bei

Projekte sicher managen. Marijan Kosel und Jürgen Weißenrieder
Copyright © 2007 WILEY-VCH Verlag GmbH & Co. KGaA, Weinheim
ISBN 978-3-527-50255-4

Personalentscheidungen werden zum Teil aufwändige Auswahlprozesse vorgeschaltet, um die Risiken von Fehlentscheidungen zu minimieren. Und bei Projekten? Da wird oft auf die Schnelle ein Projekt freigegeben, das neben den Sachkosten mehrere Mannmonate und mehr an Personalkosten binden kann. Aber die Mitarbeiter sind ja »sowieso da«.

Es gibt verschiedene Anzeichen dafür, wenn Projekte nicht systematisch und gezielt, sondern eher spontan und zufällig ausgewählt werden:

- Mitarbeiter beklagen sich über eine Flut an Projekten und, dass sie nicht mehr zu ihrer eigentlichen Arbeit kommen.
- Man hat im Unternehmen kein Gefühl dafür, welche Projekte überhaupt laufen beziehungsweise wie der Bearbeitungsstand gerade ist.
- Projekte versanden fast unbemerkt, ohne dass irgendjemand ein Wort darüber verliert.
- Man verliert sich in einer unüberschaubaren Vielzahl von Projekten und übersieht wichtige Wechselwirkungen zwischen den einzelnen Projekten. Man arbeitet aneinander vorbei oder womöglich sogar gegeneinander.
- Die Linienbereiche nehmen die Projekte nicht mehr ernst, da die meisten ohnehin zu keinen Ergebnissen führen und jede Woche neue erste Prioritäten benannt werden.

Wir plädieren nicht dafür, für jedes noch so kleine Projekt eine dezidierte und aufwändige Wirtschaftlichkeitsberechnung anzustellen, schließlich kann man fast alles schönrechnen. (Was vor allem in pathologischen Unternehmenskulturen auch gerne getan wird.) Wenn schon keine Kosten-Nutzen-Betrachtung angestellt wird, sollte zumindest eine grobe Kostenschätzung vor jedem Projekt durchgeführt werden, damit Projekte nicht nur nach »Gefühl und Wellenschlag«[2)] freigegeben werden. Um eine fundierte Aussage zu bekommen, sind hierbei auch die internen Personalkosten (die »Soda«-Kosten) einzubeziehen. So manches unscheinbare beziehungsweise scheinbar kleine Projekt wäre wohl nicht zustande gekommen, wenn jemand gesagt hätte: »Das Projekt wird uns rund 30 000 Euro kosten!« Um Schnellschüsse bei der Projektbeauftragung zu vermeiden, ist es wichtig, die Projektfreigabe als systematischen und standardisierten Prozess zu definieren.

5.1 Die Projekt- und Vorhabenliste

Bevor Projekte voreilig initiiert werden, sollten sie einer angemessenen Prüfung unterzogen werden. Welche Projekte den größten Unternehmensnutzen stiften, lässt sich erst sagen, nachdem man sich einen ausreichenden Überblick über alle Projektideen und -vorhaben verschafft hat. Dazu ist es wichtig, sich im ersten Schritt einmal einen Überblick darüber zu verschaffen, welche Projekte derzeit gerade laufen. Bevor neue Projekte initiiert werden, sollte man ein Gefühl dafür bekommen, welche Ressourcen bereits durch bestehende Projekte gebunden sind. Dazu erstellt man am besten eine Projektliste, die alle wesentlichen Inhalte wie Projektbezeichnung, Projektleiter, Projektstart und -ende et cetera enthält. Im zweiten Schritt ergänzt man die Projektliste um die bestehenden Projektvorhaben und -ideen. Diese Vorhaben und Ideen sind sinnvollerweise bereits einer Vorprüfung unterzogen. Die Projektliste bietet im Übrigen einen weiteren Zusatznutzen: Damit können Sie auf einen Blick erkennen, welche Projekte noch nicht ausreichend definiert sind, wo zum Beispiel das Projektende nicht fixiert ist oder noch kein Projekthandbuch vorliegt. Damit kommt der Liste eine wichtige Projektcontrolling-Funktion zu.

Lfd. Nr.	Projektbez./ Projekt-Kürzel	Auftraggeber	Projektleiter	Mitglieder Projektteam	Mitglieder Lenkungsteam	Projektbeginn	Projektende	Projekthandbuch Projektskizze vorliegend?	Genehmigtes Projektbudget
				Laufende (freigegebene) Projekte					
1. 2. ... n									
				Projektvorhaben und -ideen					
1. ... n.									

Abb. 10: Die Projekt- und Vorhabenliste

Die Projekt- und Vorhabenliste ist der Ausgangspunkt für den dritten Schritt, nämlich die Bewertung der Vorhaben und Ideen nach erwartetem Nutzen und dem voraussichtlichen Aufwand.

5.2 Die Nutzen-/Aufwandsbetrachtung

Ein wichtiges Auswahlkriterium für Projekte ist das Verhältnis von Nutzen und Aufwand. Je höher das Nutzen-Aufwand-Verhältnis, umso höher die Wirtschaftlichkeit. Auch wenn die voraussichtlichen Kosten und der erwartete Nutzen nicht immer hinreichend genau ermittelt werden können, sollten sie doch zumindest grob eingeschätzt werden. Als äußerst hilfreiches Instrument hat sich dabei die in Abbildung 11 dargestellte Nutzen-Aufwand-Matrix erwiesen. Die Zuordnung Ihrer Projektvorhaben zu einer der vier Kategorien schafft eine hervorragende Entscheidungsgrundlage für die Projektfreigabe:

1) »*Die besten Projekte*« sind Projekte mit einem überschaubaren Aufwand und einem hohen Nutzen. Diese Projekte liegen quasi auf der Hand und sollten kurzfristig angegangen werden.
2) Projekte mit einem *mittleren Nutzen-Aufwand-Verhältnis*: Die Mehrzahl der Projekte wird sich in diesem Segment befinden. Diese Projektideen und -vorhaben sollten einer detaillierteren Prüfung unterzogen werden.
3) Projekte mit einem *geringen Nutzen-Aufwand-Verhältnis*: Stellen Sie diese Ideen und Vorhaben getrost zurück. Diese sollten Sie nur angehen, wenn Sie gerade nichts Besseres zu tun haben, was wohl eher im Bereich des Hypothetischen liegt.
4) »*Quick Wins*« sind Ideen, die sich schnell und ohne großen Aufwand realisieren lassen. Hierbei wird es sich in der Regel eher um kleinere Verbesserungsmaßnahmen, als um echte Projekte handeln. Quick Wins können Sie quasi im Vorbeigehen einstreichen. Doch Vorsicht: Ein Quick Win entpuppt sich häufig als aufwändiger, als man erwartet hatte. Konzentriert man sich gar vorwiegend auf immer neue Quick Wins, dann kann man sich sehr schnell verzetteln und die wichtigen Projekte bleiben auf der Strecke. Die Konzentration auf das Wesentliche geht verloren.

Natürlich ist es nicht immer ganz einfach, in einem so frühen Stadium eine einigermaßen verlässliche Aussage über Aufwand und Nutzen zu machen. Dennoch, die Zeit, die man dafür braucht, lohnt sich. Wenn keine verwertbaren Zahlen, Daten und Fakten vorliegen, kann und darf man ruhig auch auf die »Intelligenz der Masse« vertrauen und Nutzen und Aufwand einfach durch die Führungskräfte einschätzen lassen. Dann muss man sich auf die Intuition und das versammelte Know-how der beteiligten Führungskräfte verlassen. Außerdem schafft die Diskussion im Managementteam Transpa-

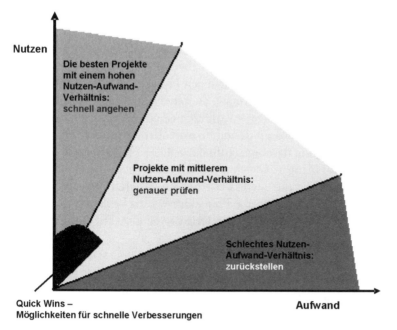

Abb. 11: Nutzen-Aufwand-Matrix für Projekte

renz bezüglich der Erwartungen und Vorstellungen zu den verschiedenen Projektvorhaben.

Neben den oben angesprochenen Projekten wird es sicherlich auch solche geben, die ohnehin unumgänglich sind. Wenn es zum Beispiel um die Umsetzung gesetzlicher Vorgaben wie Nichtraucherschutz oder um das Allgemeine Gleichstellungsgesetz (AGG) geht, dann haben Sie keine Wahlmöglichkeit. Dann können Sie nur noch versuchen, den Aufwand so gering wie möglich zu halten. Auch verschiedene Kundenprojekte werden eher zu den »Must Projects«, also zu den Pflichtprojekten zählen.

Nun lassen Sie alle Projektideen und -vorhaben durch den Filter der Nutzen-Aufwand-Matrix laufen (siehe Abbildung 12). Dieses Filtern der richtigen Projekte findet idealerweise im oberen Führungskreis statt. Nutzen Sie dazu den jährlichen Ziele- beziehungsweise Strategie-Workshop. Wenn so etwas in Ihrem Unternehmen bisher noch nicht existiert, dann wäre es eine gute Gelegenheit, es einzuführen. Nicht nur wegen des positiven Effekts auf das Projektmanagement, sondern weil es eine gute Gelegenheit darstellt, im oberen Führungskreis die Arbeitsschwerpunkte für die kommenden Jahre zu diskutieren und festzulegen. Dabei geht es nicht nur um Projekte, aber es ist auf jeden Fall das richtige Forum, um die richtigen Projekte auf den Weg zu bringen. Damit stellen Sie eine direkte Verknüpfung zwischen den Unternehmenszielen und -strategien einerseits und den Projekten (und Umsetzungsmaßnahmen) andererseits sicher.

Das gemeinsame Festlegen der richtigen Projekte im oberen Führungskreis stellt die Einbindung von Anfang an sicher und fördert zudem die gemeinsame Verantwortung. Dieses Verfahren garantiert, dass Projekte nicht wie »aus der Hüfte geschossen«, sondern wohlüberlegt initiiert werden und eine genaue Abwägung darüber stattfindet, welche Projekte das Unternehmen wirklich voranbringen. Gleichzeitig steigt damit auch die Identifikation der oberen Führungskräfte, die in der Regel im späteren Projektverlauf als Mitglieder des Lenkungsteams die Projektumsetzung begleiten. Diese Vorgehensweise führt zu einer *vorläufigen Freigabe* von Projekten.

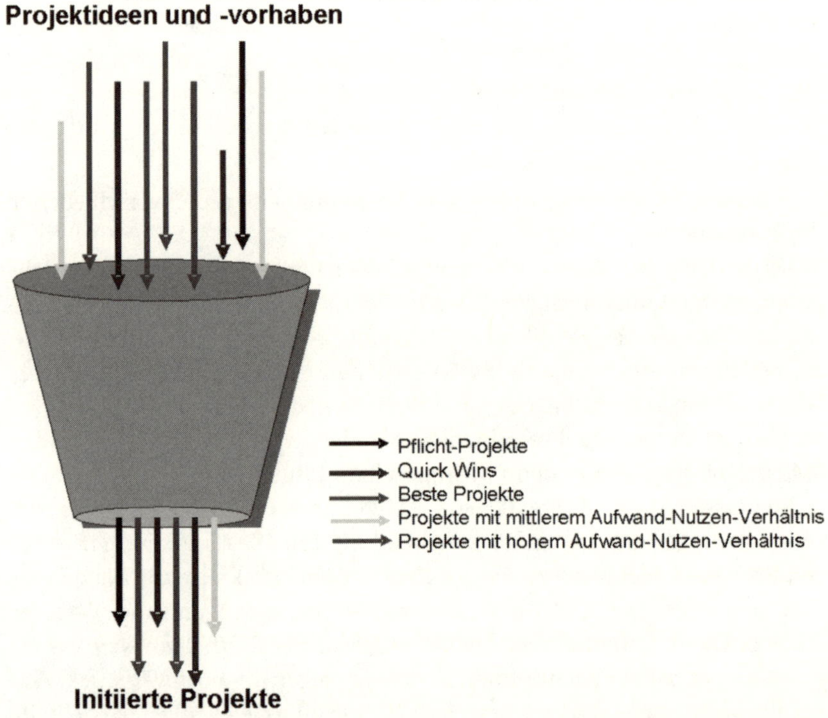

Abb. 12: Das »Filtern« der richtigen Projekte

5.3 Einbindung der strategischen Projekte in das Zielsystem des Unternehmens

Die richtigen Projekte auszuwählen, bedeutet auch, sich gegen bestimmte Projekte zu entscheiden. Man kann nicht alle Projekte angehen, die wünschenswert sind. Management bedeutet immer auch, Prioritäten zu setzen und das bedeutet, sich auf wenige, wichtige Projekte zu konzentrieren und seine Kräfte nicht in unendlich vielen und nicht endenden Projekten aufzuzehren. Lieber wenige wichtige Projekte sauber zum Erfolg führen, als sich mit vielen Projekten zu verzetteln. Das ist wie mit den Neujahrsvorhaben. Wenn Sie sich vornehmen, mit dem Rauchen aufzuhören, zehn Kilo abzunehmen, eine berufsbegleitende Weiterbildung anzugehen, drei Mal die Woche zu joggen, mehr Zeit mit Ihrer Familie zu verbringen und sich ehrenamtlich im Verein zu engagieren, dann sind das alles sehr erstrebenswerte Ziele. Die Wahrscheinlichkeit, dass Sie auch nur eines erreichen, ist allerdings äußerst gering. Denn Sie werden schnell merken, dass das alles nicht machbar ist, und sehr bald resignieren und alle Ziele über den Haufen werfen. Wenn Sie sich allerdings »nur« vornehmen, mit dem Rauchen aufzuhören und einmal in der Woche zu joggen, dann ist die Wahrscheinlichkeit, dies zu schaffen, um ein Vielfaches größer. Dann können Sie sich auf die beiden Vorhaben voll konzentrieren. Außerdem motivieren die Anfangserfolge dazu, weiter dranzubleiben.

Erklären Sie deshalb nur die allerwichtigsten Projekte zu strategischen Projekten. Je nach Unternehmensgröße sollten das nicht mehr als fünf bis zehn wirklich wichtige Projekte sein. Das bedeutet nicht, dass in Ihrem Unternehmen höchstens zehn Projekte laufen dürfen. Ganz im Gegenteil. Aber alle Projekte, die auf unteren Ebenen initiiert werden, sollten einen wichtigen Beitrag zu diesen strategischen Projekten leisten. Alle Projekte im Unternehmen sind dann quasi Teilprojekte der strategischen Projekte. Dieses Vorgehen stellt sicher, dass alle Projektaktivitäten im Unternehmen in die gleiche Richtung weisen. Voraussetzung hierfür ist allerdings, dass alle Führungskräfte im Unternehmen die strategischen Projekte und deren Zielsetzungen kennen und sich auch damit identifizieren. Um dies sicherzustellen, bietet sich folgende Vorgehensweise an:

1) Bereichsweise Identifizierung wichtiger Projektthemen: Dies wird am besten im Rahmen eines Workshops durchgeführt, an dem idealerweise alle Führungskräfte und weitere wichtige Funktionsträger des Bereiches teilnehmen. Diese Workshops werden in allen Unternehmensbereichen durchgeführt. Darin werden die aus Sicht der Bereiche wichtigen, strate-

gischen Themen identifiziert und diskutiert. Das Ergebnis dieser Bereichsworkshops sind Themen, die aus Sicht der Führungskräfte auf Unternehmensebene unbedingt angegangen werden sollten. Der Bereichsleiter nimmt die Themen mit in den Strategie- und Zieleworkshop.

2) Im Strategie- und Zieleworkshop werden die Unternehmensstrategien und -ziele erarbeitet und verabschiedet, aus denen wiederum die strategischen Projekte abgeleitet werden. Die strategischen Projekte sind die Realisierungsmaßnahmen zur Umsetzung der Unternehmensstrategien und -ziele. Teilnehmer des Strategie- und Zieleworkshops sind die Unternehmensleitung, die Bereichsleiter beziehungsweise die zweite Führungsebene sowie wichtige Funktionsträger im Unternehmen. Unternehmensstrategien, Unternehmensziele und die strategischen Projekte sind wiederum der Input und der Handlungsrahmen für die Zieleworkshops auf Bereichsebene.

3) In den Bereichszieleworkshops werden aus Unternehmenszielen und den strategischen Projekten die Bereichsziele sowie die Bereichsprojekte abgeleitet. Diese Vorgehensweise stellt einerseits sicher, dass die Führungskräfte die Unternehmensziele, -strategien und -projekte nicht nur kennen und verstehen, sondern sich auch mit ihnen identifizieren können. Außerdem wird dadurch die Durchgängigkeit aller Ziele und Projekte im Unternehmen sichergestellt. Das bedeutet, alle Projekte, die im Unternehmen angegangen werden, leisten einen Beitrag zu den strategischen Projekten.

4) Dieser Zielbildungsprozess wird top-down weitergeführt, bis er schließlich in Zielvereinbarungen mit einzelnen Mitarbeitern mündet. Darin wird der Beitrag des einzelnen Mitarbeiters zu den strategischen Projekten und den Unternehmenszielen verankert.

Dieser Prozess klingt nach furchtbar viel Aufwand, und in der Tat: Er ist mit Arbeit verbunden. Was man als »Return« für diese Zeit-Investition erhält, ist die hohe Wahrscheinlichkeit, dass alle Mitarbeiter auch wirklich zielgerichtet agieren und nicht durch wilde Einzelaktivitäten, die Einzelne für richtig und wichtig erachten, sich gegenseitig beschäftigen oder blockieren. Bildlich kann man sich das so vorstellen: Man wirft eine Handvoll Eisenspäne auf einen Tisch. Die einzelnen Späne (Einzelaktivitäten) springen zuerst wild durcheinander und kommen dann alle schnell zur Ruhe. Wenn man dann einen Magneten unter dem Tisch durchzieht, werden alle Späne in eine Richtung ausgerichtet. Die Aufgabe des Magneten wird in den Zieleworkshops geleistet.

Abbildung 13 verdeutlicht die Einbindung der Auswahl der strategischen Projekte in das Zielsystem des Unternehmens. Mit dieser Vorgehensweise wird sichergestellt, dass – entsprechend dem Ansatz der Balanced Scorecard – die verschiedenen Zielfelder, Finanzen, Kunde und Markt, interne Leistungsprozesse sowie Personal explizit berücksichtigt werden.

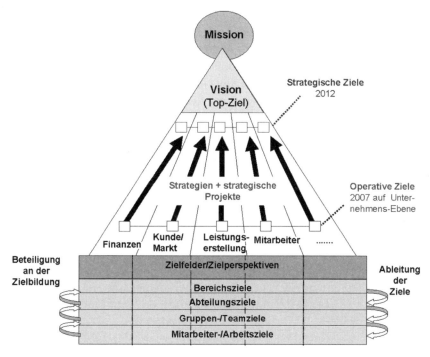

Abb. 13: Das Zielsystem

Zielsysteme sind sehr wirksame Instrumente der Unternehmenssteuerung und -entwicklung. Vertiefen können Sie dieses Themenfeld mit folgenden Anregungen:

- Friedag, H. R./Schmidt, W.: *Balanced Scorecard. Mehr als ein Kennzahlensystem.* Freiburg, Haufe-Verlag 2000.
- Gehringer, J./Michel, W. J.: *Frühwarnsystem Balanced Scorecard. Unternehmen zukunftsorientiert steuern. Mehr Leistung, mehr Motivation, mehr Gewinn.* Düsseldorf/Berlin, Metropolitan 2000.
- Stöwe, C./Weidemann, A.: *Mitarbeiterbeurteilung und Zielvereinbarung.* Freiburg, Haufe 2005.

Das Wichtigste in Kürze:

- Die Projekt- und Vorhabenliste ist ein wichtiges Instrument zur Erhöhung der Projekteffektivität.
- Um die Relevanz eines Projekts für das Unternehmen zu bewerten, ist es notwendig, eine Nutzen- und Aufwandbetrachtung durchzuführen.
- Nicht alle Projekte sind gleich wichtig. Es gibt Pflichtprojekte und Nice-to-have-Projekte.
- Definieren Sie nicht mehr als fünf bis zehn strategische Projekte.
- Projektprioritäten zu klären, ist nicht die Aufgabe der Projektteams, sondern der Auftraggeber und des Lenkungsteams.
- Die Auswahl der »richtigen« Projekte erfolgt idealerweise im jährlichen Strategie- und Ziele-Workshop.

6
Erfolgsfaktor Projektbeteiligte – das richtige Rollenverständnis

> »Management ist die schöpferischste aller Künste.
> Es ist die Kunst, Talente richtig einzusetzen.«
>
> *(Robert McNamara)*

6.1 Der Auftraggeber

Die Rolle und Bedeutung des Auftraggebers wird nach unseren Erfahrungen regelmäßig unterschätzt. Das zeigt sich unter anderem auch daran, dass der Auftraggeber in vielen Projektmanagement-Büchern im Stichwortverzeichnis gar nicht erwähnt wird – und wenn, dann wird ihm oftmals nur ein recht kurzes Kapitel gewidmet.

6.1.1 Das richtige Rollenverständnis und Aufgaben des Auftraggebers

Wie wir in Kapitel 4 gesehen haben, spielt der Auftraggeber neben dem Projektleiter die wichtigste Rolle im Rahmen eines Projekts. In der Regel geht vom Auftraggeber die Initialzündung (mit Ausnahme der Selbstbeauftragung) für das Projekt aus. Der Auftraggeber ist derjenige, der ein besonderes Interesse am Projektergebnis hat. Er ist Promoter und Finanzier des Projekts und er erwartet für sein gutes Geld eine entsprechende Gegenleistung. Deshalb stärkt er dem Projektleiter und seinem Team den Rücken, wenn er merkt, dass dem Projekt die notwendige Unterstützung im Unternehmen fehlt. Andererseits lässt er den Projektleiter und das Projektteam immer wieder spüren, welche Erwartungen er an sie hat und dass die Verantwortung für den Projekterfolg ganz bei ihnen liegt.

Projektmanagement bedeutet, sich auf eine wichtige Aufgabe beziehungsweise ein wichtiges Ziel zu fokussieren. In diesem Zusammenhang hat der Auftraggeber folgende Aufgaben zu erfüllen:

Projekte sicher managen. Marijan Kosel und Jürgen Weißenrieder
Copyright © 2007 WILEY-VCH Verlag GmbH & Co. KGaA, Weinheim
ISBN 978-3-527-50255-4

- Einen klaren Auftrag erteilen, so dass das Projektteam auch wirklich versteht, was von ihm erwartet wird, welche Überlegungen und Motive zu dem Projekt geführt haben und welche Bedeutung das Projekt für das Unternehmen hat.
- Für Klarheit der Projektziele sorgen damit das Projektteam weiß, was mit dem Projekt erreicht werden soll.
- Für Klarheit der Rahmenbedingungen sorgen:
  - Welche Ressourcen stehen zur Verfügung?
  - Auf welche Bereiche/Mitarbeiter darf zurückgegriffen werden?
  - Bis wann soll das Projekt abgeschlossen sein?
- Den Veränderungsbedarf verdeutlichen und zwar nicht nur beim Projektteam, sondern im gesamten betrieblichen Umfeld.
- Die Veränderungsbereitschaft fördern: »Ein veränderungsbereites Umfeld wirkt gänzlich anders auf die Arbeit eines Projektteams, als eine allgemeine Atmosphäre von Widerstand und Verleugnung.«[1]
- Die Richtung vorgeben und Grundsatzentscheidungen treffen (was im Übrigen allgemeine Aufgabe des Managements ist).

In diesem Zusammenhang fällt uns das positive Beispiel des Geschäftsführers eines metallverarbeitenden Betriebes mit rund 8000 Mitarbeitern ein. Dort sollte Ende der neunziger Jahre im Rahmen eines auf zwei Jahre angelegten Projektes ein grundlegender Unternehmenswandel initiiert werden. Wie bei den meisten Change-Management-Projekten war es auch in diesem Unternehmen so, dass etwa ein Drittel der Führungskräfte den Veränderungsprozess begrüßte und aktiv unterstützte und ein weiteres Drittel den eingeschlagenen Weg zumindest bereitwillig mitging, ohne ihn allerdings aktiv voranzutreiben. Die restlichen Führungskräfte dagegen boykottierten mehr oder weniger offen den Veränderungsprozess und behinderten damit den Projektfortschritt. Der Geschäftsführer, ein im Umgang mit Change-Management-Projekten erfahrener Mann, war sich dieser Tatsache von Anfang an bewusst, und ihm war klar, was er in dieser Situation zu tun hatte:

- In jeder Besprechung des Managementteams ließ er sich von den Aktivitäten und Fortschritten in den einzelnen Bereichen berichten und wies auf die Wichtigkeit des Unternehmenswandels hin. Er machte unmissverständlich deutlich, dass dieser Veränderungsprozess keine Eintagsfliege, sondern ein langfristig angelegter Veränderungsprozess sei.
- Er tauchte unangemeldet in der Produktion oder in Teambesprechungen auf und befragte dort die Mitarbeiter nach deren Erwartungen und den Projektfortschritten. Nicht selten nutzen diese die Chance, um die beste-

henden Missstände und Unzufriedenheiten offen anzusprechen, da sie spürten, dass es ihm ernst war.
- Führungskräfte, die »quer im Stall standen, wurden von ihm zu einem persönlichen Gespräch eingeladen, in dem er die Gründe für den Widerstand hinterfragte, intensiv diskutierte und deutlich machte, was er von ihnen als Führungskräfte erwartete.
- Er war konsequent genug, um sich von den Führungskräften zu trennen, die diesen Unternehmenswandel auch nach gutem Zureden offensichtlich nicht mitgehen wollten oder konnten.
- Und das wichtigste Signal war, dass er das vorlebte, was er mit dem Change-Management-Projekt erreichen wollte: eine kooperative Unternehmenskultur mit einem hohen Grad an Verbindlichkeit.

Mit all diesen Maßnahmen signalisierte er der Belegschaft: »Mir ist dieses Projekt außerordentlich wichtig!« Und bald schon war von Boykott und Widerstand gegen das Projekt kaum mehr was zu spüren. Heute, fast zehn Jahre nach Beginn des Veränderungsprozesses, hat sich die Unternehmenskultur gravierend gewandelt. Eigenverantwortung, Kooperationsbereitschaft und unternehmerisches Denken prägen inzwischen das Verhalten der Mitarbeiter, die sich früher als Befehlsempfänger und Nummer im Unternehmen gesehen hatten. Fragt man den damaligen Projektleiter nach den Erfolgsfaktoren des Change-Management-Projekts, so kommt die Antwort wie aus der Pistole geschossen, »die Unterstützung durch den Geschäftsführer und seine Vorbildfunktion.«

Leider ist das oben geschilderte Beispiel eher die Ausnahme. Wie das in der Praxis oftmals aussieht, möchten wir anhand einiger Beispiele verdeutlichen, die Ihnen sicherlich nicht fremd sind. Auch auf die Gefahr hin, dass wir vielleicht ein zu negatives Bild von Projektmanagement in deutschen Unternehmen zeichnen, glauben wir, dass gerade die Negativbeispiele deutlich machen, worauf es bei erfolgreichen Projekten ankommt:

- Von Auftrags- und Zielklärung ist oftmals keine Spur. Mit Aussagen wie »Machen Sie mal!« oder »Das kriegen Sie schon irgendwie hin!« wird den Projektleitern der Auftrag mehr oder weniger hingeschmissen. Wie sie damit zurechtkommen, ist deren Sache. Schließlich will man ja nicht alles bis ins Detail vorgeben, sondern Verantwortung delegieren. Es ist nicht überraschend, dass viele Projektleiter anschließend mit der Frage konfrontiert werden: »Was haben Sie denn da schon wieder gemacht?«

- Der Auftraggeber wird gebeten, bei der Auftaktveranstaltung des Projektteams ein paar Worte zur Wichtigkeit des Projekts zu sagen und die Projektmitarbeiter für die anstehenden Aufgaben zu motivieren. Selbstverständlich wird dies zugesagt. Leider wird die Teilnahme dann einen Tag vorher wieder abgesagt, da ein anderer »ganz wichtiger« Termin dazwischengekommen ist. Ein Fehlstart par excellence mit verheerenden Auswirkungen auf die Motivation des gesamtem Projektteams.
- Der Projektleiter möchte sich beim Auftraggeber eine Grundsatzentscheidung einholen. Nach mehreren vergeblichen Versuchen klappt es dann endlich. Leider hat der Auftraggeber kaum Zeit, außerdem ist er nur wenig im Bilde, wo das Projekt gerade steht. Irgendwie scheint er sich auch nicht mehr sonderlich dafür zu interessieren. Nach zwanzig Minuten verlässt der Projektleiter das Büro des Auftraggebers wieder ohne Grundsatzentscheidung, dafür aber mit dem unguten Gefühl, dass das Projekt doch nicht so wichtig zu sein scheint oder sonst irgendetwas nicht stimmt.
- In der wöchentlichen Bereichsleiterbesprechung kommt man eher zufällig auf ein bestimmtes Projekt zu sprechen. Die Stimmung ist ausgelassen positiv. Dabei fallen ein paar flapsige Bemerkungen wie zum Beispiel: »So lange wir Zeit für solche Projekte haben, scheint es uns ja ganz gut zu gehen.« Wenn seitens des Auftraggebers solche Bemerkungen unwidersprochen hingenommen werden, ist es kein Wunder, wenn die Akzeptanz für das Projekt nachlässt und sich diejenigen Bereichsleiter bestätigt fühlen, die ohnehin nichts von dem Projekt erwarten. Auch hier muss der Projektleiter die Konsequenzen – die fehlende Unterstützung seitens der Fachbereiche – ausbaden.

Wenn Projekte mehr oder weniger im Sande verlaufen oder scheitern, dann liegt das häufig am Auftraggeber selbst. Mitarbeiter haben äußerst feine Antennen und spüren sehr schnell, ob der Chef ein bestimmtes Projekt für wirklich wichtig hält. Für ein nachlassendes Interesse am Projekt gibt es viele subtile Hinweise. Wenn beim Projektteam erst einmal der Eindruck entstanden ist, dass das Projekt unwichtig ist und eigentlich niemanden im Unternehmen interessiert, dann wird es für den Projektleiter schwierig, seine Projektmitarbeiter mit hoher Motivation bei der Stange zu halten. Wenn Sie als Auftraggeber wollen, dass das Projekt auch zum Erfolg gebracht wird, dann endet Ihre Verantwortung nicht mit der Übertragung des Projekts an das Projektteam oder den Projektleiter, sondern Sie müssen auch nach außen hin immer wieder deutlich machen, dass es Ihnen wichtig ist. Fragen Sie immer wieder nach dem Projektstand, lassen Sie sich regelmäßig berichten, schauen Sie ab und zu bei einem Projektmeeting vorbei, äußern Sie sich öffentlich lobend über den Projektverlauf. Wenn Ihnen das zu viel ist, dann sollten Sie sich die Frage stellen, ob es nicht besser wäre, das Projekt offiziell zu »begraben«. Alles andere kommt einer Verschwendung von Ressourcen gleich.

Was es bedeutet, gar keinen Auftraggeber zu haben, durften wir vor einigen Jahren selbst erfahren:

Zwei Mitarbeiter aus dem Personalressort einer Landesverwaltungsbehörde kontaktierten uns mit dem Anliegen, sie wollten für ihre dezentralen Ämter in Baden-Württemberg einen »Veränderungsprozess« starten. Das Anliegen war absolut berechtigt und die konzeptionellen Vorarbeiten sehr umfangreich und professionell. Nachdem der Auftrag und die Ziele aus unserer Sicht geklärt waren, stellten wir die Frage nach dem Auftraggeber. Nach einigem Überlegen wurde uns das Referat xy genannt. Da nach unserem Verständnis nur eine reale Person Auftraggeber für ein Projekt sein kann, haben wir nach dem Namen des Herrn beziehungsweise der Dame gefragt. Erst nach mehrmaligem Drängen wurde uns ein Name genannt, wobei uns schon zu diesem Zeitpunkt ein seltsames Gefühl beschlich. Als es dann darum ging, die Amtsleiter und die beteiligten Projektmitarbeiter für die Idee in einer Auftaktveranstaltung zu gewinnen, waren alle gekommen. Alle außer einem. Nun raten Sie mal, wer das war? Genau – der Auftraggeber. Damit war das Projekt gestorben. Für uns eine unverzichtbare Erfahrung, aus der wir unsere Konsequenzen gezogen haben: **Kein Projekt ohne einen überzeugten Auftraggeber**, der zu seinem Projekt steht, sich damit beschäftigt und dessen Namen man auch mit diesem Projekt verbindet.

Ein anderer Grund für einen fehlenden Auftraggeber kann allerdings auch darin liegen, dass irgendein Mitarbeiter sich selbst irgendwann einmal mit einem Projekt beauftragt hat, ...

- um sich selbst zu beschäftigen;
- um etwas zu machen, was er schon lange einmal machen wollte;
- da er auch einmal Projektleiter sein wollte;
- um sein (Hobby-)Thema zum Projekt zu machen etcetera.

> **Tipps an Auftraggeber:**
>
> 1) **Verschaffen Sie sich einen Überblick über Ihre derzeitigen Projekte:** Wie ist der Stand bei den einzelnen Projekten? Welche Projekte müssten eigentlich schon abgeschlossen sein? Welche Priorität messen Sie den einzelnen Projekten bei?
> 2) **Scheuen Sie sich nicht davor, Projekte einzustellen:** Welche Projekte halten Sie für weniger wichtig? Haben sich wesentliche Rahmenbedingungen verändert? Was würde passieren, wenn ein Projekt nicht realisiert werden würde?
> 3) **Hinterfragen Sie ständig die Notwendigkeit neuer Projekte:** Stehe ich wirklich hinter dem Projekt? Was verspreche ich mir davon? Bin ich selbst bereit, Zeit dafür zu opfern? Was würde passieren, wenn das Projekt nicht realisiert werden würde?
> 4) Stellen Sie sicher, dass der **Projektauftrag und die Projektziele klar** sind.
> 5) Weisen Sie dem Projekt die **Ressourcen** zu, die es braucht.
> 6) Fordern Sie **regelmäßige Meilensteinberichte im Lenkungsteam** ein.
> 7) **Informieren Sie sich regelmäßig über den Projektstand.** Das signalisiert Interesse und betont die Wichtigkeit des Projekts. Außerdem erhöht es den Umsetzungsdruck ungemein.
> 8) **Gehen Sie konsequent gegen Boykottverhalten vor.** Machen Sie immer wieder deutlich, was Sie vom Projektumfeld erwarten. Wenn alles nichts nützt, schrecken Sie nicht vor personellen Konsequenzen zurück.

6.1.2 Meilensteine als wichtiges Führungsinstrument des Auftraggebers

Nach der Projektbeauftragung hat der Auftraggeber meist nur noch wenig Einflussmöglichkeiten auf das Projekt, vorausgesetzt, er belässt die Projektverantwortung beim Projektleiter. Im (nicht zu empfehlenden) Extremfall bekommt er erst bei Projektabschluss das Projektergebnis vorgestellt. Das könnte zu bösen Überraschungen führen, wenn festgestellt wird, dass das Projektteam die Projektziele verfehlt oder gar den Projektauftrag missverstanden hat. Deshalb ist es für den Auftraggeber wichtig, sich über die gesamte Projektdauer hinweg durch zeitlich richtig platzierte Meilensteinberichte auf dem Laufenden zu halten. Damit erfährt er einerseits, wie das Projekt insgesamt läuft und ob das Projekt die nötige Unterstützung im Unternehmen erfährt. Andererseits kann er Einfluss nehmen auf das weitere Vorgehen und damit sicherstellen, dass die Projektgruppe nicht vom richtigen Weg abkommt. Regelmäßige Meilensteinberichte erhöhen außerdem den Umsetzungsdruck enorm, da Projektleiter und Projektteam genau wissen, dass sie bis zum nächsten Berichtstermin die geplanten Projektschritte zu erledigen haben. Für den Auftraggeber sind Meilensteine ein äußerst wichtiges Führungsinstrument. Mit der Meilensteinplanung haben sie es in der Hand, wie stark die Einbindung in das Projekt sein soll. Wird eine stärkere Einbindung gewünscht, sollten sie auf kürzere Phasen mit vielen Meilensteinen drängen. Die hier aufgeführten Aspekte gelten im Übrigen in gleichem Maße auch für das Lenkungsteam.

6.2 Das Lenkungsteam

6.2.1 Das Lenkungsteam als oberstes Entscheidungsgremium im Projekt

Um die notwendige politische Unterstützung für das Projekt zu gewährleisten, sollte das Lenkungsteam möglichst hochrangig besetzt sein. Bei Projekten, die das Unternehmen insgesamt betreffen – dazu zählen alle strategischen Projekte –, empfiehlt es sich, den oberen Führungskreis oder das Managementteam als Lenkungsteam zu installieren. Für Projekte, die eher untergeordnete Bedeutung haben oder die nur einzelne Bereiche betreffen, wird sich das Lenkungsteam aus Führungskräften unterer Hierarchieebenen zusammensetzen. Dem Lenkungsteam kommen mehrere Funktionen zu. In erster Linie ist das Lenkungsteam das oberste Entscheidungsgremium im Projekt. Dazu wird es entweder planmäßig oder außerordentlich einberufen. In dieser Funktion ist das Lenkungsteam in folgenden Fällen gefragt:

1) *Zu Beginn des Projekts*: Nachdem die Grobplanung mit allen erforderlichen Angaben zu Kosten, Terminen, Ressourcen und der Skizzierung der Vorgehensweise vorliegt, ist es Aufgabe des Lenkungsteams, die endgültige Projektfreigabe zu erteilen, den Projektleiter offiziell zu ernennen und ihn mit dem Projekt zu beauftragen.
2) Immer dann, wenn *Grundsatzentscheidungen beziehungsweise Weichenstellungen* anstehen. Grundsatzentscheidungen sind in diesem Zusammen-

hang Entscheidungen, die unternehmensweite Auswirkungen oder unternehmensstrategische Bedeutung haben. Beispiele:

- Sollen wir Standardsoftware oder eigenentwickelte Software einsetzen?
- Verfolgen wir eine Ein- oder eine Mehrlieferantenstrategie?
- Auf welches Fertigungsverfahren sollen wir zurückgreifen?

Das sind Entscheidungen, die die Kompetenzen und die Verantwortung des Projektteams sprengen würden.

3) *Wenn ein Meilenstein erreicht wurde*: Das Lenkungsteam gibt nach jedem Meilenstein das weitere Vorgehen frei. Damit kommt ihm eine wichtige Wegweiserfunktion zu. Das gibt dem Projektteam Orientierung und Sicherheit. Außerdem dienen die Meilensteinberichte als Grundlage für die Information der Linienbereiche durch die Lenkungsteammitglieder. Regelmäßige *Meilensteinberichte an das Lenkungsteam* sollten von Anfang an im Projektverlauf terminlich fixiert werden. Durch das regelmäßige Einfordern der Meilensteinberichte wird auch die Verbindlichkeit des Projektplans betont.

4) Nach erfolgter Projektarbeit fordert das Lenkungsteam den *Abschlussbericht ein*. Darin werden das Gesamtergebnis und die Zielerreichung dargestellt. Außerdem wird die Projektdokumentation überreicht. Der Projektleiter hat an dieser Stelle noch die Möglichkeit, den Projektverlauf aus seiner Sicht darzustellen und zu bewerten. Dabei kann er auch auf Verbesserungsmöglichkeiten für künftige Projekte hinweisen. Der Lenkungsausschuss bewertet das Ergebnis aus seiner Sicht. Wurden die Projektziele erreicht, dann wird der Projektleiter entlastet und das Projekt offiziell für abgeschlossen erklärt.

Wenn dem Lenkungsteam an einer ungeschönten und ehrlichen Berichterstattung gelegen ist, sollte es um einen offenen und konstruktiven Umgang mit dem Projektleiter und dem Projektteam bemüht sein. Dazu gehört auch, den Überbringer schlechter Botschaften nicht zu bestrafen. Ein Projektleiter, der einmal in einer Lenkungsteamsitzung »einen Kopf kürzer gemacht« wurde, wird sich hüten, künftig über kritische Aspekte aus dem Projekt zu berichten.

6.2.2 Das Lenkungsteam als Bindeglied zwischen Projekt und Linie

Eine weitere wichtige Funktion des Lenkungsteams ist die des Bindeglieds zwischen Linie und Projekt. In dieser Funktion hat das Lenkungsteam einerseits die Interessen des Unternehmens und damit des Projekts zu vertreten. Dabei hat es sicherzustellen, dass das Projekt die Unterstützung durch die Linie erfährt, die es benötigt. Andererseits hat es aber auch die Interessen der Linie im Projekt zu vertreten und seine fachlichen Inputs zu leisten.

Eine besondere Bedeutung kommt dem Lenkungsteam bei der *Lösung von Konflikten zwischen Projekt und Linie* zu: Das Lenkungsteam sollte immer dann eingeschaltet werden, wenn die Zusammenarbeit zwischen Projekt und Linie den Projektfortschritt behindert. Beispiele:

- Wenn der Projektleiter feststellt, dass die zugesagte Unterstützung der Linie trotz mehrfacher Hinweise oder Gespräche versagt wird;
- wenn Projektmitarbeiter über fehlende Zeitressourcen klagen, weil sie von ihren Linienvorgesetzten für Linienaufgaben beansprucht werden;
- wenn ständige Engpässe beim Zugriff auf Betriebsmittel den Projektfortschritt verhindern.

Natürlich sollte der Projektleiter zunächst einmal im direkten Gespräch mit den jeweiligen Linienvertretern versuchen, das Problem zu lösen, um nicht von vornherein Konfrontationslinien aufzubauen. Aber wenn alles nichts nützt, bleibt nur der Gang zum Lenkungsteam.

Mit der Einrichtung des Lenkungsteams wird nicht nur eine organisatorische Instanz geschaffen. Durch die regelmäßige Beschäftigung der Linienmanager mit dem Projekt selbst und dem angepeilten Nutzen für das Unternehmen insgesamt wird ein gemeinsames Interesse sichtbar und erlebbar. Jede Besprechung des Lenkungsteams ist eine kleine Erinnerung daran, dass dieses Projekt auch gemeinsam in Gang gesetzt wurde. Damit wird verhindert, dass ein gemeinsam gefasster Beschluss schnell wieder unter die Räder der tagesaktuellen Probleme gerät. Das Lenkungsteam leistet damit einen wichtigen Beitrag für ein projektförderliches Umfeld. Die höchste Form der Identifikation mit dem Projekt wird dann erreicht, wenn das Lenkungsteam in die Auftraggeberrolle schlüpft. Dann steht nicht mehr die Vertretung der Linieninteressen im Vordergrund, sondern das Interesse am Projekterfolg.

Es kann aber auch sein, dass die Tagesaktualität tatsächlich nahelegt, ein Projekt auszusetzen oder zu stoppen. Auch damit wird, wenn es berechtigt ist, ein wichtiger Beitrag zur zielgerechten Nutzung der Ressourcen geleistet. Unwichtige oder ineffektive Projekte laufen dadurch nicht einfach mit gebremster Energie weiter bis zum Sankt-Nimmerleins-Tag. Lieber eine Vollbremsung zur rechten Zeit, statt Energien in dahindümpelnden Projekten zu vergeuden. Die Arbeitsqualität des Lenkungsteams ist ein Abbild der Managementkultur in einem Unternehmen – im positiven wie im negativen Sinne. Die positiven Beispiele geben Rückhalt und »Schub« für die Projektteams, die negativen Beispiele sind allenfalls neutral oder bremsen. Wenn Projektteams trotzdem zu guten Ergebnissen kommen: Hut ab!

Was tun, wenn das Lenkungsteam nicht so kooperiert, dass es eine positive Wirkung entfaltet? Betrachten wir es als eine schöne Lernchance. Wenn der Auftraggeber erkennt, dass die Qualität der Zusammenarbeit des Lenkungsteams eher hinderlich ist, dann kann man ihm einen Moderator oder einen Teamcoach für eine befristete Zeit an die Seite geben, um die Ergebnisse zu verbessern. Wie gesagt: eine schöne Lernchance!

Wenn der Auftraggeber Mitglied im Lenkungsteam ist und das Lenkungsteam in die Auftraggeberrolle schlüpft, dann sind die Aufgaben dieser beiden Projektbeteiligten im Idealfall identisch. Die Aufgaben des Auftraggebers beziehungsweise des Lenkungsteams im Projektverlauf sind in Abbildung 14 dargestellt.

6.3 Die Linienvorgesetzten

In einer Analyse zum Thema »Stand und Trends des Projektmanagements in Deutschland« haben Experten unter anderem festgestellt, dass die Linienvorgesetzten vom Projektmanagement erwarten, dass es das Tagesgeschäft effektiv unterstützt und weniger ein strategisches Element der Unternehmensführung ist.[2] Das ist eine Erwartungshaltung mit fatalen Folgen für das Projektmanagement und sicherlich eine Erklärung für das immer wieder beobachtbare Boykottverhalten der Linie.

Die (möglicherweise hinderliche) Rolle der Linienvorgesetzten lässt sich an folgendem Beispiel trefflich beschreiben:

In einem Elektronikunternehmen, in dem wir vor einigen Jahren arbeiteten, gab es eine Abteilung »Projektmanagement«, die Kundenprojekte abwickelte und dafür Sorge zu tragen hatte, dass die Aufgaben, die in den einzelnen Projekten von den verschiedenen beteiligten Bereichen zu erledigen waren, koor-

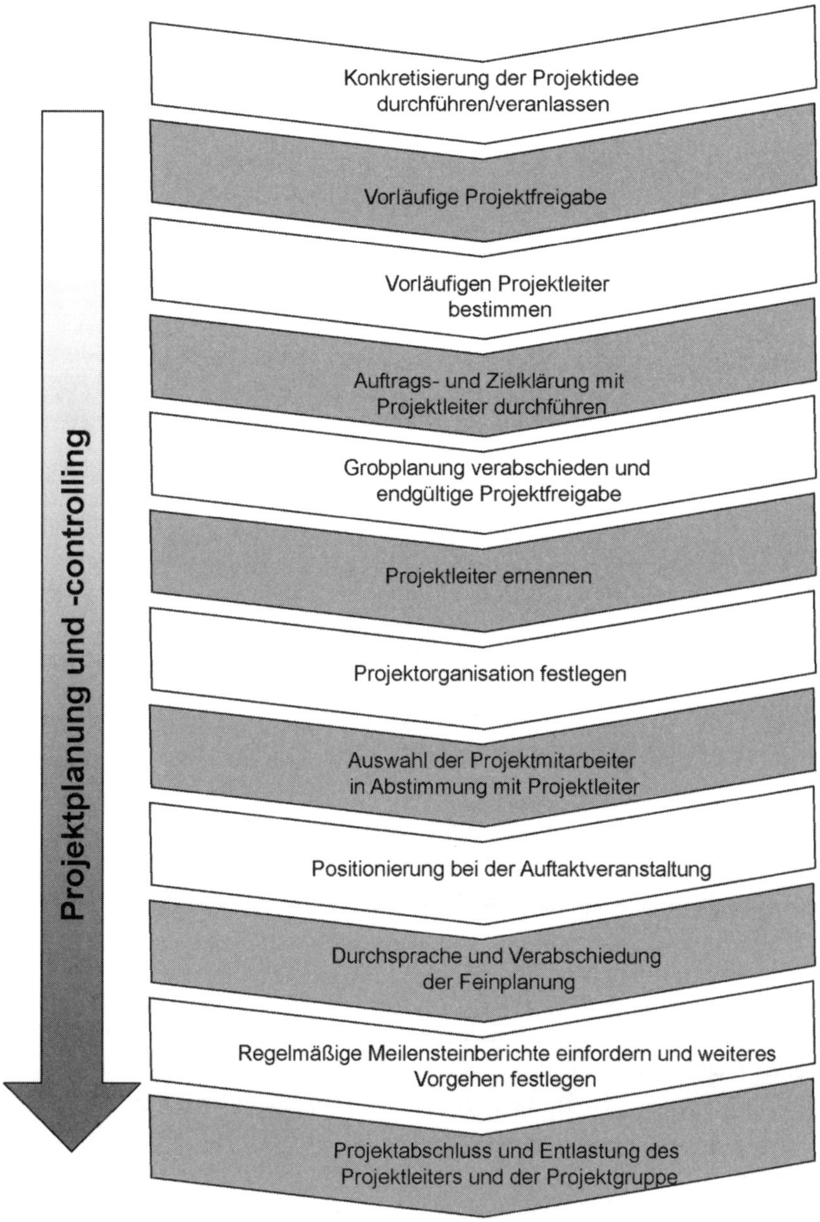

Projektplanung und -controlling

- Konkretisierung der Projektidee durchführen/veranlassen
- Vorläufige Projektfreigabe
- Vorläufigen Projektleiter bestimmen
- Auftrags- und Zielklärung mit Projektleiter durchführen
- Grobplanung verabschieden und endgültige Projektfreigabe
- Projektleiter ernennen
- Projektorganisation festlegen
- Auswahl der Projektmitarbeiter in Abstimmung mit Projektleiter
- Positionierung bei der Auftaktveranstaltung
- Durchsprache und Verabschiedung der Feinplanung
- Regelmäßige Meilensteinberichte einfordern und weiteres Vorgehen festlegen
- Projektabschluss und Entlastung des Projektleiters und der Projektgruppe

Abb. 14: Die Aufgaben des Auftraggebers/Lenkungsteams im Projektverlauf

diniert werden. Die Abteilung »Projektmanagement« sollte der Treiber sein, der sicherstellt, dass alle Liefertermine eingehalten werden. Sie wurde »an die Wand gestellt«, wenn es nicht klappte, obwohl alle wussten, dass sie nicht »schuldig«, sondern eben nur beteiligt war. Sie sollte die Ressourcen der Linie nutzen, aber die Linie wurde nicht an der Einhaltung von Lieferterminen, sondern an anderen Ergebnissen gemessen. Die saloppe Analyse eines Kollegen: »Die Jungs laufen sich die Hacken wund, aber wirklich bewegen können die nichts!« Die Stimmung in dieser Abteilung war dramatisch schlecht. Der Leiter dieses Teams wurde innerhalb von zwei Jahren zweimal ausgetauscht. Da aber die übrigen Rahmenbedingungen unverändert blieben, hat sich am Gesamtprozess auch nichts verändert. Die Verweildauer der guten Mitarbeiter in dieser Abteilung wurde immer kürzer. Sie wurden verheizt und suchten schnell das Weite. Die anderen, die in anderen Bereichen des Unternehmens keine Chancen haben, zogen sich frustriert in ihr Schneckenhaus zurück.

In größeren Organisationen sind oft nicht alle Linienvorgesetzten, die direkt oder indirekt von einem Projekt betroffen sind, im Lenkungsteam repräsentiert. Sie können trotzdem beziehungsweise gerade deshalb zum Stolperstein für das Projekt werden. Stellen Sie sicher, dass die Linienvorgesetzten regelmäßig über den aktuellen Stand des Projekts informiert werden. Das bietet sich vor allem nach jeder Meilensteinberichterstattung an. Ein Vertreter des Lenkungsteams und der Projektleiter können gemeinsam in schriftlicher Form und/oder in einer kurzen Informationsrunde den aktuellen Stand und die weitere Vorgehensweise präsentieren. »Betroffene zu Beteiligten machen« ist in diesem Zusammenhang das Gebot. Um sich die Unterstützung der Linie zu sichern, ist es unerlässlich, sie auf dem Laufenden zu halten, ihre Anregungen und Meinungen einzuholen und einzubeziehen, wo es nur geht.

Natürlich kostet das Zeit. Die Erfahrungen zeigen jedoch, dass sich diese Zeitinvestition lohnt, indem man Feedback bekommt, das man im Projekt wieder verwerten kann. Zumindest beugt man aber Gerüchten, verdeckten Boykotts und Halbinformationen vor. Ein weiterer wichtiger Effekt ist nicht zu unterschätzen: Durch die regelmäßige Information wird die durch das Projekt angestrebte Veränderung schon zu einer gewissen Normalität. Wenn sie dann tatsächlich eintritt, sind der Schock beziehungsweise die Verwunderung und die Widerstände mit Sicherheit geringer.

6.4. Der Projektleiter

Der Projektleiter spielt sicherlich die Hauptrolle im Projekt. Das Projektergebnis steht und fällt mit ihm. Ein guter Projektleiter ist sehr wohl in der Lage, ein ungünstiges Projektumfeld oder Defizite der anderen Projektbeteiligten ganz oder wenigstens teilweise zu kompensieren. Aufgrund der hohen Bedeutung haben wir dem Projektleiter ein eigenes Kapitel gewidmet (siehe Kapitel 8) und gehen daher an dieser Stelle nicht weiter darauf ein.

6.5. Die Projektmitarbeiter

In manchen, eher theoretisch angelegten Projektmanagement-Büchern wird der Eindruck vermittelt, als ginge es bei der Zusammenstellung des Projektteams darum, aus einer Vielzahl von möglichen Kandidaten mit bestimmten psychologischen Verfahren zur Persönlichkeitsermittlung den richtigen Mix an Projektmitarbeitern zu finden. So nach dem Motto: Wir brauchen einen Projektmitarbeiter für vernetztes Denken, einen mit Detailorientierung, einen mit kommunikativen Fähigkeiten, einen, der für planvolles Vorgehen sorgt, und einen, der gut analysieren kann und so fort. In der Praxis stellt sich diese Frage äußerst selten, höchstens bei Mega-Projekten wie bei der NASA oder beim neuen Airbus A380. Aber wer von Ihnen ist da schon als Projektleiter vorgesehen? Außerdem soll es in diesem Buch ja auch weniger um die wenigen Mega-Projekte als vielmehr um die Vielzahl von kleinen und mittleren Projekten gehen, die oftmals auch ein hohes Frustrationspotenzial bergen. Natürlich sollte man darauf achten, dass nicht nur lauter »Buchhaltertypen« oder »Verkäufertypen« im Projekt sitzen. Mindestens genauso wichtig ist es, die altersmäßige Zusammensetzung des Projektteams im Auge zu behalten. US-Forscher suchten mit Hilfe der Netzwerkanalyse nach dem Weg zum »Dream Team«. Ihr Ergebnis: Es kommt auf die richtige Mischung zwischen »Veteranen« und »Newcomern« an, wobei die altgedienten Mitglieder keine gemeinsame Projektvergangenheit haben sollten.[3] Nach unseren Erfahrungen geschieht das ohnehin meist intuitiv. In der betrieblichen Praxis wird eher die Frage gestellt: »Wer kann etwas dazu beitragen?« Oder: »Wer hat schon mal etwas Ähnliches gemacht?« Bei der Auswahl der Projektmitarbeiter spielen in der Regel vier Aspekte eine wichtige Rolle:

1) Fachliche Kompetenz: Der Projektmitarbeiter sollte zumindest ein gewisses Grundverständnis für das Projektthema mitbringen. Ob eher der

Spezialist oder eher der Generalist benötigt wird, hängt davon ab, ob er den Fachexperten- oder den interdisziplinären Aspekt abdecken soll.

2) Herkunft aus der Linie: Einen wichtigen Hinweis bei der Auswahl der Projektmitarbeiter liefert die Frage: »Welche Bereiche oder Abteilungen sollten in das Projekt mit eingebunden werden?« Wer die Unterstützung und Akzeptanz der Linie für sein Projekt haben möchte, sollte sicherstellen, dass kein Bereich übergangen wird. Deshalb ist wichtig, dass alle Bereiche, die von einem Projekt betroffen sind, in die Projektarbeit mit eingebunden werden. Die Aufgabe der Projektmitarbeiter besteht schließlich nicht nur darin, am Projekt mitzuarbeiten, sondern auch in der Kommunikation in die Linie. Projektmitarbeiter werden unter anderem deshalb für ein Projekt abgestellt, weil sie die Interessen der Linie im Projekt mitvertreten sollen.

3) Hierarchische Eingliederung: Projekte mit hoher politischer Bedeutung werden wohl eher mit Führungskräften oder gar oberen Führungskräften besetzt. Andererseits ist aber auch darauf zu achten, dass die Hierarchieunterschiede innerhalb der Projektgruppe nicht zu groß sind, da sonst die Gefahr besteht, dass hierarchisch höher gestellte Projektmitglieder die Gruppe dominieren.

4) Zeitliche beziehungsweise kapazitätsmäßige Auslastung: Projektgruppenmitglieder müssen ausreichend Zeit für die Projektarbeit mitbringen. Ist dies nicht der Fall, ist eine Entlastung sicherzustellen. Ein Fehler, der immer wieder festzustellen ist: Es sitzen immer wieder die gleichen Mitarbeiter in den verschiedenen Projekten, was häufig zu einer Überlastung dieser Leistungsträger führt. In einem unserer Projekte wurde der Slogan benutzt: »Die besten Pferde werden zu Tode geritten und die anderen stehen auf der Koppel rum und werden vom Zuschauen immer unbeweglicher und störrischer.«

Wer letztlich das Projektteam zusammenstellt, hängt meist von der jeweiligen Unternehmenskonstellation sowie den beteiligten Personen ab. Hier gibt es verschiedene Ansätze:

1) Auswahl durch den Auftraggeber: Diese Variante wird in der Regel bei Auftraggebern mit einem eher stark ausgeprägten Dominanzverhalten (oder geringem Vertrauen zu ihren Führungskräften?) vorkommen. Ein weiterer Grund für diese Variante kann in der hohen Bedeutung des Projekts für das Unternehmen oder den Auftraggeber liegen. Wenn der Auftraggeber kein Risiko eingehen möchte und sicherstellen will, dass

die »richtigen« Leute im Projekt mitarbeiten, dann wird er die Auswahl selbst vornehmen.

2) Auswahl durch die Linienvorgesetzten in der Linie: Die grundsätzliche Forderung lautet, dass alle betroffenen Bereiche/Abteilungen in das Projekt einzubeziehen sind. Wer ins Projekt entsandt wird, bestimmen die jeweiligen Bereichsleiter. Aber Achtung: Wenn ein Projekt von den Linienvorgesetzten als weniger wichtig eingestuft wird, besteht die Gefahr, dass nicht die richtigen Mitarbeiter entsandt werden.

3) Auswahl durch den Projektleiter: Für diese Variante spricht, dass der Projektleiter derjenige ist, der mit dem Projektteam zusammenarbeiten muss und der für den Projekterfolg sowie für den Misserfolg verantwortlich ist beziehungsweise verantwortlich gemacht wird. Andererseits kann dies zu Konflikten mit den Linienvorgesetzten führen, wenn die Besetzungswünsche des Projektleiters sich nicht mit deren Vorstellungen decken.

Unbestritten ist die Tatsache, dass der Projekterfolg nicht nur von der fachlichen Qualifikation der Projektmitglieder, sondern zu einem wesentlichen Teil auch von der Qualität der Zusammenarbeit abhängt. Eine gute Zusammenarbeit und ein gutes Klima im Projektteam tragen maßgeblich dazu bei, dass die Mitarbeiter gerne im Projekt mitarbeiten. Ein schlechtes, konfliktbehaftetes Teamklima wird dazu führen, dass die Projektmitarbeiter nur noch widerwillig zu den Projektbesprechungen kommen oder sich nach und nach aus dem Projekt zurückziehen. Wie gut die Projektmitglieder miteinander können, lässt sich durch gezielte Teamentwicklungsmaßnahmen[4] gerade zu Beginn eines Projekts durchaus positiv beeinflussen. Eine interessante Erfahrung, die wir immer wieder machen, ist, dass die Einstiegsphase für die Teamfindung einen wichtigen Beitrag leistet. In dieser Phase geht es darum, Ziele gemeinsam zu klären, die Vorgehensweise zu besprechen, sowie persönliche Meinungen und Präferenzen zu klären, bevor man sich mit den Inhalten beschäftigt.

6.6 Die richtige Größe des Projektteams

Wie viele Projektmitarbeiter sollen ins Projektteam? Zunächst einmal hängt das vom Projekt selbst ab. Je größer und komplexer ein Projekt ist, umso mehr Projektmitarbeiter werden erforderlich sein. Die SAP-Einführung bei einem Automobilhersteller wird deutlich mehr Projektmitarbeiter erfordern als das Projekt »Digitalisierung der Personalakte« bei einem mittelständischen Unternehmen. Zu kleine Projektteams bergen die Gefahr, dass die Projektkomplexität nicht ausreichend abgebildet ist und dass Meinungsvielfalt und Synergieeffekte zu kurz kommen. Zu große Projektteams bergen die Gefahr, sich in endlosen Besprechungen und Abstimmungsrunden zu verzetteln. Mit zunehmender Teamgröße steigt die Gefahr des sich Zurückziehens und Untertauchens ebenso wie das Risiko, sich in der Vielfalt der Meinungen zu verlieren. Trotz vielfacher Versuche, die ideale Teamgröße wissenschaftlich zu ermitteln, gibt es dennoch keine einheitliche Meinung. Nach unseren Erfahrungen liegt sie irgendwo zwischen fünf und zehn Teammitgliedern. Eine Teamgröße über zwölf ist in der Projektarbeit schon schwer zu handhaben. In der Praxis ergibt sich die Größe des Projektteams üblicherweise aus der Frage: »Wen müssen wir in das Projekt mit einbeziehen?« Dabei kann es durchaus passieren, dass die Projektgruppe zu groß gerät, was neben der ineffektiven Kommunikation noch eine andere unerwünschte Nebenwirkung nach sich ziehen kann: eine Überbesetzung des Projektteams in der Planungsphase. In der Planungsphase ist der Bedarf an Projektmitarbeitern oftmals geringer als in der Durchführungsphase. Das führt dazu, dass nicht alle Projektmitarbeiter adäquat beschäftigt werden können. Dies kann zu einem Gefühl des Nichtgebrauchtwerdens und damit zu Frustrationen führen, bevor das Projekt überhaupt erst richtig begonnen hat. Hier kann man sich damit behelfen, zunächst mit einem kleinen Kernteam zu starten und das Projektteam dann erst in der Durchführungsphase aufzustocken. Aber auch hier ist Vorsicht geboten. Eine zu späte Einbeziehung der Betroffenen kann dazu führen, dass den in der Planungsphase vom Kernteam erarbeiteten Ergebnissen die Zustimmung der »Später-Dazugestoßenen« versagt bleibt. Daher gilt es gut abzuwägen, für welche der beiden Alternativen man sich entscheidet. In jedem Fall sollte die Vorgehensweise mit den Betroffenen rechtzeitig abgesprochen werden.

6.7 Die richtige Projektorganisation

Wir möchten hier keine Lanze brechen für eine übertriebene und aufgeblasene Projektorganisation. Aber wir plädieren ganz eindeutig dafür, dem Projekt die Strukturen zu geben, die es benötigt. Man kann es gar nicht oft genug betonen: Es ist eminent wichtig, die Projektorganisation schriftlich festzuhalten. Dadurch werden Missverständnisse ausgeräumt und die Verbindlichkeit erhöht. Bei großen Projekten können Projektmitarbeiter auch Teilprojektleiter sein. Abbildung 15 zeigt, wie die Projektorganisation dann aussieht:

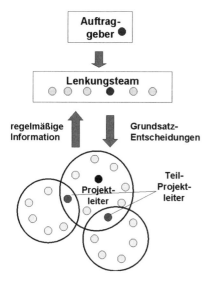

Abb. 15: Projektorganisation bei größeren Projekten

Diese Vorgehensweise stellt die Kommunikation und die Abstimmung zwischen Gesamtprojekt und Teilprojekten so weit wie möglich sicher. Dadurch, dass jeder Teilprojektleiter Mitglied im Projektteam ist, verfügt er über alle erforderlichen Informationen, die zur Bearbeitung des Teilprojekts wichtig sind. Andererseits wird sichergestellt, dass die Ergebnisse der Teilprojekte im Gesamtprojekt bekannt sind und damit die Koordination zwischen den verschiedenen Teilprojekten gewährleistet ist. Mit diesem Vorgehen wird auch das Verantwortungsgefühl der Projektmitglieder gefördert. Wer als Teilprojektleiter die Verantwortung spürt, die auf ihm lastet, wird sich auch für das Gesamtprojekt stärker verantwortlich fühlen.

6.8. Die Kommunikation zwischen den Projektbeteiligten

Am Ende des Kapitels werfen wir noch einen Blick auf die Kommunikation zwischen den Projektbeteiligten. Wie wir im nächsten Kapitel 7 noch eingehender darstellen werden, kommt vor allem der Kommunikation zwischen dem Projekt- und dem Lenkungsteam eine herausragende Bedeutung zu. Nur wenn die Lenkungsteammitglieder ausreichend informiert und in das Projekt eingebunden sind, werden sie in der Lage und gewillt sein, die notwendigen Informationen in die Linie zu tragen und die Projektinteressen

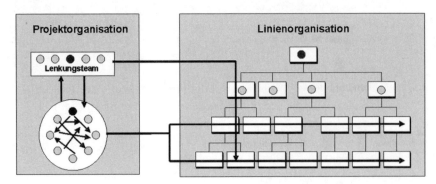

Abb. 16: Die Kommunikation im Projekt

zu vertreten. Auch die direkte Kommunikation zwischen Projekt und Linie ist in diesem Zusammenhang wichtig. Die Projektgruppe wird sich in der Zusammenarbeit mit der Linie deutlich leichter tun, wenn die Linienmitarbeiter einerseits die Projekthintergründe verstehen und andererseits merken, dass die Linienvorgesetzten das Projekt mittragen. Die Kommunikation in die Linie findet also auf zwei Wegen statt. Einmal über die Mitglieder des Lenkungsteams, die in der Regel die Linienvorgesetzten sind. Diese Kommunikation verläuft vertikal. Und andererseits die direkte Kommunikation zwischen Projekt und Linie. Diese Kommunikation verläuft horizontal (siehe Abbildung 16). Hinzu kommt die Kommunikation innerhalb des Projektteams, die sich von der Kommunikation in der Linie vor allem dadurch unterscheidet, dass sie nicht von oben nach unten, sondern netzförmig zwischen allen Teammitgliedern verläuft.[5]

Das Wichtigste in Kürze:

- Kein Projekt ohne Auftraggeber!
- Der Auftraggeber ist für die Klarheit der Projektziele und des Projektauftrags sowie für die Schaffung der Rahmenbedingungen verantwortlich.
- Die Zielklärung und die Beauftragung des Projektteams erfolgt idealerweise in einem Zielklärungs-Workshop.
- Der Auftraggeber ist im gesamten Verlauf des Projekts weiterhin in der Verantwortung.
- Meilensteine sind für Auftraggeber und Lenkungsteam ein wichtiges Führungs- und Steuerungsinstrument.
- Das Lenkungsteam, das aus den Leitern der Linienbereiche besteht, ist einerseits das oberste Entscheidungsgremium im Projekt und andererseits das Bindeglied zwischen Projekt und Linie.
- Das Lenkungsteam wird bei Erreichen der jeweiligen Meilensteine informiert, stellt dort die Weichen für den weiteren Verlauf und nimmt das Projekt am Ende ab.
- Ein Projektteam kann nur dann erfolgreich sein, wenn es in eine sinnvolle Projektorganisation eingebunden ist.
- Ein wichtiger Erfolgsfaktor für Projekte ist die Einbindung der Linie. Für einen erfolgreichen Projektabschluss bedarf es der Unterstützung durch die Linie.

7
Erfolgsfaktor Projekteffizienz
– Projekte richtig angehen

> »Sieger haben immer einen Plan,
> Verlierer immer eine Ausrede.«
>
> *(Unbekannt)*

Für Effizienzverluste kann es verschiedene Ursachen geben. Der wohl häufigste Grund dafür, dass Projekte »holprig« oder gar nicht laufen, liegt darin, dass die Projektbeteiligten nicht wissen, wie Projekte angegangen werden. Sie wissen nicht, was von ihnen erwartet wird, sie kennen die Instrumente der Projektarbeit nicht, geschweige denn, dass sie sie beherrschen. Projekte werden dann nach Gefühl, nach Lust und Laune oder bestenfalls mit gesundem Menschenverstand abgewickelt. Man »wurschtelt« sich halt so durch – mit allen negativen Auswirkungen. Professionelle Projektarbeit setzt klare Richtlinien und Mindeststandards zur Abwicklung von Projekten voraus. Wo keine Mindeststandards vorgegeben und eingefordert werden, hält Willkür und Beliebigkeit Einzug. Richtlinien und Mindeststandards beschreiben, was von den Projektbeteiligten erwartet wird. Sie stellen einen gemeinsamen Rahmen dar, der Berechenbarkeit und Verlässlichkeit schafft und der sicherstellt, dass bestimmte Arbeitsweisen eingefordert werden können. Die Projektabwicklung sollte im Unternehmen als ein verbindlicher Kernprozess beschrieben und dokumentiert sein. Nur dann kann sich eine Projektmanagement-Kultur im Unternehmen entwickeln. Natürlich müssen die Projektrichtlinien und Mindeststandards den Projektbeteiligten vermittelt werden. Dies geschieht zweckmäßigerweise im Rahmen zielgruppenspezifischer Projektmanagementschulungen. Effizienzverluste können in jedem einzelnen Projektschritt auftreten. Die Abbildung 17 zeigt zur Orientierung nochmals den Projektverlauf von der Projektidee zum Projektabschluss im Überblick.

Projekte sicher managen. Marijan Kosel und Jürgen Weißenrieder
Copyright © 2007 WILEY-VCH Verlag GmbH & Co. KGaA, Weinheim
ISBN 978-3-527-50255-4

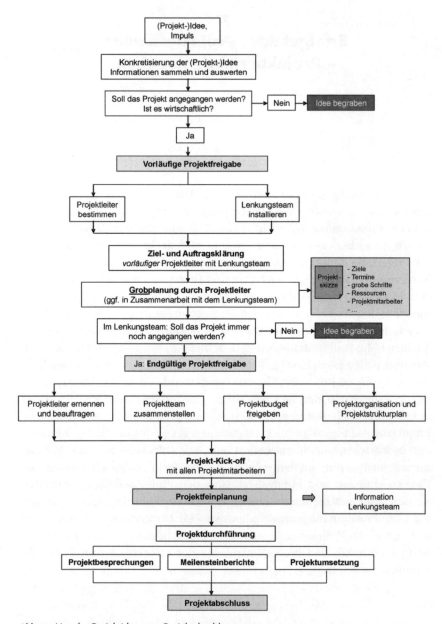

Abb. 17: Von der Projektidee zum Projektabschluss

7.1 Die Auftragsklärung

> »Wer nicht weiß, wohin er will,
> der darf sich nicht wundern,
> wenn er ganz woanders herauskommt.«
>
> *(Mark Twain (1835–1910))*

Unklare Projektziele und ein unklarer Projektauftrag sind die häufigsten Gründe, die wir auf die Frage »Was läuft in Projekten regelmäßig schief?« bekommen. Man glaubt gar nicht, wie viele Aufträge nach dem Motto vergeben werden: »Ich weiß nicht, was ich will, aber Sie wissen schon, was ich meine!« Klarer ausgedrückt: Man glaubt gar nicht, wie viele Aufträge angenommen werden, ohne dass der Auftragnehmer (= Projektleiter) genau weiß, welche Ziele mit dem Auftrag erreicht werden sollen und was von ihm erwartet wird. Laut Prof. Gröger werden nur bei 19 Prozent aller Projekte die Projektziele und der Projektauftrag klar und eindeutig formuliert.[1] Doch jeder überstürzte Projektstart ist ein Fehlstart. Alles was Sie als Projektleiter an Energie in ein Projekt stecken, ohne das Projektziel wirklich zu kennen, ist Blindleistung. Und für Blindleistungen gibt es vom Auftraggeber keinen Applaus. Jede Blindleistung bindet wertvolle Zeit und führt auf Dauer zu Frustration.

In unseren Seminaren erlauben wir uns, unsere Teilnehmer mit einer bewusst unpräzise gestellten Aufgabe aufs Glatteis zu führen. Die Aufgabe lautet: »Gehen Sie hinaus auf den Parkplatz und kategorisieren Sie alle Fahrzeuge!« 90 Prozent aller Gruppen stehen ohne große Rückfragen einfach auf, gehen auf den Parkplatz und tun, was ihnen gesagt wurde. Die restlichen Gruppen fragen zwar in der Regel nach: »Was meinen Sie mit kategorisieren?«. Sie lassen sich aber in der Regel mit dem lapidaren Hinweis »Sie wissen schon, was ich meine« abspeisen. Wenn dann die zum Teil sehr umfangreichen und detaillierten Ergebnisse präsentiert werden, zeigen wir uns äußerst enttäuscht: »Das ist nicht das, was wir wollten.« »Aber warum haben Sie uns nicht konkret gesagt, was Sie wollten«, bekommen wir dann oft zu hören. »Weil Sie nicht weiter nachgefragt haben, sind wir davon ausgegangen, die Aufgabe ist Ihnen klar.« Übrigens, erst eine aus deutlich über hundert Gruppen hat die Aufgabe verweigert, weil ihr der Auftrag zu unpräzise war. Für alle stellt diese Übung eine wichtige Lektion dar. Nicht selten kommt die Bemerkung: »Das war jetzt nicht nett, was Sie mit uns gemacht haben, aber es wird uns eine Lehre sein. Wir werden sicher keine unklaren Aufträge mehr annehmen.«

In diesem Zusammenhang tritt die Frage auf: »Wer ist eigentlich für die Auftragsklärung und die Zielformulierung verantwortlich, der Auftraggeber oder der Projektleiter?« Wir meinen beide! Natürlich muss der Auftraggeber sagen, was er will und welche Vorstellungen er hat. Andererseits ist der Auftraggeber dazu häufig nicht in der Lage, weil ihm das nötige Detailwissen fehlt. Wenn Sie Ihr Haus umbauen oder renovieren möchten, dann wird Sie (= Auftraggeber) der Handwerker (= Projektleiter) auch fragen, wie Sie es gerne haben möchten. Sicherlich werden Sie mehr oder weniger genaue Vorstellungen davon haben, Sie werden aber gewiss von Ihrem Handwerker Gestaltungsvorschläge erwarten. Schließlich ist er ja der Experte und hat die Erfahrungen und das notwendige Know-how darin. Er würde sich berechtigterweise beschweren, wenn Sie ihm nicht sagen würden, was Sie möchten. Und gleichzeitig könnten Sie sich zu Recht beschweren, wenn er Ihnen sein Know-how vorenthalten würde und Sie in alle Fettnäpfchen treten ließe, in die sämtliche Bauherren vor Ihnen auch schon getreten sind. Der freundliche Kommentar: »Das hätte ich Ihnen gleich sagen können, aber Sie haben mich ja nicht danach gefragt«, würde Sie sicher nicht besänftigen.

Sollte das Projekt zudem scheitern, ist der Projektleiter auf jeden Fall der Sündenbock mit allen möglichen negativen Konsequenzen für seine Karriere. Also muss es auch im Eigeninteresse des Projektleiters liegen, einen klaren Projektauftrag und klare Projektziele einzufordern – falls nötig auch mit einer gewissen Penetranz. Die klare Botschaft an die Projektleiter lautet mithin: Arbeiten Sie bei der Zielklärung intensiv mit und ziehen Sie sich nicht auf die formale Position zurück, dass das ausschließlich Sache des Auftraggebers sei.

»Ziele helfen, effizienter zu arbeiten, weil sich das Team am Ergebnis orientieren und so besser Wichtiges von Unwichtigem unterscheiden kann.«[2] Spätestens beim Projektstart, wenn Sie Ihre Projektmitglieder mit ins Boot holen, werden Sie merken, wie wichtig konkrete Projektziele sind. Klare Projektziele leisten in dieser Phase einen unverzichtbaren Beitrag zur Identifikation der Projektmitarbeiter mit dem Projekt. Bei größeren, komplexen Projekten kann man auch die Auftragsklärung im Rahmen eines Vorprojekts durchführen. Dann wird eine kleine Projektgruppe damit beauftragt, alle zur Auftragserteilung erforderlichen Informationen zusammenzutragen und entscheidungsreif aufzubereiten.

7.1.1 Das Zielkreuz der Projektarbeit

Bevor Sie als Projektleiter ein Projekt starten, klären Sie genau, welche Ziele damit erreicht werden sollen. Versuchen Sie im persönlichen Gespräch mit dem Auftraggeber, den Projektauftrag so weit wie möglich zu klären. Versuchen Sie, die Hintergründe und Gedankengänge des Auftraggebers zu ergründen, so dass Sie sie auch wirklich verstehen. Bei der Auftragsklärung ist es hilfreich, das »Zielkreuz der Projektarbeit« im Auge zu haben (siehe Abbildung 18). Damit gelingt es leichter, Ziele im Visier zu behalten zu.

Abb. 18: Das Zielkreuz der Projektarbeit

Die folgenden Leitfragen sollen Ihnen dabei helfen, die wesentlichen Antworten zu finden:

- **Sinn und Zweck des Projekts**: Wozu machen wir das? Was versprechen wir uns davon? Was passiert, wenn wir das Projekt nicht angehen? Welchen Nutzen erwarten wir?
- **Ergebnis**: Was soll hinterher besser sein? Was soll dabei rauskommen? Woran erkennen wir, dass das Ergebnis gut ist? Mit welchem Ergebnis wären wir zufrieden? Was sind die Mindestanforderungen? Was wird hinterher anders sein? Was sind »Muss-Ziele«, und was sind »Nice-to-have-Ziele«?

- **Kunde**: Für wen machen wir das? Wer wird das Ergebnis später nutzen, wer ist Nutznießer? Wer muss einbezogen werden? Wer sagt uns hinterher, ob er zufrieden ist oder nicht?
- **Ressourcen**: Was darf das Projekt an Kosten verursachen? Welche personellen Kapazitäten stehen uns zur Verfügung? Wer kann uns dabei noch unterstützen?

7.1.2 Die Projektskizze

Ein weiteres, äußerst hilfreiches Instrument zur Auftragsklärung stellt die Projektskizze dar. Die Projektskizze geht noch etwas mehr ins Detail. Sie ersetzt aber noch keine detaillierte Projektplanung. Aufgrund des geringen Erstellungsaufwands bietet sich die Projektskizze bereits bei kleinen und kleinsten Projekten an. Bei großen Projekten kann die Projektskizze allenfalls eine Grobskizzierung darstellen.

Die Projektskizze	
Projektname:	
Projektziel(e):	
Projektleiter:	
Mitglieder im Projektteam:	
Mitglieder im Lenkungsausschuss:	
Start/Ende des Projekts:	Start: Ende:
Projektschritte:	1. 2. 3. …
Projektkosten, Budget, Ressourcen	
Erfolgskriterien	
Sonstige wichtige Punkte	• Verknüpfung zu anderen Projekten • …

Die Arbeit mit der Projektskizze stellt sicher, dass Sie alle wesentlichen Aspekte der Auftrags- und Zielklärung angesprochen haben. Passen Sie deshalb die Projektskizze ruhig nach Ihren eigenen Bedürfnissen an. Achten Sie aber darauf, dass Sie einen Umfang von einer DIN-A4-Seite nicht überschreiten. Erstens sind Sie dann gezwungen, sich aufs Wesentliche zu beschränken. Und zweitens hat es einen psychologischen Effekt: Sie erschrecken Ihren Auftraggeber nicht mit einem »endlos« langen Fragebogen. Das Ergebnis der Auftrags- und Zielklärung ist die (handschriftlich) ausgefüllte Projektskizze. Damit haben Sie Ihren Projektauftrag und die Projektziele schriftlich fixiert. Allein das schriftliche Fixieren erhöht die Verbindlichkeit ungemein (Prinzip der Schriftlichkeit). Wenn Ihnen das nicht formal genug ist, lassen Sie die Projektskizze nochmals sauber abschreiben. Damit haben Sie eine eindeutige Planungsgrundlage in der Hand, die Ihnen später dazu dienen kann, Ihre Projektmitarbeiter über den Projektauftrag möglichst frei von »Übertragungsfehlern« zu informieren. Gegenüber dem Auftraggeber haben Sie quasi einen Vertrag in der Hand, der die Basis für Ihre Arbeit als Projektleiter bildet. Ändert sich eine der im Projektplan fixierten Größen (Projektziele, Fertigstellungstermin, Ressourcen ...), dann bildet die Projektskizze eine unverzichtbare Grundlage, um sich mit Ihrem Auftraggeber über die daraus resultierenden Veränderungen (Projektziele, Fertigstellungstermin, Ressourcen ...) zielgerichtet zu unterhalten.

Häufig ist es so, dass der Auftraggeber zu diesem frühen Zeitpunkt sich selbst noch nicht darüber im Klaren ist, was er eigentlich erreichen möchte. Durch die gemeinsame Erstellung der Projektskizze wird dem Auftraggeber häufig erst richtig bewusst, welcher personelle und finanzielle Aufwand dahintersteckt, welche Voraussetzungen er noch schaffen muss, und ob er wirklich dahintersteht. Nicht selten führt die Auftragsklärung mittels der Projektskizze auch dazu, dass der Projektauftrag wieder zurückgezogen wird. Bemerkungen wie »Das hätte ich nicht gedacht, dass da so ein großer Aufwand dahinter steckt« oder »Das muss ich mir noch mal genauer überlegen«, kündigen dann den Rückzug an. Ein Rückzug zum richtigen Zeitpunkt, denn ansonsten wären sicher viel mehr Ressourcen unnötig vergeudet worden. Insofern stellt die Auftragsklärung die erste Hürde auf dem Weg zum erfolgreichen Projektabschluss dar. Diese Hürde ist damit Hindernis und Schwelle zugleich. Kommt das Projekt erst gar nicht zustande, dann ärgern Sie sich nicht über die angeblich verlorene Zeit. Freuen Sie sich statt dessen, denn so haben Sie mit der Auftragsklärung, die in der Regel mit einem ein- bis zweistündigen Gespräch verbunden ist, eine Menge Zeit gewonnen und sich selbst viel Blindleistung, Zeit und Frustration erspart.

Also, gehen Sie es an! Wie gesagt, der Aufwand für das Ausfüllen der Projektskizze beträgt maximal zwei, eher eine Stunde – ein Aufwand, der sich allemal lohnt, und den Sie im weiteren Projektverlauf mehrfach rückvergütet bekommen, sowohl als Projektleiter als auch als Auftraggeber. Bei größeren Projekten reicht die Projektskizze in der Regel nicht aus. Da bedarf es eines Instruments, das eine detailliertere Auftragsklärung, Planung und Dokumentation ermöglicht.

7.1.3 Der Projektleitfaden/das Projekthandbuch

Der Projektleitfaden, häufig auch als Projekthandbuch bezeichnet, ist so etwas wie der »Projektbegleitschein«, weil er mit dem Projektverlauf vom Auftraggeber über das Lenkungsteam zum Projektleiter und wieder zurück wandert. Er ist für alle Projektbeteiligten jederzeit einsehbar und schafft damit Transparenz und einen einheitlichen Informationsstand. Damit wird ein systematisches Vorgehen sichergestellt und verhindert, dass im Projektverlauf wichtige Schritte übergangen oder vergessen werden. Wer sein Projektmanagement professionalisieren möchte, wird um einen Projektleitfaden nicht herumkommen. Der Projektleitfaden (siehe Anlage 2) ist nach den vier Projektphasen (Definitionsphase, Planungsphase, Realisationsphase und Abschlussphase) gegliedert und erfüllt verschiedene Funktionen:

- In der Definitionsphase dient er der *Ziel- und Auftragsklärung.* Neben den allgemeinen Projektangaben wie Projektname, -nummer und Auftraggeber werden im ersten Schritt zunächst einmal alle relevanten Daten gesammelt. Wie lautet konkret das Thema beziehungsweise die Aufgabe? Welche Fakten sind bereits bekannt? Welche Meinungen gibt es dazu? Welche Chancen und Risiken oder Hindernisse bestehen aus heutiger Sicht? Dieser erste Klärungsschritt wird durch die Entscheidung zur Weiterführung oder Einstellung des Projekts abgeschlossen (Macht es Sinn, das Projekt weiterzuverfolgen?). Im zweiten Schritt geht es um die Klärung der Projektziele. Diese Klärung findet sinnvollerweise im (späteren) Lenkungsteam unter Einbeziehung des vorgesehenen Projektleiters statt. Die Zielklärung mündet in ein verbindliches Lasten- und Pflichtenheft. Im Lastenheft beschreiben Auftraggeber und Lenkungsteam, was sie möchten, also wie das angestrebte Projektergebnis aussehen sollte. Dabei ist es sinnvoll, diese Erwartungen nach Muss-, Soll- und Kann-Kriterien zu unterscheiden. Im Pflichtenheft beschreibt der Projektleiter, wie er die im Lastenheft formulierten Erwartungen zu realisieren gedenkt. In der Praxis hat es sich bewährt, das Pflichtenheft gemeinsam mit Auftraggeber (Lenkungsteam) und Auftragnehmer (Projektleiter) zu erstellen, da der Projektleiter in der Regel bei dieser Gelegenheit sein Expertenwissen einbringen und für eine realistische Zielbeschreibung sorgen kann. Außerdem können im direkten Dialog

Missverständnisse ausgeräumt und Anregungen gleich eingearbeitet werden. Das Pflichtenheft stellt eine verbindliche Vereinbarung zwischen Lenkungsteam und Projektleiter dar und ist Grundlage der weiteren Projektarbeit. Den Abschluss der Definitionsphase bildet die *vorläufige* Projektfreigabe. Ist die Datenbasis als Entscheidungsgrundlage ausreichend, kann an dieser Stelle auch bereits die endgültige Projektfreigabe erfolgen. Damit kann der (vorgesehene) Projektleiter mit der Grobplanung beauftragt werden.

- In der Entscheidungs- und Planungsphase dient der Projektleitfaden als *Planungsinstrument*. Der Projektleitfaden »zwingt« den Projektleiter zur Erstellung eines Projektplans und führt ihn dabei zu den wesentlichen Planungsaspekten wie Termin-, Kosten-, Ressourcenplanung und Aufgabenplanung. Die bewusste Entscheidung für oder gegen ein Projekt unter Einbeziehung wirtschaftlicher und auch nicht-wirtschaftlicher Erwägungen wird im Projektleitfaden konkret abgefordert. Damit wird sichergestellt, dass die endgültige Projektfreigabe auf der Basis einer angemessenen Projektgrobplanung erfolgt und nicht das Ergebnis eines spontanen und voreiligen Entschlusses ist.
- Als *Dokumentationsinstrument* schafft der Projektleitfaden Verbindlichkeit. Das schriftliche Festhalten aller wichtigen Projektdaten und -entscheidungen stellt sicher, dass alle Projektbeteiligten über die gleichen Informationen verfügen. Möglichen Missverständnissen und Fehlinterpretationen kann damit frühzeitig vorgebeugt werden. Natürlich erfordert das einen gewissen Erstellungs- und Pflegeaufwand. Im Vergleich zu den vielen endlosen Diskussionen und Reibungsverlusten, die durch einen unklaren Auftrag oder durch fehlende Projektpläne entstehen, ist dieser Aufwand allerdings äußerst gering. Nicht wenige Projektleiter empfinden die Unterstützung durch derlei Instrumente eher als bürokratische Gängelung und weniger als Erleichterung. Eine lückenlose Dokumentation der wesentlichen Projektdaten ist alles andere als bürokratischer Firlefanz, sondern ein Zeichen professioneller Projektarbeit. Das gilt es auch den Projektleitern in den Projektmanagement-Schulungen zu vermitteln.
- Vielleicht hat das gespaltene Verhältnis mancher Projektleiter zum Projektplan seine Ursache darin, dass der Projektleitfaden natürlich auch ein *Kontrollinstrument* ist, das Abweichungen vom Soll recht schnell sichtbar werden lässt. Das ist ein berechtigtes Interesse des Auftraggebers und gleichzeitig auch als »Treppenhandlauf« für den Projektleiter zu verstehen. Der Projektleitfaden dient primär der Orientierung für alle Beteiligten. Vor allem in einer gering ausgeprägten Verbindlichkeits-

kultur kann damit die Verbindlichkeit von Projektbeschlüssen und somit der Projekterfolg insgesamt enorm gesteigert werden.

Das Innehalten nach jedem Projektschritt durch die Frage »Macht es Sinn, das Projekt weiter zu verfolgen?« stellt sicher, dass nur wirklich sinnvolle Projekte freigegeben und weitergeführt werden. Damit ist der Projektleitfaden auch ein wichtiges Instrument zur Gewährleistung der Projekteffektivität. Der Projektleitfaden ist ein Arbeitsmittel. Nicht immer wird die vorgesehene Reihenfolge so einzuhalten sein. Manchmal muss man auch einen Arbeitsschritt vor- und dann vielleicht auch wieder zwei Arbeitsschritte zurückspringen. Den in der Anlage beigefügten Projektleitfaden können Sie auf unserer Homepage (www.wekos.com) unter »Downloads« als Word-Datei herunterladen, so dass Sie ihn Ihren Bedürfnisse entsprechend verändern können.

7.1.4 Der Auftragsklärungsworkshop

Bei größeren, komplexen Projekten mit einer Vielzahl von Betroffenen empfiehlt es sich, die Auftragsklärung auf eine breitere Basis zu stellen. Nicht selten sind sich alle Betroffenen zwar einig, dass ein Projekt gestartet werden sollte, wenn man dann allerdings mit den einzelnen Beteiligten spricht, merkt man schnell, dass die Vorstellungen bezüglich der Projektziele oder bezüglich der Herangehensweisen sehr weit auseinanderliegen. In diesem Fall klärt man die bestehenden Fragen am besten im Auftragsklärungs-Workshop. Dazu bildet man ein kleines Kernteam, in dem die wichtigsten Projektbeteiligten und -betroffenen vertreten sind. Als Workshopteilnehmer können beziehungsweise sollten auch die Lenkungsteammitglieder vertreten sein. Mit dieser Vorgehensweise wird sichergestellt, dass die Betroffenen von Anfang an in das Projekt involviert sind und die möglicherweise unterschiedlichen Vorstellungen von Anfang an transparent gemacht werden können. Durch die Einbeziehung wird auch verhindert, dass wichtige Punkte vergessen oder eher nebensächliche Aspekte überbetont werden. Gleichzeitig wird damit die Zielqualität erhöht, und man kann etwaige Fragen direkt vor Ort klären. Potenzielle Konfliktherde, die sonst später im Projektverlauf aufbrechen könnten, werden im Vorfeld identifiziert und so weit wie möglich beseitigt. Der Auftragsklärungsworkshop sollte auch dazu genutzt werden, um Werbung für das Projekt zu machen. Dazu ist es wichtig, den Nutzen und die Vorteile für die Betroffenen herauszustellen. Wenn es gelingt, den Linienbetroffenen die Vorteile des Projekts überzeugend zu vermitteln, dann ist eine wichtige Voraussetzung für eine ausreichende Projektunterstützung durch die Linie geschaffen. Gerade dieser Punkt sollte im Workshop aktiv angegangen werden. Lassen Sie dort herausarbeiten, welche Unterstützung von der Linie für den Projekterfolg notwendig ist, und dokumentieren Sie die zugesagte Unterstützung.

7.1.5 Die erforderlichen Ressourcen

Die detaillierte Planung der Ressourcen insbesondere der notwendigen Personalkapazitäten ist Bestandteil der Projektplanung. Dennoch ist es wichtig, schon frühzeitig ein hinreichend verlässliches Gefühl dafür zu bekommen, welche Ressourcen für das Projekt benötigt werden. Dies ist allein schon deshalb notwendig, um überhaupt eine Aussage über die Wirtschaftlichkeit des Projekts machen zu können. Die Personalkapazitäten im Unternehmen orientieren sich in der Regel ausschließlich am Bedarf in der Linie. Die Kapazitäten, die für das Projekt benötigt werden, müssen also von der Linie abgezweigt werden. Wenn man verhindern möchte, dass das Projekt ausschließlich mit den »Soda-Kapazitäten« (die Kapazitäten, »die sowie*so da* sind«) bestritten wird, dann sollte man möglichst früh die erforderlichen Ressourcen ermitteln und sicherstellen, dass sie dem Projekt auch wirklich zur Verfügung stehen.

7.1.6 Der Projektstrukturplan

Bei größeren und großen Projekten ist ein Projektstrukturplan unverzichtbar. Darin sind alle Projektbeteiligten sowie deren Funktion und Kommunikationsbeziehungen abgebildet. Der Projektstrukturplan dient dazu, Klarheit bezüglich der Zuständigkeiten und Verantwortlichkeiten zu schaffen. Der Projektstrukturplan ist sozusagen der Masterplan für das Projekt. Er gibt eine strukturierte Übersicht über das gesamte Projekt mit allen Teilprojekten und Arbeitspaketen und schafft damit Transparenz für alle Projektbeteiligten. Dazu ist es natürlich erforderlich, dass er auch entsprechend publik gemacht und kommuniziert wird.

Dazu noch eine nette Anekdote aus einem mittelständischen Energieversorgungsunternehmen:

Seit Ende der neunziger Jahre stehen Energieversorgungsunternehmen im Strombereich unter einem erheblichen Veränderungsdruck, der natürlich auch zu vielen Veränderungsprojekten führte. Wir durften in einem Unternehmen einen Beitrag mit umfangreichen Führungskräfteentwicklungsmaßnahmen leisten. In den ersten Gesprächen war immer von einem Masterplan die Rede, an dem die Führungskräfteentwicklungsmaßnahmen ausgerichtet werden sollten. Wir waren sehr beeindruckt von diesem hohen Maß an Professionalität und freuten uns darüber, an diesem Masterplan mitwirken zu können. Im Laufe der Zeit stellte sich aber heraus, dass selbst im oberen Führungskreis niemand so recht wusste, was alles in diesem Masterplan stand und vor allem: Wohin sollte der Masterplan das Unternehmen bringen? Der Einzige, der an dem Masterplan feilte und ihn kannte, war der Projektleiter des beauftragten Beratungsunternehmens, das mit einigen Beratern über Jahre in diesem Unternehmen tätig war. Die Mitarbeiter und Führungskräfte fühlten sich nur belästigt, und die obere Führungsmannschaft gab schließlich alle Verantwortung an die Berater ab, die ja den Masterplan »besaßen«.

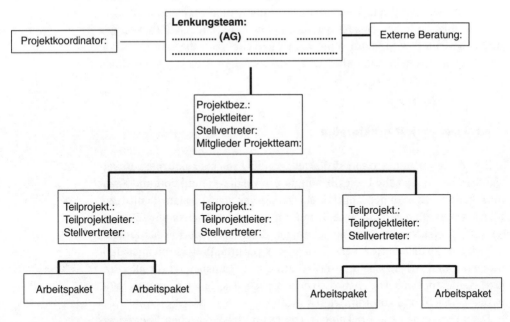

Abb. 19: Der Projektstrukturplan

7.2 Der richtige Projektstart

»Sage mir, wie dein Projekt beginnt, und ich sage dir, wie es endet.«[3] Oder um es in den Worten Goethes zu sagen: »Wer das erste Knopfloch verfehlt, kommt mit dem Zuknöpfen nicht zu Rande.« Mit den beiden Zitaten möchten wir zum Ausdruck bringen, wie wichtig der richtige Projektstart ist. Wahrscheinlich werden Sie nun sagen: »Aber das Projekt beginnt doch schon viel früher, nämlich mit der Auftrags- und Zielklärung und der Auswahl des Projektteams.« Da haben Sie Recht, aber für die Projektmitarbeiter beginnt das Projekt erst mit der Projektfreigabe, auch wenn der Projektleiter schon länger damit beschäftigt ist. Deshalb besteht eine Hauptaufgabe beim Projektstart zunächst einmal darin, die Projektmitglieder dort abzuholen, wo sie stehen. Für den weiteren Projektverlauf ist es eminent wichtig, mit den Mitarbeitern einen guten Projektstart hinzulegen. Haben sich erst einmal Unruhe und Unzufriedenheiten ins Projektteam eingeschlichen, ist es sehr schwierig, diese Negativstimmung wieder herauszubekommen. Das ist wie beim Bobfahren: Wenn Ihnen der Start misslingt, werden Sie zu wenig Schwung für die weitere Fahrt haben und nicht auf das erforderliche Tempo kommen. Deshalb sollte der Auftakt nicht dem Zufall überlassen werden, sondern gut geplant sein. In der Praxis gibt es zwei Arten von Auftaktveranstaltungen: die *Auftaktsitzung* und den *Auftaktworkshop*.

7.2.1 Die Auftaktsitzung

Die Auftaktsitzung ist quasi die erste Projektbesprechung. In einer zwei- bis dreistündigen Sitzung werden im Besprechungsraum xy die Projektmitarbeiter mal schnell auf den Stand gebracht, Fragen werden beantwortet, man bespricht das weitere Vorgehen und vereinbart die nächsten Sitzungstermine. Falls sich die Projektmitarbeiter nicht kennen, findet noch eine Vorstellungsrunde statt. Und wenn der Projektleiter das richtige Rollenverständnis hat, wird er die Projektmitarbeiter auch nach deren Erwartungen und Vorstellungen fragen. Man trifft sich dann in einer Woche zur ersten Projektbesprechung. Viele Auftaktsitzungen beschränken sich auf die sachlich notwendigen Inhalte. Das hört sich ziemlich trocken an, und das ist es auch. Versetzen Sie sich nun einmal in die Lage eines Projektmitarbeiters. Womöglich wurde er gegen seinen Willen ins Projekt geschickt, wo er doch eigentlich gar keine Zeit hat. Für die Auftaktsitzung musste er sich auch noch von seinem Tagesgeschäft für zwei Stunden losreißen. Und nun sitzt er in dieser spröden Veranstaltung und hofft, dass das Projekt möglichst schnell abgeschlossen wird, damit er sich wieder auf sein Tagesgeschäft stürzen kann. Na ja, vielleicht kann er ja die eine oder andere Projektbesprechung schwänzen. Gründe dafür hätte er genug.

Bei kleineren Projekten mag die oben beschriebene Auftaktsitzung durchaus ausreichend sein, wobei wir der Überzeugung sind, dass man auch solche Sitzungen mit nur etwas mehr Zeitaufwand durchaus lebendiger und emotionaler gestalten kann:

- Laden Sie den Auftraggeber dazu ein. Lassen Sie ihn den Projektauftrag und die Projektziele erklären.
- Gehen Sie zur Auftaktsitzung in ein nettes Lokal. Beginnen Sie die Sitzung mit einem kleinen Imbiss oder beenden Sie sie mit einem gemeinsamen Abendessen. (Vergessen Sie bitte nicht, das im Projektbudget einzuplanen.)
- Lassen Sie die Projektmitarbeiter in Tandems oder in Trios folgende Fragen beantworten: »Wie können wir alle von einem erfolgreichen Projektabschluss profitieren?« oder »Was können und wollen wir zum Projekterfolg beitragen?« oder »Was hindert uns daran, uns voll auf das Projekt einzulassen?« Lassen Sie die Ergebnisse kurz präsentieren und diskutieren Sie sie.
- Machen Sie jedem Projektmitarbeiter ein kleines Begrüßungsgeschenk. Das kann ein (nicht allzu billiger) Firmenkugelschreiber, eine Anstecknadel mit Firmenlogo sein oder (bei größeren Projekten) ein T-Shirt mit dem Aufdruck »Projekt xy – ich bin auch dabei«.

Sicherlich gibt es noch unzählige andere witzige oder sympathische Ideen, wie Sie Ihre Projektmitarbeiter positiv überraschen können. Es muss nicht teuer sein, sondern eher den Charakter einer Anerkennungsgeste haben. Überraschen Sie sie positiv. Sie wissen ja: »Kleine Geschenke erhalten (fördern) die Freundschaft.« Es kostet so wenig und bringt so viel.

Sollte Ihr Projekt jedoch einen größeren Umfang einnehmen, sagen wir mal, eine Projektdauer von mehr als sechs Monaten aufweisen, dann bietet sich ein Auftakt-Workshop an. Scheuen Sie nicht den Mehraufwand. Er wird sich im Verlaufe des Projekts mehr als nur amortisieren.

7.2.2 Der Auftaktworkshop (Kick-off)

Für den Auftaktworkshop sollten Sie eineinhalb bis zwei Tage einplanen. Je nachdem, welchen Umfang Ihr Projekt aufweist und welches Budget Ihnen dafür zur Verfügung steht, sollten Sie eine oder zwei Übernachtungen an einem angemessenen Veranstaltungsort vorsehen. Von einer längeren Workshopdauer mit mehr Übernachtungen raten wir eher ab, um die Projektmitarbeiter nicht gleich von Anfang an zu »erschrecken«. Wie gesagt, einen Workshop mit diesem Aufwand durchzuführen, ist erst ab einem bestimmten Projektumfang sinnvoll. Welche Location angemessen ist, hängt natürlich auch von den Teilnehmern und den Gepflogenheiten in Ihrem Unternehmen ab. Ein komfortables 5-Sterne-Hotel mit Seeblick kann genauso angemessen sein wie ein umgebautes Kloster mit Mehrbettunterbringung oder eine Berghütte mit Stockbetten und Matratzenlager. Das hängt auch ein wenig davon ab, wie gut sich die Projektmitglieder kennen und was zu Ihrer Unternehmenskultur besser passt. Achten Sie nur darauf, dass Sie einen ausreichend großen, hellen und freundlichen Seminarraum zur Verfügung haben.

Nun stellt sich die Frage: »Was machen Sie zwei Tage lang mit Ihrem Projektteam?« Bevor wir uns der Beantwortung dieser Frage zuwenden, werfen wir einen Blick auf die Zielsetzungen des Auftaktworkshops.

1) Die *Projektmitarbeiter* dort *abholen*, wo sie stehen: Gehen Sie davon aus, dass Ihre Projektmitarbeiter noch nichts über das Projekt wissen. Also geht es darum, ihnen den Projektauftrag, die Projektziele und die ganzen Projekthintergründe zu erklären. Dazu gehören auch Informationen über die Projektorganisation sowie die Besetzung des Lenkungsteams. Die Zielsetzung muss also sein, dass die Projektmitarbeiter alles wissen, was für das Projekt von Bedeutung ist. Hierfür eignet sich in hervorragender Weise die Projektskizze, da sie alle wesentlichen Informationen enthält und dennoch genügend Gestaltungsspielräume lässt.
2) Die *Projektmitarbeiter motivieren*: Ihr Team muss richtig Lust auf das Projekt bekommen. Dazu gehört, dass sie die Bedeutung des Projekts für das Unternehmen erkennen. Wenn sie sagen: »Ich bin stolz, bei diesem Projekt dabei sein zu dürfen«, dann haben Sie dieses Ziel erreicht. Zur Motivation trägt sicherlich auch bei, wenn sie merken, dass die Mitarbeit im Projekt auch zu ihrer fachlichen und persönlichen Entwicklung beiträgt, dass es ihren »Blick über den Tellerrand« fördert. Last but not least wird auch die Stimmung im Projektteam einen wesentlichen Beitrag zur Motivation leisten – oder auch nicht.

> **Regeln der Zusammenarbeit für unser Projektteam**
>
> 1) Projekte sichern Zukunft und stellen deshalb eine Verpflichtung dar.
> 2) Teammitglieder stehen hinter dem Projektziel oder sind nicht Mitglied des Projektteams.
> 3) Wenn wir mit etwas unzufrieden sind, sprechen wir es zeitnah an.
> 4) Besprechungstermine und Aufgaben werden vereinbart und eingehalten.
> 5) Bei Abweichung erfolgt selbstverständlich eine Rückmeldung.
> 6) Besprechungen haben einen Leiter, eine Tagesordnung, einen Zeitplan und ein Protokoll.
> 7) Besprechungen werden vorbereitet und Unterlagen sind vorher zugänglich.
> 8) Organisatorische Aufgaben werden im Projektteam gleichmäßig verteilt.
> 9) Bei Projektbesprechungen keine Telefone.
> 10) Entscheidungen werden grundsätzlich im Konsens getroffen. Gelingt dies nicht, gelten demokratische Spielregeln.
> 11) Änderungen im Plan werden gemeinsam besprochen.

Abb. 20: Ein Beispiel für selbst erarbeitete Regeln im Projektteam

3) Die *Form der Zusammenarbeit* festlegen: Jedes Teammitglied hat bestimmte Erwartungen bezüglich der Zusammenarbeit im Projektteam. Klären Sie vor Projektbeginn, wie diese für alle verbindlich aussehen soll. Damit beugen Sie möglichen Konflikten vor. Allein die Diskussion über Erwartungen und Vorstellungen wird die Mitarbeiter dafür sensibilisieren, wie sie sich zu verhalten haben. Vereinbaren Sie die Regeln förmlich, das erhöht die Verbindlichkeit zusätzlich. Die Abbildung 20 zeigt ein Beispiel für Teamregeln, wie sie bei einem unserer Kunden im Rahmen einer Auftaktbesprechung erarbeitet wurden.

4) Einen *Impuls zur Teamentwicklung* setzen: Allein die Durchführung des Auftakt-Workshops sowie die abendlichen Gespräche an der Bar, am Lagerfeuer oder in der Sauna werden zu einem besseren gegenseitigen Kennenlernen beitragen. Doch überlassen Sie nichts dem Zufall. Fördern Sie den Teamgedanken durch herausfordernde Teamaufgaben, durch Teamspiele oder durch ein Team-Event. Für diesen Zweck eignen

sich verschiedene Outdoor-Teamaufgaben, die (manchmal auch etwas schmerzhaft) aufzeigen, worauf es bei einer erfolgreichen Teamarbeit ankommt. Dabei ist es wichtig, dass die Übungen im Nachgang reflektiert werden. Die in den Teamübungen gemachten Erfahrungen können anschließend gleich in die Erarbeitung der Teamregeln einfließen. (»Was nehmen wir aus den gemachten Erfahrungen für unsere Arbeit im Projektteam mit?«)

5) Den *ersten Projektschritt* gemeinsam gehen: Nehmen Sie den Schwung aus dem Auftakt-Workshop mit. Nehmen Sie sich einen halben Tag oder auch mehr Zeit für die Erarbeitung des Projektplans. Erstellen Sie gemeinsam im Team die Meilensteinplanung, erarbeiten Sie eine grobe Projektstruktur, legen Sie Arbeitspakete fest und verteilen Sie sie im Projektteam. Detaillieren Sie die Projektplanung so weit wie möglich. Doch Achtung: Lassen Sie in erster Linie Ihre Mitarbeiter arbeiten. Denn wenn die Mitarbeiter den Eindruck bekommen, dass Sie die Lösung bereits im Kopf haben, werden sie sich schnell zurücklehnen und Sie arbeiten lassen. Es empfiehlt sich, die Workshop-Moderation einem erfahrenen Moderator zu übertragen, so dass Sie sich als Projektleiter ganz auf Ihr Team und die inhaltliche Arbeit konzentrieren können. Mit dem mehr oder wenig fertigen Projektplan werden alle mit einem guten Gefühl aus dem Workshop gehen, weil nun jeder weiß, was auf ihn zukommt. Außerdem ist damit schon der erste wichtige Projektschritt getan.

6) Bei projektunerfahrenen Mitarbeitern kann auch noch eine kurze *Projektmanagement-Grundlagenschulung* in den Workshop integriert werden.

Wie könnte nun so ein Workshop-Ablauf konkret aussehen? Das nachfolgende Workshopdesign ist eines unter unzähligen Möglichkeiten, den Workshop zu gestalten. Dieser Designvorschlag soll Ihnen lediglich zum besseren Verständnis und zur Inspiration dienen. Wir haben die Dauer bewusst auf zwei Tage mit zwei Übernachtungen angelegt, da es leichter ist, ein Design auf eineinhalb Tage zu kürzen als umgekehrt. Nach unseren Erfahrungen ist es auch zweckdienlicher, solche Workshops an das Ende der Woche zu legen, weil die Mitarbeiter da positiver gestimmt sind als zu Wochenbeginn. Besonders bewährt hat sich bei zweitägigen Workshops der Zeitraum von Donnerstag- bis Samstagnachmittag. Als Teilnehmer sind der Projektleiter sowie die Projektmitarbeiter eingeladen. Der Auftraggeber und etwaige weitere Projektbetroffene kommen nur temporär dazu, um den Teamentwicklungsprozess im Projektteam nicht zu stören.

1. Tag: Donnerstag

	Arbeitsschritt	Details/Bemerkungen	Dauer
1)	Workshop-Beginn	**Donnerstag um 14:00 Uhr**	
2)	Begrüßung durch den Projektleiter	• Zielsetzungen des Workshops • Erwartungen an die Projektmitarbeiter • Eigene Rolle im Workshop ...	10 Min.
3)	Begrüßung durch Moderator	• Ablauf, Zeiten und Organisatorisches	5 Min.
4)	Warmlaufen	• Teamspiel, das der gegenseitigen persönlichen Vorstellung dient. (Wie gut kennen wir uns eigentlich?)	45 Min.
5)	Erwartungen der Teilnehmer an den Workshop	Gruppenarbeiten an folgenden Fragestellungen: • Welche Erwartungen haben wir an den Workshop? • Welche Spielregeln brauchen wir? • Was können wir selbst dazu beitragen, damit es gut wird? Anschl. Präsentation der Ergebnisse und Verabschiedung der Workshop-Spielregeln	45 Min.
		Pause bis 16:15 Uhr	
6)	Outdoor-Team-übungen	• Hier eigenen sich Übungen, die einen gewissen Projektcharakter haben, wo also die Aspekte »Auftrag, Planung und Durchführung« beinhaltet sind. Bsp.: Brückenbau-Übung, Turmbau zu Babel usw.	150 Min.
7)	Reflexion der Teamübungen	• Welche Verhaltensweisen haben zum Teamerfolg beigetragen, welche haben ihn behindert? • Wer hat welche Rolle eingenommen? • Gab es eine gemeinsame Planung? • In welchem Verhältnis standen Planung und Ausführung zueinander? ...	45 Min.
8)	Abendessen im Freien (Grillen, Gulaschkanone ...), gemütlicher Ausklang		

2. Tag, Freitag:

Arbeitsschritt	Details/Bemerkungen	Dauer
1) Frühsport	• Joggen, Walken, Gymnastik, Schwimmen • Anschl. Gemeinsames Frühstück	
2) Warmlaufen 2. Tag Bei Bedarf: Grundlagen des Projektmanagements	• Rückblick auf den gestrigen Tag • Begrüßung des Auftraggebers (bzw. der Gäste) • Entweder durch den Projektleiter oder den Moderator • Wie ist das Projektmanagement in unserem Unternehmen gestaltet?	10 Min. 45 Min.
3) Vorstellung Projektauftrag und Projektziele durch den Auftraggeber (bei Bedarf zusätzlich auch durch den Linienvorgesetzten des primär betroffenen Bereichs) mittels Projektskizze und anderer Unterlagen	• Welche Überlegungen führten zum Projekt? • Was soll mit dem Projekt erreicht werden? • Was soll die Projektgruppe konkret leisten? • Welche Erwartungen hat der Auftraggeber an das Projektteam? • Wie sieht die Projektorganisation aus? • Wer ist Mitglied im Lenkungsteam? • Welche Unterstützung kann die Projektgruppe vom Auftraggeber erwarten? ...	45 Min.
4) In Trios bzw. Kleingruppen: Auseinandersetzung mit dem Input des Auftraggebers	• Was gefällt uns daran? • Wo sehen wir Risiken? • Welche Fragen sind noch offen?	20 Min.
5) Vorstellung der Ergebnisse der Gruppen	• Gruppen stellen ihre Ergebnisse vor • Stellungnahme Auftraggeber • Beantwortung der Fragen	30 Min.
	Mittagspause bis 14:00 Uhr	
6) **Erarbeitung des Projektplans**	• **Meilensteinplanung** • **Ressourcenplanung** • **Arbeitspakete bilden und verteilen** • **Projektbesprechungen terminieren** • ... Dieser Arbeitsschritt sollte methodisch gut vorbereitet sein und strukturiert angegangen werden.	240 Min.
9)	Abendessen	
10) Kooperationsspiel (mit viel Spaß!!)	• Botschaft des Kooperationsspiels ist: Nur gemeinsam kommen wir zum Erfolg. • Anschließend gemütlicher Ausklang	

3. Tag, Samstag:

Arbeitsschritt	Details/Bemerkungen	Dauer
1) Reflexion Kooperationsspiel	Was hat das mit uns zu tun?	30 Min.
2) Erarbeiten der Teamregeln (entweder in Kleingruppen oder im Plenum)	• Welche Regeln brauchen wir, um erfolgreich zusammenzuarbeiten? • Verabschiedung der Regeln	60 Min.
3) Gegenseitiges Feedback	Bei diesem Arbeitsschritt geben sich die Projektmitglieder ein persönliches Feedback, wie sie sich im Workshop erlebt haben. Diese Feedback-Übung schafft zusätzliche Nähe und Vertrautheit.	45 Min.
4) Abschlussbewertung	• Wie zufrieden sind wir mit den Workshopergebnissen? • Was war gut/was hätte besser laufen können?	30 Min.
	Gemeinsames Mittagessen und Workshop-Ende	

Gestalten Sie den Workshop in dieser oder ähnlicher Weise, und Sie werden nicht verhindern können, dass Ihre Projektmitarbeiter begeistert sind. Wir haben ganz bewusst auch einige emotionale Elemente eingebaut. Nur wenn Sie die Projektmitarbeiter emotional erreichen, werden sie sich auch ganz mit dem Projekt identifizieren.

7.3 Die Projektplanung

Obwohl Planung das Kernelement der Projektarbeit (Projekt bedeutet Plan beziehungsweise Vorhaben) darstellt, wird sie gerade von unerfahrenen Projektleitern gerne stiefmütterlich behandelt. Man scheut den Aufwand, weil man ohnehin keine Zeit hat, oder man hat den Plan vermeintlich im Kopf, oder man wurschtelt ganz einfach los. Manche Projektleiter versuchen dieses Verhalten noch dadurch zu legitimieren, indem sie sagen: »Wozu soll ich denn einen Plan machen? Es kommt sowieso immer ganz anders.« Tja, irgendwie haben sie da schon Recht. Planung bedeutet ja schließlich, den Zufall durch den Irrtum zu ersetzen. Aber wenn man nicht alles dem Zufall überlassen möchte, dann kommt man um eine gute Planung nicht herum. Sie können sich ja auch die Frage stellen: »Wozu hat die Deutsche Bahn überhaupt Fahrpläne, wenn doch eh alle Züge zu spät kommen?« (Natürlich ist das nicht so.) Aber wenn man einmal auf der Fahrt von Meckenbeuren nach Berlin erlebt hat, dass jeder Zug zu spät kam, dann gewinnt man subjektiv den Eindruck, dass dies auf alle Züge zutrifft. Wenn es keine Fahrpläne gäbe, wüsste man gar nicht, dass sie zu spät kommen, und dann bräuchte man keine Anstrengungen zu unternehmen, um diesen Missstand zu beseitigen. Die wichtigsten Bestandteile der Projektplanung sind die Ablauf- und Terminplanung, die Meilensteinplanung sowie die Ressourcen- und Kostenplanung.

7.3.1 Die Ablauf- und Terminplanung

Ein wesentliches Kriterium für erfolgreiche Projekte ist die Termintreue. Dies kommt vor allem bei den Projekten zum Ausdruck, bei denen empfindliche Konventionalstrafen vertraglich vereinbart werden. Bei Mega-Projekten kann so jeder Tag Terminverzögerung mehrere hunderttausend Euro kosten. Nicht nur deshalb wird man bei Projekten dieser Größenordnung garantiert kein einziges Projekt finden, das ohne einen Projektplan auskommt. Ohne Projektplan wäre die Abwicklung bei großen Projekten schlichtweg undenkbar. Auch wenn bei kleineren beziehungsweise unternehmensinternen Projekten keine Konventionalstrafen drohen, so ist auch hier eine Planung unverzichtbar. Bei der Ablauf- und Terminplanung – üblicherweise als Projektplan bezeichnet – besteht die Aufgabe des Projektteams darin, festzulegen, welche Aufgaben in welcher zeitlichen Reihenfolge abzuarbeiten sind. Es wird festgelegt, welche Aufgaben wann beginnen, bis wann sie beendet sein sollen und wer für welche Aufgaben zuständig ist. Bei der Erstellung der Ablauf- und Terminplanung ist die Vorwärtsrechnungs-Rückwärtsrechnungs-Methode sehr hilfreich.

Vorwärtsrechnungs-Rückwärtsrechnungs-Methode
Bei dieser Methode beginnt man zunächst mit der *Vorwärtsrechnung*. Das bedeutet, man plant die Aufgaben und Termine vom heutigen Zeitpunkt aus in die Zukunft. Dazu muss man wissen, wie viel Zeit die Erledigung der einzelnen Aufgaben in Anspruch nimmt (Dauer der Vorgänge), welche Aufgaben zeitgleich, also parallel angegangen werden können und wann der jeweils früheste und späteste Startzeitpunkt für einen Vorgang ist. Hat man alle Aufgaben über die Vorwärtsrechnung eingeplant, wird man in der Regel feststellen, dass damit der Projektendtermin nicht erreicht werden kann. Dann fängt man mit der *Rückwärtsrechnung* an, indem man sich, ausgehend

vom Projektendtermin die Frage stellt: Bis wann muss die vorangehende Aufgabe abgeschlossen sein, damit die Folgeaufgabe rechtzeitig angegangen werden kann. Es kann durchaus sein, dass man diese Prozedur mehrmals durchlaufen muss, um zu dem Projektplan zu gelangen, der die Einhaltung des Projektendtermins sicherstellt. Bei sehr anspruchsvoll gesetzten Projektterminen wird man alle Möglichkeiten ausschöpfen müssen, um den Termin halten zu können. Umso wichtiger ist es, von Anfang an schon darauf zu achten, welche Aufgaben parallel angegangen werden können. Nachdem der Zeitplan steht, wird ersichtlich, welche Aufgaben und Vorgänge besonders zeitkritisch sind und wie der »kritische Pfad« verläuft. Diesen muss (!) der Projektleiter besonders im Auge behalten, weil sich entlang des kritischen Pfades jede Terminverzögerung direkt auf den Endtermin auswirkt.

Auf die verschiedenen Verfahren, wie Netzplantechniken (CPM, PERT, MPM) oder Planungstools wie zum Beispiel MS-Project möchten wir an dieser Stelle gar nicht weiter eingehen. Sie sollten sich für die Verfahren und Tools entscheiden, die der Größe des Projekts angemessen sind und die Ihnen auch liegen. Gerade bei kleineren Projekten reicht ein »selbstgestricktes« Excel-Blatt aus, um die wesentlichen Planungsinhalte festzuhalten. Manchmal tut es auch eine Pinnwand. Professionelle Planungstools wie zum Beispiel MS-Project machen wirklich erst ab einer bestimmten Projektgröße und Komplexität Sinn. Der Pflegeaufwand ist nicht zu unterschätzen. Um es abzukürzen: Egal, wie Sie es machen, ohne einen Projektplan geht es nicht. Eine nützliche und verständliche Art des Projektplans ist nach unseren Erfahrungen der Balkenplan. (Siehe Abbildung 21). Ganz gleich, welche Art von Plan man wählt, entscheidend ist, dass man den Plan schriftlich fixiert. Nur niedergeschriebene Pläne sind wirklich Pläne!

Ohne einen schriftlich fixierten Plan wird der Projektleiter seine Projekttermine nie einhalten können. Nur der ständige Abgleich zwischen dem Projektplan und dem jeweiligen Projektstand kann zeigen, ob das Projekt auf der richtigen Spur ist oder ob gegengesteuert werden muss. Ohne Planung kann man nicht gegensteuern. Nur wenn das Projekt von A bis Z durchgeplant und mit Terminen versehen ist, bekommt man einen rechtzeitigen Hinweis darauf, ob die Termine gehalten werden können oder ob eine Terminüberschreitung droht. Ohne Planung keine Frühwarnung und ohne Frühwarnung keine Gegensteuerung. Man kann nur das beeinflussen, was noch nicht geschehen ist.[4] Auch der übliche Stress zum Projektende kann nur durch eine gute Planung vermieden werden.

Während des Projektverlaufs werden immer wieder Änderungen, Anpassungen oder Ergänzungen vom Projektteam verlangt. Ohne einen sauberen Projektplan ist keine fundierte Aussage darüber möglich, wie sich diese Än-

Projekt: Prozessoptimierung Dienstleistungsbereiche			Projektleiter: Herr Huber				Stand: 15.12.06			
Vorgang/Arbeitsschritt	KW1	KW2	KW3	KW4	KW5	KW6	KW7	...	KWn	Verantwortl.
Konzeptionelle Vorbereitung	▬									Projektteam
Information der Führungskräfte		▬								Herr Huber
Information der Mitarbeiter		▬								Herr Mayer
Erfassung der Kernprozesse Im Bereich IT			▬							Herr Müller
Beschreibung der Kernprozesse im Bereich IT				▬						Herr Müller
Erfassung der Kernprozesse im Bereich Personal					▬					Herr Mayer
...										
Abschlusspräsentation im Lenkungsteam									15.9.07	Herr Huber

Abb. 21: Beispiel für einen Balkenplan

derungen auf den Projektendtermin auswirken. Mit dem Projektplan ist der Projektleiter in der Lage, dem Lenkungsteam die Auswirkungen detailliert und nachvollziehbar darzustellen. Damit kann er das Lenkungsteam vor die Entscheidung stellen, entweder auf die gewünschten Änderungen zu verzichten, einen späteren Projektendtermin zu akzeptieren oder zusätzliche Ressourcen freizugeben, um die Änderungen doch noch termingerecht im Projekt zu realisieren.

7.3.2 Die Meilensteinplanung

Nachdem der Ablauf- und Terminplan vorliegt, ist es verhältnismäßig einfach, die Meilensteine zu planen. Die Meilensteinplanung entstammt dem Phasenmodell. Eine Phase ist ein abgeschlossener Arbeitsschritt, der mit einem Meilenstein endet. Meilensteine sind wichtige Ereignisse mit nachprüfbaren Zwischenergebnissen. Sie sind sozusagen die Mess- oder Haltepunkte, an denen der Projektstand festgestellt wird. Wie viele Meilensteine gesetzt werden sollen, hängt einerseits vom Projektumfang und andererseits davon ab, wie stark der Auftraggeber und das Lenkungsteam in das Projekt eingebunden werden möchten. Wichtige Meilensteine im Projekt sind in der Regel:

- wenn ein Teilprojekt abgeschlossen wurde,
- nach Abschluss einer Projektphase (Konzeptions-, Planungsphase ...),

- bei wichtigen Abnahme-, Kunden- oder Auftraggeberterminen,
- generell immer dann, wenn eine wichtige Teilaufgabe abgeschlossen wurde (siehe Abbildung 22, zum Beispiel »Alle Kernprozesse im IT-Bereich sind erfasst«).

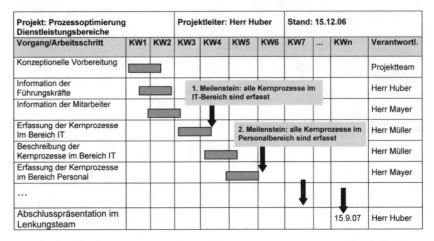

Abb. 22: Der Meilensteinplan

Gerade bei großen Projekten haben Meilensteine eine wichtige Motivationsfunktion. Wenn das Ziel noch in (zu) weiter Ferne liegt, dann können Meilensteine überschaubare Teilziele darstellen. Zu jedem Meilenstein erfolgt ein Meilensteinbericht an das Lenkungsteam. Auch diese Maßnahme erhöht den Umsetzungsdruck und trägt zur Verbindlichkeit im Projekt bei. (Sie glauben gar nicht, wie sich die Arbeitsintensität in der Projektgruppe vor solchen Meilensteinreports steigert.) Es empfiehlt sich, die Berichterstattung so weit wie möglich zu standardisieren. Abbildung 23 zeigt welche Rückmeldungen der Projektleiter an das Lenkungsteam im Meilensteinbericht geben sollte.[5]

Der Meilensteinbericht kann natürlich auch schriftlich an die Lenkungsteammitglieder verschickt werden. Wir empfehlen aber, ihn im Lenkungsteam persönlich zu präsentieren. Damit hat der Projektleiter die Möglichkeit, auf etwaige Fragen direkt eingehen zu können. Außerdem kann man nicht immer davon ausgehen, dass der Bericht auch von allen gelesen wird. Natürlich bedeuten Meilensteinbereichte immer eine Menge Arbeit für das Projektteam. Bei längeren Phasen und dementsprechend wenigen Meilensteinen reduziert sich die Anzahl der Meilensteinberichte und damit die Einbindungsintensität. Regelmäßige Meilensteinberichte stellen sicher, dass

Meilensteinbericht

Projekt: _____
Meilenstein: _____
Datum: _____

- Welches Meilensteinergebnis war geplant und was haben wir erreicht?
- Welche Kosten waren hierfür eingeplant und welche sind tatsächlich entstanden?
- Wird der Projektendtermin eingehalten bzw. wann wird das Projekt abgeschlossen sein?
- Wird die Kostenplanung eingehalten bzw. um welchen Umfang wird sie verfehlt?
- Welche Probleme gab es seit dem letzten Statusbericht?
- Welche Besonderheiten sind noch wichtig?
- Wie geht es weiter? Was ist der nächste Meilenstein?
- Wann erfolgt der nächste Meilensteinbericht?

Abb. 23: Der Meilensteinbericht

Zielabweichungen rechtzeitig erkannt und Kurskorrekturen vorgenommen werden können. Damit wird vermieden, dass es am Projektende ein böses Erwachen gibt und man feststellen muss, dass das Projektteam die Ziele oder gar komplett das Thema verfehlt hat. Richtig gesetzte Meilensteine sind für das Projektteam wie Leitplanken, die verhindern, dass man vom Weg abkommt.

7.3.3 Die Ressourcen- und Kostenplanung

Grundsätzlich sollte es so sein, dass der Aufwand und der Ressourcenbedarf von Anfang an transparent gemacht werden. Schließlich ist die Wirtschaftlichkeit ein, wenn nicht gar *das* Entscheidungskriterium für die Projektfreigabe. Andererseits tun sich Projektleiter gerade mit der Kostenplanung äußerst schwer. Zumal hier kaum verlässliche Planungsmethoden vorhanden sind. Eine wichtige Grundlage für die Ressourcen- und Kostenplanung bildet der Projektplan. Aus ihm lassen sich für die einzelnen

Arbeitsschritte – wenn auch nur schätzungsweise – die Kosten ableiten, um somit eine Gesamtaussage über die Projektkosten treffen zu können. Im Einzelnen können das zum Beispiel folgende Kosten sein:

- interne Personalkosten (Personalaufwand in Manntagen multipliziert mit den jeweiligen internen Verrechnungssätzen);
- Kosten für externe Berater;
- Kosten für externe Veranstaltungen, wie zum Beispiel Auftaktveranstaltung, Messebesuche, Weiterbildungsmaßnahmen;
- Kosten für Expertisen;
- Maschinenstundensätze, zum Beispiel für Versuchs- oder Prototypenfertigungen;
- Werkzeug- und Materialkosten;
- Fahrtkosten, Spesen;
- Kosten für Prospekte, Werbe- und Infomaterialien, Werbeclips, Give-aways ...;
- Verwaltungskosten ...

Natürlich lässt sich das nur schätzungsweise ermitteln. Man kann zudem davon ausgehen, dass immer auch noch unvorhergesehene Kosten auftreten. Hierfür sollte man auf jeden Fall einen gewissen Kostenanteil in der Größenordnung zwischen fünf und zehn Prozent einplanen. Auch wenn es nicht ganz einfach ist, sollte die Planung der Projektkosten sehr gewissenhaft betrieben werden, denn die »Projektkosten sind nur in der Planungsphase maßgeblich beeinflussbar«.[6] Wenn das Projekt in die Umsetzungsphase kommt, ist die Beeinflussbarkeit der Kosten nur noch sehr gering. Ein Beispiel, das diesen Sachverhalt verdeutlichen mag, ist die Tatsache, dass beispielsweise rund 90 Prozent der Produktionskosten in der Automobilherstellung bereits in der Entwicklungsphase determiniert werden. Die Möglichkeiten zur Kostenreduzierung während der Produktionsphase beschränken sich damit auf maximal zehn Prozent der gesamten Herstellungskosten.

7.4 Die regelmäßige Kommunikation mit dem Lenkungsteam

Der Kommunikation zwischen Projektleitung und dem Lenkungsteam kommt eine absolut erfolgsentscheidende Bedeutung zu. Wer als Projektleiter erfolgreich sein will, der wird immer auf einen »heißen Draht« zum Lenkungsteam achten müssen. Wie im Übrigen auch jeder andere Auftragnehmer, der gut mit seinem Auftraggeber kooperieren möchte. Der Leitsatz: »Gehe nur zu deinem Fürst, wenn du gerufen wirst!«, ist im Zusammenhang mit Projektmanagement ganz sicher nicht Erfolg versprechend. Die Mitglieder des Lenkungsteams können und werden ihrer Kommunikationsaufgabe in Richtung Linie nur dann nachkommen können, wenn sie ausreichend über das Projekt informiert sind. Nur dann können und werden sie auch dahinterstehen und die Interessen des Projekts mit Überzeugung vertreten. Ein weitsichtiger Projektleiter wird in allen Projektphasen auf eine intensive Kommunikation mit dem Lenkungsteam achten. Ein intensiver Kommunikationsprozess ist die beste Versicherung gegen böse Überraschungen zum Projektabschluss.

Den Schwerpunkt des Kommunikationsprozesses zwischen Projektteam und Lenkungsteam bilden naturgemäß die Meilensteinberichte. Wird diese Pflichtaufgabe vernachlässigt, so zieht deren Versäumnis regelmäßig die gleichen Folgen nach sich, die oft zu spät bemerkt werden:

- Die Unterstützung für das Projekt von oben lässt nach.
- Die Aufmerksamkeit des Managements wird auf andere Projekte gelenkt, die inzwischen wichtiger erscheinen.
- Es wird stillschweigend unterstellt, dass es mit dem Projekt nicht planmäßig vorwärts geht.
- Die Arbeit des Projektteams wird unterschätzt.
- Das Image des Projektteams und des Projektleiters wird beschädigt.

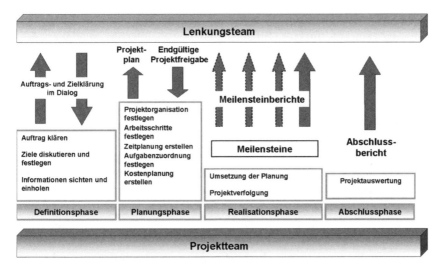

Abb. 24: Kommunikation zwischen Projektteam und Lenkungsteam

Darüber hinaus ist jeder Projektleiter gut beraten, auch zwischen den Meilensteinen den Kontakt zum Lenkungsteam zu pflegen. Es gilt der Grundsatz: Wer gut informiert ist, *kann* zwar immer noch die falschen Schlüsse ziehen. Wer aber schlecht informiert ist, wird im Zweifel immer Schlüsse ziehen, die für das Projekt und damit auch für den Projektleiter und das Projektteam nachteilig sind.

Wenn wir diese Zeilen schreiben, hören wir schon die Stimmen, die sagen: »So kommen wir ja vor lauter Kommunizieren und Informieren nicht mehr zur Arbeit am Projekt!« Gegenrede: »Es ist richtig, dass Information immer Zeit kostet. Es kostet aber noch mehr Zeit, Geld und Image, wenn sie nicht stattfindet.« Wie immer kommt es auch hier auf das richtige Maß an. Das Thema verdient Aufmerksamkeit und ist einer, aber nicht der einzige, der Erfolgsfaktoren für Projekte. Es ist eine Anforderung, die an Projektleiter und Projektteams gestellt wird, der man sich nicht entziehen kann. Die Mitarbeit in einem Projekt kann auch nur dann eine positive Auswirkung auf die weitere berufliche Entwicklung haben, wenn die Leistung, die eingebracht wird, auch sichtbar gemacht wird. An dieser Stelle auf den Spruch »Tue Gutes und rede darüber!« zu verweisen, klingt schon fast zu banal, ist deswegen aber nicht falsch.

7.5 Der richtige Projektabschluss — aus den Erfahrungen lernen

Unter einem »richtigen« Projektabschluss verstehen wir zwei Dinge: erstens, das Projekt formal und für alle Beteiligten sichtbar abzuschließen, und zweitens, die Projektarbeit und die dabei gemachten Erfahrungen gezielt zu reflektieren, um daraus für die künftigen Projekte zu lernen.

7.5.1 Der formale Projektabschluss

Unter einem formalen Projektabschluss verstehen wir ein Projektende, das allen Beteiligten deutlich macht, dass das Projekt nun definitiv abgeschlossen ist. Ein formales Projektende sollte bei größeren Projekten durch folgende sichtbare Zeichen demonstriert werden:

1) **Abschlusspräsentation im Lenkungsteam:** In der Abschlusspräsentation stellt der Projektleiter das abschließende Projektergebnis vor und händigt die vollständige Projektdokumentation aus. Entspricht das Ergebnis

den Erwartungen des Auftraggebers und des Lenkungsteams, so wird das Projekt offiziell als beendet erklärt, der ausdrückliche Dank an Projektleiter und Projektgruppe ausgesprochen und der Projektleiter entlastet.

2) **Abschlussprojektsitzung:** Der Projektleiter informiert die Projektgruppe über das Ergebnis der Abschlusspräsentation im Lenkungsteam und bedankt sich bei der Projektgruppe für die (hoffentlich) engagierte Mitarbeit. Man kann die Wirkung bei den Projektmitarbeitern noch erhöhen, indem der Auftraggeber sich persönlich bei den Projektmitarbeitern bedankt.

3) **Information über Projektergebnis und Projektende:** Die Mitarbeiter im Unternehmen werden über das Projektergebnis und die Beendigung des Projekts informiert. Dies kann im Rahmen der Regelkommunikation oder mittels eines Artikels in der Mitarbeiterzeitung erfolgen.

4) **Aushändigung einer Projekturkunde:** Auch wenn der persönliche Dank des Auftraggebers bei Projektleiter und Projektmitarbeitern im Vordergrund steht, darf man die Wirkung einer solchen Projekturkunde nicht unterschätzen. So eine förmliche Anerkennung kann manchmal wahre (Motivations-)Wunder vollbringen. Die Wirkung des Prinzips der Schriftlichkeit greift auch hier.

5) **Projektfeier:** Über den sachlichen Teil des Projektabschlusses hinaus gibt es natürlich auch einen emotionalen Teil. Die Würdigung der Leistung des Projektteams, das viel Zeit und Energie investiert hat und das Feiern eines Ergebnisses gehören mit dazu. Ob man es Projektparty oder anders nennt, egal: Das Ende angemessen zu begehen, ist wichtig. Abhängig vom Umfang des Projekts und den Gepflogenheiten im Unternehmen ergibt sich naturgemäß ein weites Feld an Möglichkeiten: vom gemeinsamen Essen über ein Musik-Event, einen gemeinsamen Ausflug, Kartfahren, Ballonfahren, Bungeejumping etcetera. Alles ist erlaubt, was geeignet ist, den Abschluss eines Projektes angemessen zu würdigen. Manchmal ist das vielleicht auch nur eine Currywurst mit Pommes, aber auch die hat ja inzwischen eine erhebliche Aufwertung erfahren.

Es gibt mehrere gute Gründe, die dafür sprechen, Projekte nicht nur richtig zu beginnen, sondern auch richtig zu beenden:

1) Das Projektteam wird formal entlastet. Die Aufgabe ist abgeschlossen, und damit kann sich das Projektteam anderen Projekten oder seinen Linienaufgaben widmen.

2) Der Abschluss des Projekts wird auch für andere sichtbar und ist gleichzeitig ein wichtiger Informationsschritt in der Organisation für diejenigen, die nicht an dem Projekt mitgearbeitet haben, aber trotzdem von dem Projekt betroffen sind.
3) Ein sauberer Projektabschluss verhindert, dass sich im Laufe der Jahre immer mehr Projektleichen im Keller ansammeln. Der Berg der Projekte wird nicht immer größer, sondern es ist erkennbar, dass sich die Organisation/das Unternehmen wieder anderen Aufgaben widmen kann und auch Ressourcen dafür hat.
4) Mit jedem Projekterfolgserlebnis gewinnt eine Organisation/ein Unternehmen das Bewusstsein dafür, was sie zu leisten in der Lage ist. Ein wichtiger Aspekt, der auch hilft, die Leistungsfähigkeit für die Zukunft einzuschätzen, also eine Antwort auf die Frage zu bekommen: »Was können wir stemmen?«

7.5.2 Die Projektevaluation

Jedes Projekt ist ein Lernfeld. Diese Erkenntnis resultiert logisch aus der Erkenntnis, dass Projekte nur dann Projekte sind, wenn sie in gewisser Weise den Charakter der Einmaligkeit haben. Wie immer, wenn man etwas zum ersten Mal macht, macht man dabei auch Fehler. Aus diesen Fehlern zu lernen, ist die Aufgabe der Manöverkritik. Gleichzeitig schafft die Manöverkritik aber auch ein Forum, um Erfolge gemeinsam sichtbar zu machen und auch zu genießen – Erfolge geben Rückenwind und Energie für die nächsten Herausforderungen. Projekte werden beendet, ohne dass dem Aspekt der Erfahrungssicherung die notwendige Aufmerksamkeit gewidmet wird. Die in Projekten gesammelten Erfahrungen fließen heute noch zu wenig ins Unternehmen zurück. Eine systematische Evaluation nach Projektende, initiiert durch den Projektmanagement-Verantwortlichen (siehe Kapitel 9), kann dieses Versäumnis mit vertretbarem Aufwand beheben. Damit kann ein Lerneffekt für das gesamte Unternehmen erzielt und ein weiterer Schritt in Richtung Lernende Organisation gemacht werden.

Folgende Leitfragen sind für die Manöverkritik hilfreich:

- Wenn wir uns die ursprüngliche Aufgabenstellung anschauen: Was haben wir erreicht?
- Was würden wir wieder genauso machen?
- Was würden wir beim nächsten Mal besser machen?

- Was haben wir (jeder Einzelne) persönlich aus dem Projekt mitgenommen?
- Was hat im Projektumfeld zum Projekterfolg beigetragen?
- Was hat im Projektumfeld das Projekt behindert?
- Welche Empfehlungen lassen sich daraus für künftige Projekte ableiten?

Wichtig ist es, diese Erkenntnisse gut zu dokumentieren und im Management-Team zu diskutieren, um daraus Verbesserungen im Projektumfeld abzuleiten.

Das Wichtigste in Kürze:

- Effizienzverluste können in jedem einzelnen Projektschritt auftreten.
- Die Auftragsklärung ist gemeinsame Aufgabe von Auftraggeber/Lenkungsteam und Projektleiter.
- Die Projektskizze ist eine einfaches Hilfsmittel zur Auftragsklärung und Grobplanung. Sie enthält alle wesentlichen Projektinformationen.
- Der Projektleitfaden ist der »Projektbegleitschein«. Er hilft den Projektbeteiligten zu jedem Zeitpunkt im Projekt, alle wichtigen Fragen im Blick zu behalten, und unterstützt folgende Aufgaben: Planung, Dokumentation, Kontrolle, Ziel- und Auftragsklärung.
- Bei größeren Projekten mit einer komplexen Aufgabenstellung und vielen Beteiligten bietet sich ein Auftragsklärungs-Workshop an.
- Im Projektstrukturplan sind die Teilprojekte und Arbeitspakete sowie die Verantwortlichkeiten dokumentiert.
- Mit dem Auftakt-Workshop werden folgende Ziele verfolgt: Projektmitarbeiter abholen, Projektmitarbeiter motivieren, die Form der Zusammenarbeit im Projektteam regeln, die Teambildung fördern und erste Projektschritte angehen.
- Der Balkenplan ist eine bewährte Methode der Projektplanung.
- Die Meilensteinplanung ist nicht nur ein Planungs-, sondern auch ein Führungsinstrument für Lenkungsteam und Projektleiter.
- Meilensteinberichte sind ein wesentliches Element der Kommunikation zwischen Projektteam und Lenkungsteam.
- Ein Projekt richtig abzuschließen bedeutet, es formal und für alle Beteiligten sichtbar zu beenden und aus den Projekterfahrungen zu lernen.

8
Erfolgsfaktor Projektleitung
– Führungsverhalten und Instrumente

> »Was mich anbetrifft,
> so zahle ich für die Fähigkeit,
> Menschen richtig zu behandeln,
> mehr als für irgendeine andere
> auf der ganzen Welt.«
>
> *John Davison Rockefeller (1839–1937)*

8.1 Die Erwartungen an den Projektleiter und dessen Verantwortung

Dieses Kapitel richtet sich sowohl an Projektleiter als auch an diejenigen, die Projektleiter suchen, auswählen und einsetzen. Wir werden auf den folgenden Seiten über hohe Erwartungen an Projektleiter nachdenken. Wir tun dies in dem Bewusstsein, dass es wohl nur ganz wenige Menschen und Naturtalente gibt, die all diese Erwartungen aus dem Stand heraus erfüllen. Alle anderen müssen ihre vorhandenen Talente ausbauen und entwickeln. Dafür sind Projekte auch ideale Lernfelder. Wir möchten Sie gerne dafür gewinnen, bewusst auf diese hohen Erwartungen zu achten, immer wieder in den Spiegel zu schauen, aus Ihren Fehlern zu lernen und damit Ihre Talente weiterzuentwickeln. Clever sind übrigens diejenigen, die sich für diesen Entwicklungsprozess einen Mentor oder Coach suchen, der ihnen immer wieder Feedback gibt und Anregungen beisteuern kann.

Diejenigen, die Projektleiter suchen, auswählen und einsetzen, möchten wir ermuntern, auf die nachfolgenden Anforderungsmerkmale an Projektleiter zu achten und gleichzeitig nicht zu vergessen, dass es den idealen Projektleiter wahrscheinlich nicht gibt. Projektarbeit bedeutet in diesem Zusammenhang, Lernfelder bewusst zu öffnen und Lernchancen auch selbst zu nutzen – als Feedbackgeber, Mentor und/oder Coach für den Projektleiter.

Mit der Ernennung zum Projektleiter werden verschiedene, meistens unausgesprochene Erwartungen an den Funktionsinhaber verknüpft. Als »Manager auf Zeit« ist er für die Einhaltung der Termin-, Kosten- und Leistungsziele des Projekts verantwortlich. Seine Aufgabe wird darin gesehen, die Interessen des Projekts gegenüber dem Kunden, der Linie, dem Auftraggeber und dem Lenkungsteam zu vertreten, so dass die vereinbarten beziehungsweise vorgegebenen Leistungsziele zu den festgelegten Terminen mit den budgetierten Kosten eingehalten werden können. Er soll der Treiber, der Pusher des Projekts sein. Wie bei allen anderen Aufgaben ist es auch beim Projekt so: Wenn es keinen gibt, der es »pusht«, der die Planeinhaltung im Auge behält und der sich auch gegen Widerstände dafür einsetzt, dann geht nichts voran. Das Projekt steht und fällt mit dem Projektleiter. Sein Name ist untrennbar mit dem Projekt verknüpft. Nicht selten haben Managerkarrieren ihren Ursprung in einem erfolgreichen Projekt. Während der Auftraggeber derjenige ist, der das Projekt »will«, ist der Projektleiter derjenige, der das Projekt »macht«. Deshalb ist es wichtig, dass er die alleinige Verantwortung für den Projekterfolg trägt und spürt. Denn nur mit diesem (positiven) Druck wird er sich bedingungslos für das Projekt einsetzen. Alle Versuche, die Projektverantwortung auf das gesamte Projektteam zu übertragen, haben sich nicht bewährt[1], denn wenn Verantwortung geteilt wird, dann bedeutet das meist, dass sich niemand so recht verantwortlich fühlt. Wenn etwas schiefläuft, redet sich hinterher jeder damit heraus, er wäre davon ausgegangen, der andere hätte sich darum gekümmert. Deshalb ist auch hier das Grundprinzip einzuhalten: Verantwortung muss eindeutig geregelt sein. Nur dann kann man jemanden auch zur Verantwortung ziehen. Man sollte allerdings unterscheiden: Der Projektleiter trägt die Führungsverantwortung, der Mitarbeiter die Ausführungsverantwortung. Das bedeutet, der Projektleiter hat sicherzustellen, *dass* die entsprechenden Aufgaben im Projekt bearbeitet werden und die Projektmitarbeiter tragen die Verantwortung dafür, *wie* die Aufgaben ausgeführt werden. Wie weit die Verantwortung des Projektleiters reicht, hängt allerdings auch von den Kompetenzen ab, die man ihm zukommen lässt. Hier ist die Forderung der Organisationslehre einzuhalten, dass grundsätzlich Aufgaben, Kompetenzen (im Sinne von Befugnissen) und Verantwortung deckungsgleich sein sollten (AKV-Prinzip). Das AKV-Prinzip fordert, dass mit der Aufgabe die zu ihrer Erfüllung notwendigen Kompetenzen (Befugnisse) und in gleichem Maße die Verantwortung für die Erfüllung zugeordnet werden. Dieses Vorgehen wird auch als »Kongruenzprinzip« bezeichnet (siehe Abbildung 25).

Mit der Übertragung der Verantwortung an den Projektleiter sind auch alle zur Erfüllung der Aufgabe notwendigen Kompetenzen zu regeln:

- Informationskompetenz: Zu welchen Informationen hat der Projektleiter Zugang?
- Mitsprachekompetenz: Bei welchen Themen darf er mitreden beziehungsweise die Projektinteressen einbringen?

Abb. 25: Kongruenz von Aufgabe, Kompetenz und Verantwortung

- Entscheidungskompetenz: Welche Entscheidungen darf er selbst treffen?
- Weisungskompetenz: Welche Anordnungen darf er erteilen?
- Ausführungskompetenz: Auf welche Sach- oder Betriebsmittel darf er eigenverantwortlich zugreifen?
- Kontrollkompetenz: Welche Kontrollen darf er durchführen beziehungsweise durchführen lassen?

Sofern der Projektleiter die entsprechenden Befugnisse übertragen bekommt, trägt er auch persönlich die Verantwortung für die zielorientierte Erfüllung der Aufgabe. So weit die Theorie! In der Praxis sieht das in den allermeisten Fällen ganz anders aus. Hier kann von Kongruenz oftmals keine Rede sein, wenn Aufgabe, Kompetenz und Verantwortung nicht deckungsgleich, sondern eben inkongruent sind (siehe Abbildung 26).

Vor allem bei kleineren Projekten werden dem Projektleiter meist nur sehr wenig Befugnisse eingeräumt. Dennoch wird er für den Projekterfolg beziehungsweise für den Misserfolg verantwortlich gemacht. Deshalb sollte

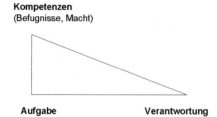

Abb. 26: Inkongruenz von Aufgabe, Kompetenz und Verantwortung

sich der Projektleiter nicht zu sehr auf Formalien berufen, sondern alles Erforderliche dafür tun, um das Projekt voranzutreiben. Ein Beispiel hierzu: Natürlich ist es Aufgabe des Auftraggebers, das Projektziel und den Projektauftrag klar zu formulieren. Aber wenn er dies nicht tut, dann ist es für den Projektleiter ratsam, selbst für Klarheit zu sorgen. Schließlich fragt hinterher keiner mehr danach, warum das Projekt gefloppt ist. Niemand wird dann auf die Idee kommen und die Schuld beim Auftraggeber beziehungsweise bei der fehlenden Zielklarheit suchen, sondern dann liegt es am Projektleiter. Von ihm wird erwartet – auch wenn das niemand so offen anspricht –, dass er die vorhandene Inkongruenz von Aufgabe, Kompetenz und Verantwortung durch eigene Initiative ausgleicht. In der Regel geht das nur über eine entsprechende Rückendeckung durch den Auftraggeber und das Lenkungsteam. In diesem Fall wird die Kompetenzzuweisung durch die Macht des Auftraggebers und des Lenkungsteams ersetzt. Genau deshalb ist ein guter und enger Draht zu beiden eminent wichtig.

8.2 Das richtige Führungs- und Rollenverständnis des Projektleiters

Das richtige Führungs- und Rollenverständnis ist nach unseren Erfahrungen ein wesentlicher, aber häufig unterschätzter Faktor für den Projekterfolg. Denn die Grundhaltung bestimmt in erster Linie das Führungs- und Kommunikationsverhalten. Es gibt verschiedene Faktoren, die die Führungsaufgabe des Projektleiters besonders schwierig machen:

- In Projekten kommen Mitarbeiter aus unterschiedlichen Bereichen mit unterschiedlichen Anschauungen zum Projektthema zusammen, die zum Teil sehr unterschiedliche Führungsstile und Formen der Zusammenarbeit gewöhnt sind. Das hört sich zwar sehr spannend und nach Herausforderung an, es bietet aber auch reichlich Konfliktpotenziale.
- Der Projektleiter hat in den meisten Fällen keine disziplinarische Weisungsbefugnis. Seine Macht beziehungsweise Führungslegitimation bezieht er aus dem Projektauftrag und der Rückendeckung durch den Auftraggeber und das Lenkungsteam. Damit kann und sollte er aber nicht drohen. Also müssen Überzeugung und Motivation an die Stelle der disziplinarischen Weisungsbefugnis treten. Dies setzt eine hohe soziale Kompetenz voraus.

- Die Projektmitarbeiter können in Interessenskonflikte geraten. Einerseits sollen sie die Interessen der Linie und andererseits die des Projektes vertreten. Nicht selten passiert es, dass die Linienvorgesetzten ihre Projektmitarbeiter mit konkreten Vorgaben ins Projekt entsenden, die den Projekterfolg gefährden können. Erkennt der Projektleiter dies nicht oder zu spät, dann kann es zu heftigen Konflikten im Projekt führen. Erkennt er es rechtzeitig, muss er es direkt mit dem Linienvorgesetzten klären. Kommt er damit auch nicht weiter, muss er es im Lenkungsteam thematisieren.
- Projektleiter werden nicht selten aus der Mitarbeiterebene rekrutiert und haben damit keine Führungserfahrung. Umso wichtiger ist es, sie vor Projektbeginn umfassend zu schulen, auf ihre Aufgabe vorzubereiten und ihnen praktikable Führungsinstrumente an die Hand zu geben.

Die Rollen, die dem Projektleiter abverlangt werden, sind vielseitig und erfordern einen veritablen Spagat. Einerseits ist der Projektleiter für die Einhaltung der Termin-, Kosten- und Leistungsziele verantwortlich. Dazu muss er in die Rolle des *Projekttreibers* schlüpfen. Er muss sicherstellen, dass das Projekt vorangeht und dass die Projektinteressen vertreten werden. Andererseits wird von ihm aber auch ein fachlicher Input erwartet. Hier schlüpft er in die Rolle des *Fachexperten*. Eine weitere Rolle, die ihm zukommt, ist die des *Moderators und Koordinators*. Er muss sicherstellen, dass das Wissen und die Fähigkeiten der Projektmitarbeiter abgerufen und im Sinne der Projektziele miteinander verknüpft werden. Voraussetzung hierfür ist, dass die Projektmitglieder zu einem Team zusammenwachsen. Dabei ist der Projektleiter als *Teamentwickler* gefragt. Nach außen, also in die Linie und in Richtung des Auftraggebers und des Lenkungsteams sowie im Unternehmen insgesamt, ist er als *Kommunikator* gefragt. Und gegenüber seinen Projektmitarbeitern kann er auch schon mal die Rolle eines Coachs einnehmen. Sicherlich würden sich noch weitere Rollen finden lassen: Steuermann, Visionär, Handlanger, Mediator oder Coach. Das hört sich ziemlich nach »Eierlegender Wollmilchsau« oder Multitalent an. Und in der Tat: Die Anforderungen stellen eine echte Herausforderung dar. Die Aufgabe des Projektleiters ist zweifellos eine Chance mit einem nicht geringen Risiko. Ohne dieses Risiko einzugehen, wird man den Erfolg und den Nutzen für die weitere berufliche Entwicklung und die persönliche Zufriedenheit nicht einfahren können.

Die wichtigste Fähigkeit, die ein Projektleiter mitbringen oder entwickeln sollte, ist die, einen Rahmen zu schaffen, in dem die Projektbeteiligten engagiert mitarbeiten und ihre Fähigkeiten und Talente einbringen können und wollen. Die Projektmitarbeiter sollen schließlich ihr Wissen und Engagement in das Projekt stecken. Gelingt dies dem Projektleiter, dann ist eine wichtige Voraussetzung für den Projekterfolg geschaffen. Auf diesen Aspekt werden wir später noch intensiver eingehen.

Spielertrainer statt Alleinunterhalter

Auch wenn uns die Aussage eines Vorstandsmitglieds eines deutschen Konzerns bezogen auf kleinere oder mittlere Projekte etwas zu weit geht, so spricht sie doch einen wichtigen Aspekt an: »Ein Projektleiter ist nicht dazu da, um im Projekt mitzuarbeiten, sondern um sicherzustellen, dass andere im Projekt mitarbeiten.« Ein häufiger Fehler, den Projektleiter immer wieder begehen, ist in der irrigen Vorstellung verankert, sie müssten alles selbst machen. Sie ziehen die gesamte Verantwortung an sich, bestimmen, wo es im Projekt langgeht, und kümmern sich um jedes Detail am liebsten selbst. Projektleiter sollten vor allem darauf achten, dass Sie keine »One-Man-Show« abziehen. Projektleiter, die ihren Projektmitarbeitern nur die komplementären und wenig attraktiven Rollen von Wasserträgern, Messdienern und staunenden Bewunderern zukommen lassen, müssen sich nicht wundern, wenn sich ihre Projektmitarbeiter bald schon innerlich aus dem Projekt verabschieden.[2] Projektleiter sollten eine Art *Spielertrainer* sein, sie führen das Team und spielen aktiv mit. Sie müssen einerseits einen guten Draht zur Mannschaft haben und andererseits auch eine gewisse Distanz. Sie sollten zu den besten Spielern gehören, sich aber trotzdem nicht zu sehr in den Vordergrund spielen. Von ihnen wird erwartet, dass sie sich in den Dienst der Mannschaft stellen. Auch bei Projektleitern ist es so: Wenn sie sich zu sehr in den Vordergrund spielen, verlieren die anderen die Lust am Spiel. Am meisten beklagen Projektleiter das fehlende Engagement der Projektmitarbeiter. Doch oftmals wird das fehlende Engagement gerade durch diese verursacht. Ganz gefährlich in diesem Zusammenhang sind die »Lösung-im-Kopf-Projektleiter«. Das sind diejenigen, die von Anfang an eine genaue Vorstellung davon haben, wie das Projektergebnis auszusehen hat. Besonders gefährdet sind in diesem Zusammenhang Projektleiter, die eine außerordentlich hohe Fachkompetenz aufweisen. Aufgrund ihrer fachlichen Überlegenheit können sie sich gar nicht vorstellen, dass weniger qualifizierte oder gar fachfremde Projektmitarbeiter auch gute Ideen haben könnten. Diese Projektleiter lassen von Anfang an jede Offenheit für neue Ideen und Ansätze vermissen und ersticken jede Initiative ihrer Projektmitarbeiter im Ansatz. Dieses Verhalten führt sehr bald dazu, dass sich die Projektmitarbeiter nach und nach aus dem Projekt – entweder nur gedanklich oder auch körperlich – verabschieden.

»Motivation« der Projektmitarbeiter

Eine Erwartung, die an Projektleiter immer wieder gestellt wird beziehungsweise die Projektleiter an sich selbst haben, ist die Motivation der Projektmitarbeiter. Immer wieder wird in den Seminaren die Frage gestellt: »Wie kann ich meine Projektmitarbeiter motivieren?« Diese Erwartung scheint so selbstverständlich zu sein, dass sie selbst in Stellenausschreibungen (»*Neben dem Führen und Motivieren der Mitarbeiter innerhalb Ihres Projektteams gehört weiterhin ... zu Ihren Aufgaben.*[3]«) und Seminarangeboten (*Ein Projektleiter muss sein Team auch ohne hierarchische Macht motivieren und zu Höchstleistungen anleiten.*[4]) immer wieder hervorgehoben wird. Doch ist das wirklich Aufgabe des Projektleiters? Kann der Projektleiter überhaupt Einfluss auf die Motivation der Projektmitarbeiter nehmen? Ist die Motivation der Projektmitarbeiter nicht von ganz anderen Faktoren wie Arbeitsbelastung, Arbeitsklima oder Beziehung zum Linienvorgesetzten beziehungsweise von der persönlichen Arbeitseinstellung des Mitarbeiters abhängig? Natürlich hat das Führungsverhalten des Projektleiters auch Auswirkungen auf die Motivation der Projektmitarbeiter, aber er ist nur begrenzt dafür zuständig. Es kann nicht Aufgabe des Projektleiters sein, für die *Motivierung* der Projektmitarbeiter zu sorgen. Um mit den Worten Sprengers zu sprechen, ist nach unserem Verständnis ein Projektleiter weder dazu da, die Mitarbeiter zu motivieren, noch sie bei Laune zu halten. Es ist nicht seine Aufgabe, irgendwelche Motivationstechniken einzusetzen, um sie positiv zu stimmen.[5] Motivierung ist die Erzeugung fremdgesteuerter, extrinsischer Motivation. Extrinsische Motivation hält immer nur so lange an, wie der äußere Reiz aufrecht erhalten wird. Das kommt einer Manipulation gleich, denn der Mitarbeiter tut etwas, das er aus eigenem Antrieb heraus nicht tun würde. Auf Dauer führt das zur Demotivation. Die Aufgabe des Projektleiters besteht darin, sicherzustellen, dass das grundsätzlich vorhandene Aktionspotenzial und die Leistungsbereitschaft der Projektmitarbeiter sich entfalten können. Mitarbeiter, bei denen diese Bereitschaft von vornherein fehlt, haben ohnehin nichts in Projekten zu suchen. Schließlich macht es keinen Sinn, den Hund zum Jagen zu tragen oder, um es mit den Worten Ovids (römische Dichter, 43 v. Chr.) zu sagen: »Wenn die Braut nicht tanzen will, ist alles Fiedeln umsonst.« Aufgabe des Projektleiters ist es also, durch eine professionelle Projektleitung die notwendigen Rahmenbedingungen für das Projekt zu schaffen. Er hat dafür zu sorgen, dass er die Projektgruppe so führt, dass die Rahmenbedingungen keine demotivierende Wirkung entfalten können. Was kann ein Projektleiter in diesem Zusammenhang konkret tun? Lassen Sie uns dazu einen Blick auf die gängigen Motivationsfaktoren werfen und schauen, welche Einflussmöglichkeiten der Projektleiter im Einzelnen dabei hat:

- **Interessante Aufgaben:** Die auf die Projektmitglieder verteilbaren Aufgaben sind in der Regel durch das Projekt vorgegeben. Aber der Projektleiter kann sehr wohl Einfluss darauf nehmen, wer welche Aufgaben übertragen bekommt. Aufgaben sind dann motivierend, wenn sie einerseits den Neigungen des Mitarbeiters entsprechen und andererseits eine Herausforderung für den Mitarbeiter darstellen, ohne ihn zu überfordern. Die Ressourcen beziehungsweise Stärken orientierte Aufgabenzuordnung ist eines der Grundprinzipien der Projektarbeit. Ähnlich wie bei Gangsterfilmen à la *Oceans Eleven* mit George Clooney (Danny Ocean) und Brad Pitt: »*Gerade aus dem Gefängnis entlassen, organisiert Danny Ocean einen Coup, bei dem der scheinbar nicht zu knackende Tresor des Bellagio-Kasinos in Las Vegas um 163 Millionen Dollar erleichtert werden soll und das nicht nur des Geldes wegen, sondern auch, um seine Exgattin aus den Armen des rücksichtslosen Kasinobesitzers zurückzugewinnen. Danny sucht sich für diesen Plan zehn Spezialisten (Safeknacker, Taschendieb, Trickbetrüger ...) zusammen, die jeweils eine für den Job unerlässliche Aufgabe übernehmen.*«[6] Die Aufgabenverteilung entsprechend der Stärken und Neigungen der Projektmitarbeiter erfordert eine gute Menschenkenntnis seitens des Projektleiters. Um die Aufgaben »richtig« zu verteilen, muss er erkennen, wer welche Aufgaben gut und gerne macht. In gut eingespielten Projektteams wird die »richtige« Aufgabenverteilung durch das Team selbst vorgenommen.
- **Klare, anspruchsvolle und erreichbare Ziele:** Ziele geben der Arbeit Sinn und Orientierung. Wenn Mitarbeiter nicht wissen, wohin die Reise geht und wofür sich die Anstrengung lohnt, werden sie auch kaum bereit sein, sich zu engagieren. Wer in einem Projekt mitarbeitet, will wissen, wofür er das tut, und er will das Gefühl haben, dass er an einer wichtigen und anspruchsvollen Aufgabe mitwirkt. Klare Projektziele dienen also nicht nur der Projekteffizienz, sondern haben auch eine wichtige Motivationsfunktion. Deshalb tut der Projektleiter gut daran, für Auftrags- und Zielklarheit zu sorgen und regelmäßig den Zielerreichungsgrad zu kommunizieren.
- **Angenehmes Arbeitsklima:** Auf das Arbeitsklima im Projektteam kann der Projektleiter in zweifacher Hinsicht Einfluss nehmen: Durch sein persönliches Verhalten (siehe Leadership) und durch aktive Teamentwicklung. Gerade in der Anfangsphase ist es wichtig, die Zusammenarbeit und das Klima aktiv zu fördern. Durch Teamentwicklungsmaßnah-

men im Auftakt-Workshop, durch gemeinsame Erarbeitung von Teamregeln oder zum Beispiel durch das gemeinsame Feiern von Projekterfolgen (Meilensteine) lassen sich die Zusammenarbeit und das Arbeitsklima im Projektteam gezielt gestalten.
- **Anerkennung und Bestätigung:** »Das ganze Glück der Menschen besteht darin, bei anderen Anerkennung und Achtung zu genießen.« (Blaise Pascal) Ohne flankierende Maßnahmen geht in unserer arbeitsteiligen Welt der Sinn unserer Arbeit immer mehr verloren. Das Ergebnis unserer Arbeit spricht nicht mehr für sich, wie das Werk des Künstlers für sich spricht. Umso wichtiger ist es, dass wir für das, was wir leisten, Rückmeldungen vor allem in Form von Anerkennung und Bestätigung erhalten. Dazu gehören aber nicht nur Lob und anerkennende Worte, sondern auch die kritische Würdigung unserer Arbeit. Wenn wir merken, dass sich jemand für unsere Arbeit interessiert, wenn wir sehen, welchen Beitrag wir zum Gesamtwerk leisten, dann ist das manchmal mehr wert als ein paar lobende Worte. Projektleiter können darauf sehr wohl Einfluss nehmen. Neben lobenden Worten können sie durch das Übertragen von anspruchsvollen und interessanten Aufgaben Anerkennung und Bestätigung vermitteln. Dazu zählt auch die Beteiligung an der Projektplanung oder an anderen wichtigen Entscheidungen. Sie können ihren Mitarbeitern von Zeit zu Zeit die »Bühne« überlassen, indem sie sie im Lenkungsteam präsentieren lassen. Oder sie können das Lob, das sie vom Auftraggeber und vom Lenkungsteam erhalten, an das Projektteam weitergeben. Ein gebührender Projektstart vermittelt den Projektmitarbeitern ebenso die Wichtigkeit des Projekts wie ein gebührender Projektabschluss. Alles was dazu beiträgt, die Bedeutung des Projekts und die Wertigkeit der Arbeit der Projektmitarbeiter hervorzuheben, leistet einen Beitrag zur Anerkennung und Bestätigung. Wenn den Projektmitarbeitern nur minderwertige Tätigkeiten und Handlangeraufgaben zugewiesen werden oder wenn Projektleiter den gesamten Projekterfolg für sich verbuchen, darf es nicht verwundern, wenn sich die Projektmitarbeiter anderswo ihre Bestätigung holen. Weitere wichtige »Lieferanten« von Anerkennung und Bestätigung sind Auftraggeber und Lenkungsteam. Ihr Interesse am Projekt und ihre Rückmeldungen an das Projektteam sind wichtige Impulse fürs Team. Die Projektmitarbeiter registrieren sehr feinfühlig, ob das Projekt genügend Managementunterstützung erfährt, ob die notwendigen Ressourcen zur Verfügung gestellt werden oder ob Entscheidungen rechtzeitig getroffen werden. Das alles sind Signale, die anzeigen, wie wichtig ein Projekt wirklich ist.

Mit der Aufzählung der obigen Einflussmöglichkeiten auf die Motivation des Projektteams wird eines deutlich: Die Projektmanagementinstrumente und -methoden erfüllen zweierlei Funktionen, sie sind eine wichtige Voraussetzung für eine hohe Projekteffizienz und sie leisten einen wichtigen Beitrag zur Motivation des Projektteams. Noch präziser formuliert: Die professionelle Anwendung der Projektmanagementinstrumente trägt zu einem reibungslosen Projektverlauf bei und verhindert damit, dass die Projektmitarbeiter demotiviert werden. Bei einer professionellen Projektführung können die Projektmitarbeiter ihre Leistungsbereitschaft und ihr Aktionspotenzial voll entfalten. Das hat nichts mit manipulativer Motivierung oder mit Motivationsfloskeln zu tun, die nur darauf abzielen, Mitarbeiter bei Laune zu halten. Das hat auch nichts mit »Fiedeln« (siehe Ovid) zu tun. »Fiedeln« ist definitiv nicht Aufgabe des Projektleiters. Seine Aufgabe ist es, Projekte professionell zu managen. Kommt er dieser Verpflichtung nach, verhindert er das Entstehen von Motivationsblockaden und die Projektmitarbeiter bleiben motiviert. In diesem Zusammenhang sollte die Rolle des Auftraggebers und des Lenkungsteams nicht vergessen werden. Auch diese sind in der Verpflichtung, dafür zu sorgen, dass keine Motivationsblockaden entstehen. Ihre Möglichkeiten, motivierende Rahmenbedingungen zu schaffen, sind gewiss nicht geringer als die des Projektleiters. Projektleiter sollten deshalb Auftraggeber und Lenkungsteam nicht aus ihrer Verantwortung entlassen, denn auch ihr Verhalten und ihre Entscheidungen beeinflussen die Motivation der Projektmitarbeiter.[7] Projektleiter sollten den Mut haben, den Auftraggeber direkt anzusprechen: »Stehen Sie zum Projekt oder es wird floppen.«[8] Zu guter Letzt sollte auch die Verantwortung des Linienvorgesetzten nicht vergessen werden. Wenn Projektmitarbeiter, aus welchen Gründen auch immer, sich nicht ausreichend für das Projekt engagieren, wenn sie vorgeben, zu wenig Zeit für das Projekt zu haben, dann ist der Linienvorgesetzte einzuschalten. Schließlich ist er in erster Linie für das Leistungsverhalten seines Mitarbeiters verantwortlich. »Zu oft entlassen Projektleiter die Linie aus ihrer Rollenverantwortung. Statt dessen versuchen sie mit allen möglichen Mitteln die Projektmitarbeiter zu motivieren. Sie erklären zum wiederholten Mal die Bedeutung des Projekts, appellieren an das Wir-Gefühl oder versuchen, die Projektmitarbeiter bei der Ehre zu packen.«[9] Wenn wir im weiteren Verlauf von »Motivation der Mitarbeiter« sprechen, dann tun wir das rein aus umgangssprachlichen Gründen. Damit meinen wir aber nicht die Motivierung, also die fremdgesteuerte Motivation von Projektmitarbeitern, sondern das Schaffen der Rahmenbedingungen, die es braucht, damit Mitarbeiter ihre Leistungsbereitschaft und ihre intrinsische Motivation entfalten können.

Leadership

Natürlich reicht es nicht aus, »nur« die Projektmanagementinstrumente und -methoden professionell zu handhaben. Selbstverständlich wirkt sich das persönliche Verhalten des Projektleiters auch auf die Mitarbeitermotivation aus. Einem ständig missmutigen oder gereizten Projektleiter wird es kaum gelingen, eine positive und aktivierende Atmosphäre zu schaffen. Ein unsicherer Projektleiter wird sich schwertun, überzeugend zu wirken und die Projektbeteiligten hinter sich zu bringen. Ein wertschätzender, integrierender und authentischer Umgang mit den Projektmitarbeitern leistet einen wichtigen Beitrag zur Motivation, vorausgesetzt das Verhalten entspringt einer inneren Überzeugung und Grundhaltung und nicht irgendwelchen Führungstechniken. Die Persönlichkeit des Projektleiters spielt für den Projekterfolg eine wichtige Rolle. Sie zeigt sich auch darin, wie er für das Projektziel eintritt, sich für sein Team einsetzt oder wie er gegenüber dem Management agiert. Ein guter Projektleiter besitzt die Fähigkeit, seinen Mitarbeitern stets ein Gefühl der Dringlichkeit zu vermitteln. Sein Verhalten und seine innere Einstellung werden von den Beteiligten meist unbewusst wahrgenommen, beeinflussen jedoch ihr Handeln und dadurch den Projekterfolg. Diese Aspekte von Führung lassen sich unter dem Begriff »Leadership« zusammenfassen. Insbesondere Projektleiter, die ihr Team ohne formelle Befugnisse führen, tun sich leichter, wenn sie über »Leadership« verfügen. Ein projektförderlicher Führungsstil zeichnet sich durch die in Abbildung 27 aufgelisteten Merkmale aus.

Für Projektleiter, die sich noch intensiver mit »Führung« auseinandersetzen möchten, sei folgende Literatur empfohlen:

- Blake, R. R./Mouton, J. S.: *Führungsstrategien. Landsberg am Lech*, Verlag Moderne Industrie 1986.
- Buckingham, M./Coffmann, C.: *Erfolgreiche Führung gegen alle Regeln*. Frankfurt/New York, Campus Verlag 2001.
- Malik, F.: *Führen, Leisten, Leben*. Stuttgart/München, Heyne 2003 (3. Auflage).
- Sprenger, R.: *Mythos Motivation*. Frankfurt/Main, Campus 2002.
- Sprenger, R.: *Vertrauen führt*. Frankfurt/Main, Campus 2002.

8.3 Die Aufgaben des Projektleiters

Die Hauptaufgabe des Projektleiters, die Einhaltung der Termin-, Kosten- und Leistungsziele sicherzustellen, ist allen klar und auch unstrittig. Die entscheidende Frage in diesem Zusammenhang ist jedoch: Wie schafft er

> **Führungstipps für Projektleiter**
>
> 1) Lassen Sie Ihre Projektmitarbeiter von Anfang an spüren, dass sie in der Mitverantwortung für das Projektergebnis stehen.
> 2) Beziehen Sie die Projektmitarbeiter in alle wichtigen Entscheidungen mit ein. Dazu gehört auch und vor allem die Erstellung des Projektplans. Das erhöht die Identifikation mit dem Projekt und steigert Motivation und Verbindlichkeit.
> 3) Übertragen Sie so viele Aufgaben, Arbeitspakete und Teilprojekte an die Projektmitarbeiter wie nur möglich.
> 4) Lassen Sie, wenn möglich, auch Ihre Projektmitarbeiter im Lenkungsteam berichten. Das bietet sich vor allem bei Ergebnissen an, die die Mitarbeiter selbst ausgearbeitet haben. Damit belassen Sie die Verantwortung bei den Mitarbeitern und gönnen ihnen den Erfolg. Außerdem sparen Sie sich wertvolle Zeit für die Vorbereitung, die Sie besser für die Projektsteuerung verwenden.
> 5) Holen Sie sich von Ihren Projektmitarbeitern von Zeit zu Zeit Rückmeldungen zu Ihrem Führungsverhalten ein. Das liefert Ihnen wertvolle Hinweise, wie Sie Ihr Führungsverhalten verbessern können und signalisiert den Mitarbeitern Wertschätzung.
> 6) Sprechen Sie Fehlverhalten, wie das Nichteinhalten von Vereinbarungen oder konfliktförderndes Verhalten möglichst zeitnah an. Damit beugen Sie Demotivation und innerer Kündigung vor.
> 7) Positionieren Sie sich immer für das Projekt. Betonen Sie immer wieder die Bedeutung des Projekts. Machen Sie vor allem keine abfälligen Bemerkungen darüber, das untergräbt die Identifikation mit dem Projekt.
> 8) Achten Sie auf ein positives Teamklima. Fördern Sie die Teamentwicklung mit den zur Verfügung stehenden Maßnahmen.

Abb. 27: Führungstipps für Projektleiter

das? Was muss er im Einzelnen konkret tun, um das zu erreichen? Allgemein gesprochen sollte er kommunizieren, informieren, motivieren, fördern und fordern, Konflikte regeln, planen, organisieren, kontrollieren, überwachen und steuern sowie vieles mehr[10]. Klar, aber müssen wir das nicht alle mehr oder weniger in unserem Job? Diese Aufzählung bringt uns also nicht sehr viel weiter. Deshalb möchten wir in der nachfolgenden Tabelle die Aufgaben des Projektleiters entlang dem Projektverlauf so konkret wie möglich darstellen. Dabei orientieren wir uns an der in Kapitel 7 dargestellten Übersicht zum Projektverlauf.

Projektschritt	Aufgaben des Projektleiters
Projektidee, Impuls	Kommt in der Regel vom Auftraggeber.
Konkretisierung der Projektidee	Ist zu diesem Zeitpunkt bereits ein Projektleiter vorgesehen, so kann er mit der Konkretisierung der Projektidee beauftragt werden. Hierzu sammelt er Informationen und wertet sie aus. Er holt verschiedene Meinungen ein, fragt die Erwartungen der Betroffenen ab und bereitet die Ergebnisse entscheidungsbereit auf.
Vorläufige Projektfreigabe	durch Auftraggeber
Lenkungsteam installieren	durch Auftraggeber
Projektleiter bestimmen	durch Auftraggeber/Lenkungsteam
Projektauftrag und -ziele klären	Sind Projektauftrag und Projektziele durch den Auftraggeber bzw. das Lenkungsteam nicht ausreichend beschrieben, ist es Aufgabe des Projektleiters, für die erforderliche Klarheit im Projekt zu sorgen. Hierzu sind v.a. folgende Punkte zu klären: • Projektziele, • zur Verfügung stehendes Budget, • Zugriff auf personelle Ressourcen und Sachmittel, • Zugriff auf externe Ressourcen (z.B. Berater), • Projektdauer (Anfang/Ende des Projekts), • Festlegung der Erfolgskriterien. Zur Auftrags- und Zielklärung kann die Projektskizze oder der Projektleitfaden herangezogen werden. Bei größeren Projekten bietet sich ein Auftragsklärungs-Workshop an.
Grobplanung durchführen	Die Grobplanung wird durch den Projektleiter durchgeführt und umfasst im Wesentlichen folgende Inhalte: • Meilensteinplanung, • grobe Beschreibung der Vorgehensweise, • Aussage darüber, ob der anvisierte Endtermin eingehalten werden kann, • grobe Aussage über erforderliches Budget und die personellen Ressourcen, • evtl. Aussage darüber, welche Mitarbeiter in Projekt mitarbeiten sollten. Die Grobplanung dient dem Projektteam als Orientierungsrahmen. Sie sollte aber nicht »in Stein gemeißelt« sein, so dass bei Bedarf auch noch Änderungen möglich sind. In Einzelfällen kann es auch sinnvoll sein, die Grobplanung in einem Arbeitsschritt zusammen mit der Auftrags- und Zielklärung durchzuführen, da sich die Inhalte großteils überschneiden.

Fortsetzung von Seite 149

Projektschritt	Aufgaben des Projektleiters
Endgültige Projektfreigabe	durch Auftraggeber/Lenkungsteam
Ernennung und Beauftragung des Projektleiters	durch Auftraggeber/Lenkungsteam
Zusammenstellung des Projektteams	Wer die Zusammenstellung des Projektteams vornimmt, hängt einerseits von der Bedeutung des Projekts und andererseits von der Unternehmenskultur ab. Wir plädieren jedoch dafür, den Projektleiter zumindest daran zu beteiligen, schließlich muss er ja mit den Projektmitarbeitern zusammenarbeiten und wird für das Projektergebnis verantwortlich gemacht. Wird der Projektleiter nicht automatisch beteiligt, so ist hier der richtige Zeitpunkt für den Projektleiter, sich von sich aus einzuschalten und bei der Zusammenstellung des Projektteams mitzuwirken.
Projektorganisation festlegen	Ist die Projektorganisation nicht ausreichend beschrieben, ist es Aufgabe des Projektleiters, mit Hilfe des Lenkungsteams für die »richtige« Projektorganisation zu sorgen. Das bedeutet im Einzelnen: • den Projektstrukturplan erstellen (Erarbeitung ggf. auch im Projektteam), • die Kommunikation mit dem Lenkungsteam regeln (Wann und wie finden die Lenkungsteamsitzungen statt?), • die Kommunikation mit der Linie regeln, • die Kommunikation mit tangierenden Projekten regeln, • Festlegung der Teilprojektleiter (ggf. im Projektteam), • ...
Auftaktveranstaltung (Kick-off)	Der Projektleiter hat die Aufgabe, die Auftaktveranstaltung zu initiieren, vorzubereiten und ggf. mit Unterstützung eines Moderators durchzuführen. Die Auftaktveranstaltung sollte nachstehende Zielsetzungen verfolgen: • Projektauftrag durch den Auftraggeber an das Projektteam übermitteln, • Bedeutung des Projekts für das Unternehmen/die Organisation deutlich machen, • Nutzen für die Projektmitarbeiter klären, die sich in das Projekt einbringen, • Teambildung, Beziehungsebene stärken, • Spielregeln der Zusammenarbeit im Projektteam vereinbaren, • gemeinsame Erarbeitung des Projektplans (ggf. auch nach der Auftaktveranstaltung).
Projektplan erstellen	Um die Identifikation der Mitarbeiter mit dem Projekt sicherzustellen, ist die Beteiligung der Projektmitarbeiter geboten.

Fortsetzung von Seite 150

Projektschritt	Aufgaben des Projektleiters
Projektdurchführung	Während der Durchführungsphase ist der Projektleiter in erster Linie Kümmerer, Moderator, Steuermann und Kommunikator. Dabei hat er folgende Aufgaben wahrzunehmen: • regelmäßige Projektteamsitzungen durchführen, • laufende Termin- und Kostenkontrolle, • Marketing/Lobbyarbeit für das Projekt betreiben, • laufende Berichterstattung an das Lenkungsteam (Meilenstein-/Zwischenberichte), • erforderliche Entscheidungen im Lenkungsteam einholen, • Koordination mit anderen Projekten/Bereichen sicherstellen, • Projektdokumentation sicherstellen, • für ausreichende Kommunikation im Projektteam und nach außen sorgen.
Projektabschluss	• Abschlussbericht an Auftraggeber/Lenkungsteam • Projekt-Gesamtdokumentation erstellen • Zielerreichung feststellen • Bei erfolgreichem Projektabschluss: feiern! • Evaluation: Was lernen wir für künftige Projekte?

Eine wichtige Aufgabe »verfolgt« den Projektleiter über alle Projektphasen hinweg: die Versorgung der Projektmitarbeiter mit den notwendigen Informationen. Mitarbeiter können nur dann wirklich Verantwortung übernehmen, wenn ihnen auch alle Informationen, die sie zur Aufgabenerfüllung benötigen, zur Verfügung stehen. Dazu passt folgender Spruch, dessen Verfasser wir leider nicht kennen, ganz gut:

»Gib deinen Mitarbeitern alle Informationen,
die sie brauchen, und du kannst nicht verhindern,
dass sie Verantwortung übernehmen.«

Aus diesem Grund kommt den Projektbesprechungen (siehe Kapitel 8.5.1) eine besondere Bedeutung zu. Sie sind das Hauptforum, in dem die Informationen fließen und zwar nicht nur vom Projektleiter zum Projektteam, sondern auch zwischen den Mitgliedern des Projektteams.

8.4 Die Auswahl des richtigen Projektleiters

In der Praxis erfolgt die Auswahl des Projektleiters in vielen Fällen ausschließlich anhand der fachlichen Kompetenz. Häufig ist es gar so, dass sich die Frage gar nicht erst stellt, sondern dass sich ein Mitarbeiter aufgrund seiner fachlichen Kompetenz oder seiner Funktion in der Linie geradezu als Projektleiter aufdrängt. Nach unseren Erfahrungen wird die Fachkompetenz bei der Projektleiterauswahl allerdings zu hoch bewertet. Vom Rollenverständnis sollte der Projektleiter mehr Moderator, Koordinator und Steuermann denn Fachexperte sein. Spezialisten als Projektleiter bergen eine ganz große Gefahr: Sie haben meist die Lösung – ihre Lösung – bereits im Kopf und sind deshalb nicht mehr offen für neue Ansätze und Lösungen. Ihre selektive Wahrnehmung lässt nur noch Vorschläge zu, die zu »ihrer Lösung« führen. Auf Dauer demotiviert das die Projektmitarbeiter und führt zu deren Rückzug aus dem Projekt. Per Definition verbietet sich ein Spezialist als Projektleiter, denn Projektarbeit bedeutet interdisziplinäre Zusammenarbeit und vernetztes, ganzheitliches Denken. Lässt sich daraus der Schluss ableiten, ein Projektleiter bräuchte keine Fachkompetenz? Reicht es aus, nur ein guter Moderator mit guten Führungsqualitäten zu sein, ohne etwas von der Sache zu verstehen? Reichen der gesunde Menschverstand und die Bereitschaft, sich in eine neue Materie einzuarbeiten, aus, um ein Projekt zu leiten? Ganz sicher nicht! Ein gewisses Maß an Fachwissen ist in jedem Fall erforderlich, denn nur wenn der Projektleiter über ausreichendes Fachwissen verfügt, wird er als Moderator die richtigen Fragen stellen können. Nur dann wird er als Steuermann erkennen, wenn das Projekt aus dem Ruder läuft. Nur dann wird er verständlich machen können, was das Projekt braucht. Wie viel Fachkompetenz ein Projektleiter mitbringen sollte, hängt sicherlich von der Art des Projekts ab. Bei technischen oder bei DV-Projekten wird das notwendige Fachwissen sicherlich deutlich stärker ausgeprägt sein müssen als bei der Einführung eines betrieblichen Vorschlagwesens oder der Gestaltung des Firmenjubiläums. Wir meinen, je weniger das Projektergebnis vorgegeben ist, je mehr unterschiedliche Aspekte berücksichtigt werden müssen, desto weniger Fachkompetenz muss der Projektleiter mitbringen. Als allgemeine Festlegung lässt sich sagen: Der ideale Projektleiter ist ein Generalist mit mehr oder weniger guten Kenntnissen der Fachmaterie und bereichsübergreifendem Denken. Schließlich käme auch niemand auf die Idee, den besten Programmierer als Projektleiter für ein neues DV-System zu benennen. Doch Fachkompetenz allein reicht nicht aus, sie ist eine Mindestanforderung. Daneben sollte der Projektleiter noch weitere Kompetenzen mitbringen:

- *Methodenkompetenz*: Gerade bei der Projektarbeit kann die notwendige Methodenkompetenz nicht hoch genug eingeschätzt werden. Ein guter Projektleiter sollte über ausreichende Methoden zur Auftragsklärung, Projektplanung, Projektsteuerung und so weiter verfügen. Projekte nur mit dem gesunden Menschenverstand und einer Portion gutem Willen führen zu wollen, wird in der Regel schiefgehen. Projektleiter, die nicht über ausreichende Projektmanagementmethoden verfügen, neigen gerne zum »Projektmanagement à la Durchwursteln«. Nur wenigen gelingt es, die fehlende Methodenkompetenz durch ihren gesunden Menschenverstand zu kompensieren.
- *Führungskompetenz*: Die Eigenmotivation der Projektmitarbeiter stärken, Besprechungen moderieren, Aufgaben delegieren, Beschlüsse herbeiführen oder auch unangenehme Entscheidungen treffen. Diese Anforderungen setzen ein gewisses Maß an Führungskompetenz und -erfahrung voraus. Auf die Besonderheiten der Führung als Projektleiter haben wir oben bereits hingewiesen.
- *Persönliche oder soziale Kompetenz*: Ein Projektleiter muss vor allem eines können: mit Menschen gut umgehen. Der Erfolg der Projektarbeit hängt in erster Linie davon ab, wie gut es gelingt, das Wissen und das Können von Menschen unterschiedlicher Ausbildung und Prägung und mit unterschiedlichen Interessen abzurufen und zu verknüpfen. Ein Projektleiter, der die Stärken und Interessen der einzelnen Projektmitglieder erkennt und angemessen damit umgehen kann, wird bei seinen Projektmitarbeitern schnell Pluspunkte sammeln können. Von ihm wird erwartet, dass er Konflikte frühzeitig erkennt und löst. Er sollte auf andere zugehen und mit Auftraggeber, Lenkungsteam, Kunden und der Linie gut kommunizieren können. Die Anforderungen an die soziale Kompetenz des Projektleiters sind vielfältig und anspruchsvoll. Daher verwundert es nicht, dass das Projekt für die Mitarbeiter eine gute Bewährungsprobe darstellt, die sich für Führungsaufgaben empfehlen wollen. Nicht selten werden Projektleiter nach erfolgreichem Projektabschluss mit der Ernennung zur Führungskraft belohnt.

Auf die Entwicklung einer ganz besonderen Fähigkeit sollten Projektleiter achten, wenn sie sich in einem politischen Projektumfeld bewegen: ein Gespür für taktische Spielchen und das Geschick, das Projekt trotz Intrigen und verdeckten Behinderungen zum Erfolg zu bringen. Während die Methoden- und zum Teil auch die Führungskompetenz kurzfristig über entsprechende Schulungen vermittelt werden können, ist die persönliche Kompetenz nur längerfristig entwickelbar, und auch nur dann, wenn man sich diesem Lernfeld aktiv stellt. Projektleitungsaufgaben sind ein solches Lernfeld. Bei der Auswahl des geeigneten Projektleiters werden in der Regel folgende Auswahlkriterien zugrundegelegt:

Kompetenzfeld	Teilaspekte
Fachkompetenz:	• Ausbildung und Berufserfahrung • technische und kaufmännische Fachkenntnisse • DV-Anwendungskenntnisse • Unternehmens- bzw. Organisationskenntnisse (Aufbau- und Ablauforganisation)
Methodenkompetenz	• Instrumente wie Projektskizze, Projektleitfaden oder Projektstrukturplan kennen und anwenden können • Moderations- und Entscheidungsfindungsmethoden beherrschen • die verschiedenen Planungsmethoden (Termin-, Kosten-, Ressourcen-, Meilensteinplanung) anwenden können • Präsentationsfähigkeiten
Führungskompetenz	• Vorbildfunktion in Bezug auf Verbindlichkeit, Einsatzbereitschaft, Begeisterungsfähigkeit etc. • Delegationsfähigkeit: Aufgaben und Verantwortung abgeben können • Einfluss auf das Verhalten der Projektmitarbeiter nehmen können • eine gewisse Autorität ausstrahlen, ohne autoritär zu sein
Persönliche/soziale Kompetenz	• Kommunikationsfähigkeit und -bereitschaft: auf andere zugehen können, gute rhetorische Fähigkeiten, Ausdrucksfähigkeit ... • Teamfähigkeit: gerne mit anderen zusammenarbeiten, sich in den Dienst des Teams stellen, sich auch mal zurücknehmen können... • Konfliktfähigkeit: den eigenen Standpunkt vertreten, auch unangenehme Entscheidungen treffen können; Voraussetzung für die Konfliktfähigkeit ist ein gewisses Maß an Selbstsicherheit und innerer Unabhängigkeit (ein Jasager als Projektleiter stößt auf Hindernisse im Projektteam) • Kritikfähigkeit: Kritik sachlich und konstruktiv äußern und aufnehmen können • Flexibilität: sich auf Änderungen im Projekt und im Projektumfeld einstellen können • Lernfähigkeit: im dynamischen Umfeld die gleichen Fehler nur einmal machen

Neben diesen klassischen Anforderungskriterien möchten wir Projektleiter ermuntern, eine Fähigkeit zu entwickeln und zu trainieren, auf die insbesondere Menschen in technischen oder kaufmännischen Spezialistenfunktionen wenig achten, die aber in einem schwierigen Projektumfeld sehr vorteilhaft ist: *Intuition*. Projektleiter bewegen sich zuweilen auf einem glatten Parkett. Sie müssen auf persönliche und Bereichsinteressen Rücksicht nehmen, mit Ängsten, Bedenken und Animositäten umgehen können. Sie müssen Strömungen, taktische Spielchen und Intrigen erkennen und geschickt darauf reagieren. Sie brauchen »Messfühler«, die ihnen signalisieren, wenn sich wichtige Parameter im Unternehmen oder im Projektumfeld verschoben haben. Eine schöne Beschreibung der Bedeutung der Intuition liefert Tom DeMarco: »Die wichtigsten Körperteile des Managers (Projektleiters, Anm. des Verf.) sind Herz, Bauch, Seele und Nase. Sie braucht er, um ...

- mit dem Herzen zu führen,
- dem Gefühl im Bauch zu vertrauen (auf die innere Stimme zu hören),
- die Organisation zu beseelen,
- zu riechen, dass etwas stinkt.«[11]

Sicherlich lassen sich noch weitere Anforderungskriterien finden. Aus Gründen der Praktikabilität wollen wir es dabei aber bewenden lassen. Uns ist natürlich bewusst, dass wir mit den oben beschriebenen Aufgaben und Anforderungen bei dem einen oder anderen Leser ein Gefühl des Unbehagens hervorrufen können. »Das alles soll ein Projektleiter können?« Womöglich fühlt sich mancher nun als Projektleiter gar unbrauchbar. Lassen Sie sich davon nicht entmutigen. In der Praxis werden Sie wahrscheinlich nur wenige Projektleiter finden, die diesen Anforderungen in vollem Umfang entsprechen. Die beschriebenen Anforderungen sind auch eher in dem Sinne zu verstehen, dass sie ein anzustrebendes Idealbild aufzeigen. Sie sollen die Entwicklungsaspekte deutlich machen, denen sich Projektleiter mit sportlichem Ehrgeiz stellen sollten. Keinesfalls wollen wir die beschriebenen Anforderungen als Eingangsvoraussetzungen für Projektleiter verstanden wissen.

Bei der Auswahl des geeigneten Projektleiters geht es im ersten Schritt zunächst einmal darum, sich Gedanken über die erforderliche Mindestausprägung der Anforderungskriterien zu machen. Natürlich wäre es wünschenswert, wenn alle Kriterien höchstmöglich ausgeprägt wären. In der Praxis wird man schon froh sein, wenn die Mindestanforderungen erfüllt sind beziehungsweise die Auswahl überhaupt anhand von beschriebenen Anforderungskriterien erfolgt.

Im zweiten Schritt werden die Ausprägungen der Kandidaten in den einzelnen Kompetenzfeldern an den Mindestanforderungen gespiegelt. Diese Vorgehensweise macht sehr schnell deutlich, wer für die Projektleiterstelle in Frage kommt und wer nicht. Natürlich fließen in diese Entscheidung auch noch andere wichtige Kriterien mit ein. Beispielsweise kann es bei weniger wichtigen Projekten durchaus sinnvoll sein, im Rahmen einer Personalentwicklungsmaßnahme einen weniger geeigneten Mitarbeiter mit der Projektleitung zu beauftragen, um ihm eine Chance, sprich ein Lernfeld, zu geben und ihm einen nächsten Entwicklungsschritt zu ermöglichen.

8.5 Die Führungsinstrumente des Projektleiters

Die Arbeit im Projektteam ist durch eine Besonderheit geprägt: Der Projektleiter hat in der Regel keine disziplinarischen Führungsbefugnisse (außer im eher seltenen reinen Projektmanagement). Damit fehlt ihm ein wichtiges Führungsmittel. Dafür kann er von anderen Vorteilen profitieren, die (disziplinarischen) Führungskräften in der Linie für gewöhnlich fehlen: Die Arbeit im Projekt hebt sich positiv durch ihre Neuartigkeit und einen höheren Grad von Spannung und Abwechslung von der Arbeit in der Linie ab. Für die Mitarbeiter ist es eine gute Möglichkeit, durch die Arbeit im Projekt Neues zu lernen, den Blick über den Tellerrand zu schärfen und sich persönlich weiterzuentwickeln. Die Beteiligung an der Projektplanung fördert ihre Motivation und Identifikation mit dem Projekt. Als Teilprojektleiter können die Projektmitarbeiter Verantwortung übernehmen und zeigen, was in ihnen steckt. Zugegeben, nicht alle Mitarbeiter werden diese Aspekte für sich als positiv bewerten. Mitarbeiter, die Angst vor Veränderungen und vor der Übernahme von Verantwortung haben, werden hierdurch sicherlich nicht motiviert, sondern eher erschreckt werden. Andererseits kann man manche dieser Mitarbeiter durch ein behutsames Heranführen an neue Aufgaben vielleicht auch aus ihrer »Schonhaltung« herausholen. Die oben genannten Vorteile kann der Projektleiter aber nur nutzen, wenn er die zur Verfügung stehenden Projektmanagementmethoden auch konsequent anwendet. Ohne den Einsatz dieser Methoden fehlen dem Projektleiter auch wichtige Führungsinstrumente, die die fehlende disziplinarische Weisungsbefugnis kompensieren können. Projektleiter, die meinen, sie kommen ohne die ganzen Instrumentarien aus, gleichen Fischern, die vor einem Schwarm von Fischen stehen und versuchen, die Fische mit der Hand zu fangen, nur weil sie zu bequem sind, Netze und Angeln zu holen. Projektmanagementmethoden und -instrumente sind also nicht nur Planungs- und Dokumentationshilfen, sondern auch Führungsinstrumente.

8.5.1 Die Projektbesprechungen

Rückmeldungen der Teilnehmer unserer Projektmanagementseminare zeigen, dass gerade in Projektbesprechungen sehr viel Zeit »verbraten« wird. Zum Teil einfach nur deshalb, weil die einfachsten Regeln der Durchführung von Besprechungen missachtet werden. In unseren Trainings erlauben wir uns, unseren Teilnehmern regelmäßig die Frage zu stellen: »Was glauben Sie, wie viel Prozent der Zeit, die Sie in Besprechungen verbringen, ist unproduktive, verlorene Zeit?« Die Antworten, die wir erhalten, sind erschreckend. Die durchschnittliche Einschätzung liegt bei etwa 50 Prozent, wobei die einzelnen Werte zwischen 20 und 80 Prozent schwanken. Ein Großteil der Projektarbeit findet in den Projektbesprechungen (Projektsitzung, Projektmeeting) statt. Das ist das Forum, in dem sich das Projektteam regelmäßig austauscht, in dem der jeweilige Projektfortschritt festgestellt und das weitere Vorgehen festgelegt wird. Wir wollen an dieser Stelle nicht zu tief in dieses Thema einsteigen, das würde den Rahmen wohl sprengen. Dennoch sollten wir auf die wesentlichen Erfolgsfaktoren von Projektbesprechungen hinweisen:

1) Für jede Besprechung gibt es eine Tagesordnung. Die Tagesordnung enthält neben den Besprechungspunkten die jeweiligen Themenverantwortlichen, den Zeitbedarf sowie die Zielsetzungen der einzelnen Besprechungspunkte. Die Besprechungsthemen für die nächste Projektbesprechung werden jeweils am Ende der jeweiligen Sitzung gemeinsam festgelegt.
2) Jede Projektbesprechung wird moderiert. Dabei muss nicht immer der Projektleiter selbst die Moderation übernehmen. Gerade dann, wenn der Moderator auch fachlicher Experte ist, besteht die Gefahr, dass er seine Moderationsfunktion missbraucht und die Gruppe dominiert. Die Moderation kann auch rollierend im Projektteam durchwechseln.
3) Die Besprechungsergebnisse werden in einem Protokoll festgehalten. Aus dem Protokoll geht hervor, welche Beschlüsse zu den einzelnen Punkten getroffen wurden und wer welche Aufgaben bis wann zu erledigen hat.
4) Sprechen Sie zu Beginn jeder Projektsitzung das Protokoll der letzten Sitzung durch. Das erleichtert den Einstieg und schafft Verbindlichkeit. Außerdem prüfen Sie damit den Erledigungsstand der beschlossenen Maßnahmen.
5) Pflegen Sie alle zu erledigenden Aufgaben in eine Maßnahmenliste (To-do-List oder Action-Item-List) ein. Die Maßnahmenliste enthält alle Akti-

vitäten und Aufgaben, die im Projektverlauf beschlossen wurden, mit dem jeweiligen Verantwortlichen und dem Erledigungsdatum. Damit behalten Sie den Überblick, welche Aufgaben noch ausstehen.
6) Sprechen Sie in jeder Projektbesprechung den Projektplan durch. Zeigen Sie, wo das Projekt steht und wie es weitergeht. Der Blick auf die zurückgelegte Strecke motiviert, der Blick auf die nächsten Aktivitäten gibt Orientierung. Änderungen im Projektplan erfolgen grundsätzlich gemeinsam im Projektteam.
7) Achten Sie darauf, dass die Rahmenbedingungen stimmen. Dazu gehören ein ruhiger, heller Besprechungsraum, eine ausreichende Ausstattung mit Arbeitsmitteln (Beamer, Flipchart, Pinnwand, Moderationsmaterialien) und bei längeren Besprechungen auch Getränke und Verpflegung.

Die Projektbesprechung ist das zentrale Führungsinstrument des Projektleiters. Häufig kann man beobachten, wie sich Projektmitarbeiter nach der anfänglichen Projekteuphorie nach und nach aus dem Projekt ausklinken. Es werden immer häufiger Gründe gefunden, warum man an der Projektbesprechung nicht teilnehmen kann. Machen Sie als Projektleiter deutlich, dass es Ihnen wichtig ist, dass alle Projektmitarbeiter auch bei den Sitzungen anwesend sind. Beugen Sie diesen Zerfallserscheinungen rechtzeitig vor. Sprechen Sie es offen an, wenn Sie den Eindruck haben, dass das Interesse an der Projektarbeit nachlässt. Fragen Sie nach den Gründen. Es liegt in der Verantwortung des Projektleiters. Wenn er sich darum bemüht, sozusagen die »Hand am Puls« des Projektteams zu behalten, dann hat er eine faire Chance, auch die feinen Signale wahrnehmen zu können: Wie bringen sich die Projektmitarbeiter in den Besprechungen ein? Hält der Projektleiter Monologe? Wie ist die Stimmung im Projektteam? Erledigen die Projektmitarbeiter die ihnen zugewiesenen Aufgaben zuverlässig und pünktlich?

Mithilfe der hier angegebenen Literaturhinweise können Sie sich mit dem Thema »Besprechungen« noch intensiver befassen:

- Bischof, A./Bischof, K.: *Besprechungen effektiv und effizient.* Planegg/München, Haufe Verlag, 2. Auflage 2004.
- Haynes, M. E.: *Konferenzen erfolgreich gestalten. Wie man Besprechungen und Konferenzen plant und führt.* Frankfurt, Überreuther, 2002.
- Ruschel, A.: *Besprechungen und Konferenzen. Kommunikation im Unternehmen.* München, Wirtschaftsverlag Langen 1998.
- Seifert, J. W.: *Besprechungen erfolgreich moderieren.* Bremen, GABAL 2004.

8.5.2 Die Projektmanagementinstrumente als Führungsinstrumente

Projektskizze, Projektplan oder Meilensteinplan sind für den Projektleiter nicht nur Hilfsmittel und Methoden für die professionelle Abwicklung von Projekten, sondern vor allem auch wichtige Führungsinstrumente.

Meilensteine als Führungsinstrument

Auf die Bedeutung der Meilensteinplanung für Auftraggeber und Lenkungsteam haben wir bereits in Kapitel 6 hingewiesen. Meilensteine sind nicht nur für den Auftraggeber und das Lenkungsteam, sondern vor allem auch für den Projektleiter ein wichtiges Führungsinstrument. Gerade bei Projekten mit einer langen Projektdauer kommt es immer wieder zu »Ermüdungserscheinungen« und nachlassender Motivation bei den Projektmitarbeitern. Meilensteine helfen, die in ferner Zukunft liegenden Projektziele in motivierende Zwischenziele zu unterteilen. Damit kann man Verschleißerscheinungen im Projektverlauf vorbeugen. Bei nur wenigen Meilensteinen sinkt die Motivation der Projektmitarbeiter schnell ab. Regelmäßige Meilensteinberichte wirken da wie Motivationspillen. Projektleitern wird daher geraten, eher zu viele Meilensteine zu setzen als zu wenige. Wie können Meilensteine die Führungsaufgabe des Projektleiters unterstützen?

Meilensteine brechen ein in weiter Ferne liegendes und noch unerreichbar erscheinendes Ziel in überschaubare und motivierende Teilziele herunter. Wer schon einmal einen Marathon über die volle Distanz gelaufen ist, weiß um die motivierende Wirkung von Meilensteinen. 10 km, 21,1 km (Halbzeit), 25 km, 30 km, 35 km, 36 km, 37 km ... 42,195 km – geschafft. Jeder Marathonläufer hat da seine eigenen Meilensteine. Erfahrene Läufer geben sich für jeden Meilenstein auf die Sekunde genaue Zeitvorgaben. Es motiviert, immer wieder »Zwischenspurts« einzulegen und nicht der frustrierenden Wirkung des noch so weit entfernten Ziels nachzugeben. Bei jedem erreichten Meilenstein freut man sich kurz und denkt dann schon an den nächsten, der in nicht allzu weiter Ferne liegt. Spätestens ab Kilometer 30 freut man sich über jedes Kilometerschild, das da kommt. (Aus Motivationsgründen wird da übrigens rückwärts gezählt, also die Distanz zum Ziel angezeigt.) Das Erreichen wichtiger Meilensteine sollte im Projektteam als Anlass zu einer kleinen Feier genutzt werden. Damit werden die bisherigen Leistung honoriert und der Zusammenhalt im Team weiter gefördert. Meilensteine sind in vielerlei Hinsicht nützlich:

- *Meilensteine geben Orientierung und Sicherheit*: Zweifel über die Richtigkeit des Weges kosten Energie und Zeit. Wenn Sie sich bei einer Wanderung schon mal verlaufen haben und sich nicht sicher waren, ob Sie auf dem richtigen Weg sind, wissen Sie, was damit gemeint ist. Man geht immer langsamer, denn wenn man auf dem falschen Weg wäre, würde man sich ja immer weiter vom Ziel entfernen. Man schaut ständig um sich, um Anhaltspunkte zu finden, an denen man sich orientieren kann. Man diskutiert mit seinen Begleitern, warum dieser oder jener Weg vielleicht der richtige wäre oder vielleicht auch nicht. Aus lauter Zweifel und Sorge kann man den schönen Weg gar nicht genießen. Die anfänglich gute Stimmung schlägt so langsam um. Wenn es dann anfängt zu dämmern, bekommt man langsam Panik und verfällt in Aktionismus. Da ist es dann wie eine Erlösung, wenn plötzlich ein Wegschild auftaucht, das einem die Richtung und womöglich auch noch die Entfernung anzeigt. Die Rückmeldungen zu den Meilensteinberichten aus dem Lenkungsteam sind wie Wegschilder. Entweder sie bestätigen, dass man sich auf dem richtigen Weg befindet oder dass man einen Kurswechsel vornehmen muss. Das gibt Sicherheit für das weitere Vorgehen, auch dann, wenn man Kurskorrekturen vornehmen muss. Bei frühzeitigen Kurskorrekturen sind die bis zu diesem Zeitpunkt aufgetretenen Abweichungen vom Ziel viel geringer, als wenn man bereits längere Zeit auf dem falschen Weg war. Sehr eigennützig geht es für das Projektteam deshalb darum, durch Meilensteine in kurzen Abständen Blindleistung zu vermeiden und damit eigene Ressourcen zu sparen. Projektteams brauchen regelmäßige Rückkoppelungen vom Auftraggeber/Lenkungsteam ähnlich wie »U-Boot-Fahrer«, die ab und zu auftauchen müssen, um sich zu vergewissern, dass sie noch auf dem richtigen Weg sind.[12)] Der Meilensteinbericht dient dazu, sich die bisherigen Zwischenergebnisse absegnen zu lassen und das weitere Vorgehen festzulegen.
- *Meilensteine erhöhen den Umsetzungsdruck*: Zu jedem Meilensteinbericht muss ein bestimmter, nachprüfbarer Umsetzungsstand erreicht sein. Menschen konzentrieren sich in der Regel auf die Aufgaben, die dringlich sind, von denen ein spürbarer Zeitdruck ausgeht. Das sind Aufgaben, die sie im wahrsten Sinne des Wortes »bedrängen«. Diesen Druck erzeugen regelmäßige Lenkungsteamsitzungen. Fehlen diese, dann muss der Projektleiter diesen Druck aufbauen, indem er immer wieder auf den Projektplan verweist. »Nächsten Dienstag, um 14:00 Uhr müssen wir im Lenkungsteam den nächsten Meilensteinbericht abliefern. Dazu müssen wir noch das Implementierungskonzept ausarbeiten.« Da ist es gar nicht mehr notwendig, weiter darüber zu diskutieren, ob man

das nicht auch noch später erledigen könnte oder nicht. Jeder weiß, es ist wichtig, und es muss sein. Man ist dann eher bereit, andere Termine sausen zu lassen. Die Prioritäten verschieben sich zu Gunsten des Projekts. Das sollten sie auch, denn per Definition sind Projekte wichtige Vorhaben.

Regelmäßige Meilensteinberichte signalisieren Wichtigkeit und Anerkennung: Wenn das Projekt regelmäßig im Topmanagement (Lenkungsteam) behandelt wird, so signalisiert das allen Projektbeteiligten: »Dieses Projekt ist wichtig.« Wer schon einmal in einem Projekt mitarbeiten durfte, bei dem er das Gefühl hatte, dass sich im Unternehmen eigentlich niemand so richtig dafür interessierte, weiß, wie schwer es ist, sich dafür noch zu motivieren, insbesondere wenn die Zeit ohnehin knapp ist. Die regelmäßige Behandlung im Lenkungsteam gibt dem Projekt immer wieder Rückenwind und neue Energie. Allerdings nicht immer, denn natürlich kann es auch ein kritisches Feedback geben. Aber auch dann hat man wieder Orientierung und kann sich daran ausrichten. Die Bedeutung des Projekts wird daran gemessen, wie viel Zeit sich das Topmanagement dafür nimmt. Die Bedeutung des Projektleiters wiederum hängt von der Bedeutung des Projekts ab. Die Botschaft »das Projekt ist wichtig« stärkt die Position des Projektleiters gegenüber dem Projektteam sowie gegenüber der Linie. Außerdem kann der Projektleiter Lob, das er aus dem Lenkungsteam bekommt, direkt an sein Projektteam weitergeben.

Der Projektplan als Führungsinstrument

Während der Meilensteinplan und die Meilensteinberichte in erster Linie nach außen, sprich in Richtung des Lenkungsteams gerichtet sind, ist der Projektplan *das* Arbeitsinstrument des Projektteams schlechthin. Darin sind alle Aktivitäten, Maßnahmen und Arbeitsschritte detailliert festgehalten. Der Projektplan erfüllt drei wesentliche Führungs- und Motivationsfunktionen:

1) **Einbeziehung der Projektmitarbeiter und Identifikation mit dem Projekt:**
Das gemeinsame Erarbeiten des Projektplans im Projektteam leistet einen unverzichtbaren Beitrag zur Konsensfindung im Projektteam. Durch die Einbeziehung der Projektmitarbeiter bei der Festlegung des Vorgehens kann der Projektleiter sicherstellen, dass die Mitarbeiter die Projektdetails kennen und sich mit der Vorgehensweise und den gesetzten Terminen identifizieren. Damit ist es für sie nicht irgendein Projekt, das irgendjemand von oben wie eine Bombe abgeworfen hat, sondern es

ist *ihr* Projekt. *Sie* haben es geplant, konzipiert und mitgestaltet. Im Idealfall ist es »*ihr Baby*«. Diese Identifikation ist eine wesentliche Voraussetzung für die engagierte Mitarbeit im Projekt. Damit gelingt es, auch größere Durststrecken im Projekt zu überwinden.

2) **Verbindlichkeit schaffen:** Der Projektplan ist quasi der gemeinsame »Marschplan«, der so lange verbindlich gilt, bis ein neuer festgelegt wird. Der Projektplan unterstützt die Führungsfunktion des Projektleiters. In einem guten Projektteam sind die Projektmitarbeiter von sich aus motiviert, den gemeinsam erarbeiteten Plan auch in die Tat umzusetzen. Da bedarf es keines zusätzlichen Umsetzungsdrucks seitens des Projektleiters. Dieser Druck kommt vom Team von selbst. Man fühlt sich schließlich dem Projekt und der Planeinhaltung verpflichtet. Der Projektplan schafft Klarheit bezüglich des weiteren Vorgehens. Jeder weiß, wo das Projekt steht und wie es weitergeht. Das schafft Verlässlichkeit und gibt Sicherheit.

3) **Sich das Ziel vor Augen halten:** Gerade bei größeren Projekten kann es schon mal passieren, dass zwischendrin mal die Luft ausgeht und man das Gefühl hat, es geht nicht mehr. Da sucht man dann nach Möglichkeiten, um sich wieder zu motivieren und neue Energien frei zu machen. Da hilft es, sich vorzustellen, wie es sein wird, wenn man sein Ziel erreicht hat. Man malt sich aus, wie schön es sein wird, wenn man das Ergebnis erreicht, das man sich vorgenommen hat. (In dieser Situation haben wir uns übrigens im Verlaufe unseres Buchprojekts mehr als nur einmal befunden.) Und man schaut nach hinten, um zu sehen, was man bereits geleistet hat. Da wird man doch nicht so kurz vor dem Ziel aufgeben. Der Projektplan hält dem Projektteam ständig vor Augen, welche Strecke man bereits zurückgelegt hat und wie nahe man sich am Ziel befindet. Das ist wie beim Marathon. Spätestens so ab Kilometer 25 denkt man daran, wie weit man schon gelaufen ist. Das motiviert. Und ab Kilometer 30, spätestens ab Kilometer 35 denkt man daran, wie nahe man dem Ziel schon ist. Ohne die Schilder mit den Kilometerangaben wäre man verloren, weil man nicht wüsste, wo man sich gerade befindet. Der Projektplan ist für das Projektteam Kompass, Landkarte und Kilometeranzeige zugleich.

8.6 Die Zusammenarbeit im Team

Projektarbeit ist in erster Linie Teamarbeit. Nur wenn alle Projektmitarbeiter bereit sind, ihr Wissen, ihre Fähigkeiten und ihr Engagement in den Dienst des Projektteams zu stellen, wird man auch den ersehnten Erfolg einfahren. Was nützt es, wenn man zwar die besten Leute im Projekt hat, diese aber mehr gegeneinander als miteinander arbeiten. Das ist wie im Fußball. Selbst wenn Sie die elf besten Spieler haben, werden Sie nicht gewinnen, wenn das Zusammenspiel nicht klappt. Hinweise für ein mangelhaftes Zusammenspiel und Teamverständnis kann es viele geben; die Signale sind manchmal ganz subtil und manchmal nicht zu übersehen:

- Einzelne Projektmitarbeiter bringen sich kaum in das Projekt ein.
- Projektmitglieder bleiben den Projektsitzungen einfach fern.
- Jeder versucht die Interessen seines Bereichs in den Vordergrund zu schieben.
- Man versucht sich auf Kosten der anderen Teammitglieder zu profilieren.
- Die Projektmitglieder gehen nicht wirklich offen und vertrauensvoll miteinander um.
- Die Projektmitarbeiter kommunizieren nur wenig miteinander.
- In den Projektbesprechungen bringen sich die Projektmitglieder nur wenig ein.
- Termine und Aufgabenerledigungen werden nicht eingehalten.
- Im Untergrund toben heftige Grabenkämpfe.
- Es treten offene Konflikte auf.

Wer schon einmal in einem richtig eingeschworenen Projektteam mitgearbeitet hat, weiß zu welchen Leistungen so ein Team fähig ist. Natürlich wird man bestimmte Motivationsschwankungen oder Durchhänger nie ganz vermeiden können. Je länger so ein Projekt dauert, umso schwieriger ist es, die Motivationskurve hochzuhalten. In diesem Abschnitt möchten wir aufzeigen, wie Projektleiter Einfluss nehmen können auf die Zusammenarbeit und das Arbeitsklima im Team. Wir möchten auch deutlich machen, dass es zur Führungsaufgabe eines Projektleiters gehört, die Qualität der Zusammenarbeit aktiv zu gestalten und nicht dem Zufall zu überlassen. Projektleiter sollten sich dessen bewusst sein, dass ein gut funktionierendes Team eine wichtige Voraussetzung für den Projekterfolg darstellt. Umso mehr verwundert es, dass in Projekten häufig keine Teamentwicklungsanstrengungen unternommen werden. Die meisten Projektleiter sehen ihre

Aufgabe ausschließlich darin, ihrer fachlichen Führungsfunktion nachzukommen. Womöglich beklagen sie sich sogar noch darüber, dass aus der Linie nur kantige und nicht teamfähige Projektmitglieder »geliefert« wurden. Vielleicht wird der eine oder andere Leser nun Einspruch erheben und sagen: »Für ein gutes Arbeitsklima zu sorgen, kann doch nicht Aufgabe des Projektleiters sein!« Wir meinen: Doch! Aber nicht in dem Sinne, dass er versucht, sich die Projektmitglieder durch Kaffee- und Kuchenspenden und angenehme, kuschelige Besprechungsrunden gewogen zu machen, sondern indem er mögliche Teamhindernisse und Konfliktpotenziale rechtzeitig erkennt, anspricht und gemeinsam mit dem Team abbaut.

8.6.1 Merkmale guter Projektteams

In Führungskräfte- und Mitarbeitertrainings stellen wir den Teilnehmern gerne die Frage: »Woran erkennt man eigentlich ein gutes Team?« Interessanterweise haben die Teilnehmer eine durchaus klare Vorstellung davon, was ein gutes Team ausmacht. In der Regel erhalten wir auf unsere Frage folgende Antworten:

Ein gutes Team[13] ...
- hat anspruchsvolle Ziele,
- erreicht seine Ziele,
- hat motivierte und (ausreichend) qualifizierte Mitarbeiter,
- weist ein gutes Teamklima auf,
- lässt ein »WIR-Gefühl« erkennen,
- hat Team-Geist,
- ist gekennzeichnet durch gegenseitige Unterstützung,
- geht respektvoll miteinander um,
- hat klare Regelungen und Verantwortlichkeiten,
- lernt aus seinen Fehlern,
- geht mit Kritik konstruktiv um,
- entwickelt sich laufend weiter,
- optimiert seine Prozesse und Instrumente laufend.

Diese Beschreibungen lassen sich letztlich der in Abbildung 28 gezeigten zwei Kriterien zuordnen.

Sach-/Leistungsorientierung (Effektivität)	Menschorientierung (Humanität)
■ anspruchsvolle Ziele ■ Identifikation mit den Zielen ■ klare Regelungen und Verantwortlichkeiten ■ laufende Prozessoptimierung ■ Weiterentwicklung von Methoden und Instrumenten ■ aus Fehlern lernen ■ qualifizierte und leistungsbereite Mitarbeiter	■ WIR-Gefühl ■ gutes Teamklima ■ gegenseitige Unterstützung ■ respektvoller, freundlicher Umgang miteinander ■ motivationsförderndes Klima ■ Spaß bei der Arbeit ■ jeder kennt seine Rolle im Team

Abb. 28: Merkmale erfolgreicher Teams

8.6.2 Teambildung und -entwicklung

Wie groß der Teambildungs- beziehungsweise -entwicklungsbedarf für das Projektteam ist, hängt unter anderem auch davon ab, wie gut sich die Teammitglieder bereits kennen. Gibt es in der Linienarbeit Berührungspunkte zwischen den Mitarbeitern? Kennen sie sich womöglich aus früheren Projekten oder aufgrund privater Kontakte? Haben sie früher schon mal zusammengearbeitet? Natürlich sollten diese Aspekte bei der Planung von Teambildungsmaßnahmen berücksichtigt werden. Auch wenn sich die Teammitglieder bereits mehr oder weniger gut kennen, sollte man auf eine bewusste Teambildung und -entwicklung nicht ganz verzichten. Es ist wohl eher unwahrscheinlich, dass das Projektteam in genau dieser Zusammensetzung schon einmal zusammengearbeitet hat. Durch aktive und gezielte Maßnahmen kann der Projektleiter den Teambildungsprozess beschleunigen und damit die Basis für eine fruchtbare Zusammenarbeit legen. Folgende Möglichkeiten stehen dem Projektleiter dabei zu Verfügung:

1) Im Rahmen des *Auftakt-Workshops*: Wie in Kapitel 7.2.2 beschrieben, eignet sich der Auftakt-Workshop besonders gut, um Teambildungsaktivitäten durchzuführen. Diese können vielfältiger Natur sein. Besonders gut eignen sich einzelne Outdoorübungen, die die Aufgabenbestandteile »Auftragsklärung«, »Planung« und »Durchführung« beinhalten. Dazu engagiert man am besten einen erfahrenen Outdoortrainer, der sicherstellt, dass diese Übungen im Nachgang reflektiert und die Lernerfahrungen in die Projektarbeit transferiert werden. Aber auch einfache Spaß- oder Ballspiele sowohl im Freien wie auch im Seminarraum kön-

nen die Verbundenheit und das gegenseitige Vertrauen im Projektteam fördern. Eine ähnliche Wirkung haben sicherlich auch solche Events wie Kartfahren, Rafting und Abseiltrainings oder ein Besuch im Hochseilgarten. Auch die Gestaltung des Abendprogramms sollte man nicht ganz dem Zufall überlassen. Selbst ein schlichter Kegelabend mit lustigen Spielen kann sich zu einem unvergesslichen Event entwickeln. Mit solchen Teambildungselementen gelingt es in der Regel sehr schnell, ein positives Klima zu schaffen. Natürlich sollte man es nicht übertreiben. Ein zweitägiges Outdoortraining wird bei einem kleineren oder mittleren Projekt sicherlich nicht angemessen sein.

2) *Erarbeitung von Team-Spielregeln* (siehe Kapitel 7.2.2): Mit den Teamspielregeln legen die Projektmitglieder gemeinsam fest, worauf es ihnen bei der Zusammenarbeit besonders ankommt und nach welchen Regeln sie zusammenarbeiten möchten. Im weiteren Projektverlauf kann es für den Projektleiter, aber auch für einzelne Projektmitglieder sehr hilfreich sein, die vereinbarten Regeln bei Bedarf auch einzufordern. Allein das gemeinsame Ausarbeiten der Regeln führt bereits dazu, dass die Projektmitarbeiter dafür sensibilisiert sind, wie sie sich verhalten sollten.

3) *Anfangserfolge bewusst machen*: Erfolge schweißen ein Team zusammen und bestätigen die bisherige gute Zusammenarbeit. Projektleiter sollten diese Erkenntnis dazu nutzen, um gerade in der Anfangsphase auf die erzielten Erfolge hinzuweisen. Nichts motiviert mehr als der Erfolg selbst.

4) *Konflikte, Probleme und Unzufriedenheiten thematisieren*: Die Zusammenarbeit im Team sowie das Teamklima können durch das Fehlverhalten Einzelner massiv beeinträchtigt werden. Hier ist es Aufgabe des Projektleiters, teamschädigendes Verhalten frühzeitig und offen anzugehen. Hier lautet die Devise: »Fehlverhalten thematisieren statt ignorieren.« Handelt es sich um ein Einzelproblem, so sollte er im Vier-Augen-Gespräch mit dem betreffenden Mitarbeiter die Gründe erfragen und Vereinbarungen treffen, die sicherstellen, dass das Fehlverhalten abgestellt wird. Wenn es nichts nützt, ist der Linienvorgesetzte einzuschalten. Doch Vorsicht, dass der Linienvorgesetzte das Problem nicht wieder zurückdelegiert. Führt auch das nicht zum Erfolg, kann es durchaus auch notwendig sein, einen Mitarbeiter aus dem Projektteam wieder herauszunehmen. Das hat im Übrigen eine starke Signalwirkung. Hat die Missstimmung beziehungsweise das teamschädigende Verhalten bereits das ganze Projektteam erreicht, so sollte das im Rahmen einer Projektbesprechung offen thematisiert werden. Hier kann man oftmals feststel-

len, dass allein das Ansprechen des Problems zu einem veränderten Verhalten beiträgt.
5) *Reflexion der Zusammenarbeit*: Von Zeit zu Zeit sollte man die Zusammenarbeit im Projektteam kurz reflektieren. Das bietet sich insbesondere im Rahmen der Projektbesprechungen an. Das kann man auf ganz unspektakuläre Art und Weise tun, indem man die Projektmitarbeiter reihum bittet, in ihren Worten zu schildern, wie sie die bisherige Form der Zusammenarbeit im Projektteam erlebt haben und welche Veränderungen sie sich gegebenenfalls wünschen würden. Selbst wenn keine Veränderungswünsche geäußert werden, führt diese Reflexion dazu, dass alle wieder sensibilisiert sind. Diese Maßnahme hat vor allem vorbeugenden Charakter. Damit kann verhindert werden, dass sich unbemerkte Unzufriedenheiten oder Reibereien zu einem ernsthaften Konflikt ausweiten.

8.7 Der Umgang des Projektleiters mit pathologischer Unternehmenskultur

Es gibt viele Beispiele aus der Praxis, die zeigen, dass es guten Projektleitern durchaus gelingen kann, auch in einem schwierigen Umfeld Projekte zum Erfolg zu führen. Vielleicht haben Sie den Eindruck, dass Sie sich mit Ihrem Projekt in einer pathologischen Unternehmenskultur bewegen. Jeder Projektleiter, der sich in einem pathologischen Projektumfeld befindet, steht für sich vor der Entscheidung: »Will ich diese Aufgabe trotz aller Widerstände und Probleme bewältigen oder will ich vor den Umständen kapitulieren, die Schuld den anderen geben und die Segel streichen?« Die nachfolgend aufgezählten Aspekte können maßgeblich dazu beitragen, auch in einer pathologischen Unternehmenskultur das Projekt zu einem erfolgreichen Abschluss zu bringen.

1) **Verbindlichkeit schaffen:** Fordern Sie die Einhaltung von Vereinbarungen und Beschlüssen konsequent ein. Machen Sie deutlich, dass Sie auf der Einhaltung der Vereinbarungen bestehen. Viele Projektleiter und auch Führungskräfte scheuen sich davor, diesen »unangenehmen Punkt« anzusprechen. Mit dem konsequenten Eintreten für das Projekt betonen Sie dessen Wichtigkeit. Halten Sie Vereinbarungen und Beschlüsse immer schriftlich fest. Das »Prinzip der Schriftlichkeit« erhöht die Verbindlichkeit mündlicher Absprachen. Es kann sich dann niemand mehr rausreden, er hätte es anders in Erinnerung oder falsch verstanden.

Wichtige Instrumente in diesem Zusammenhang sind Projektskizze und Projekthandbuch, der Projektplan, der Meilensteinplan, die Maßnahmen- und Aktivitätenlisten sowie die Protokolle der Projekt- und der Lenkungsteamsitzungen.

2) **Die Betroffenen von Anfang an mit einbeziehen:** Vorgegebene Lösungen schaffen selten die Akzeptanz und Identifikation mit Veränderungen. Beziehen Sie die Betroffenen von Anfang an in das Projekt mit ein. Die Akzeptanz des Projektergebnisses steigt mit dem Grad der Einbeziehung. Damit beugen Sie Widerständen vor. Denn wer von Anfang an die Möglichkeit hatte, sein Wissen, seine Bedürfnisse und Anregungen einzubringen, wird nach Projektabschluss auch hinter dem Ergebnis stehen (müssen). Das kostet zwar am Anfang mehr Zeit, zahlt sich aber in jedem Fall aus. Betroffene einzubeziehen bedeutet, sie auch in die Verantwortung für das Projekt zu nehmen.

3) **Den Auftraggeber in der Verantwortung behalten:** Die Verantwortung des Auftraggebers ist mit der Beauftragung des Projektleiters noch längst nicht beendet. Vor allem bei kleineren und mittleren Projekten (Einfluss- und Matrix-Projektmanagement) ist der Projektleiter nur mit wenig Macht und Kompetenzen ausgestattet. Er hat weder Weisungsbefugnis gegenüber seinen Projektmitarbeitern noch gegenüber der Linie. Andererseits hat er den Projekterfolg zu verantworten. Diese Schieflage in Bezug auf Kompetenz und Verantwortung kann nur durch den Auftraggeber kompensiert werden. Dazu muss der Auftraggeber dem Projektleiter den Rücken stärken. Wenn dem Projektleiter die zugesagte Unterstützung versagt wird, wenn es um die Zuweisung der erforderlichen Projektressourcen geht oder wenn das Projekt womöglich boykottiert wird, dann ist es die Aufgabe des Auftraggebers, sich für das Projekt einzusetzen. Dazu gehört auch, in Besprechungen, Betriebsversammlungen oder in der Mitarbeiterzeitung auf die Wichtigkeit des Projekts hinzuweisen. Erfahrene Projektleiter kennen diesen wichtigen Aspekt nur zu gut und scheuen sich auch nicht davor zurück, eine gewisse Penetranz beim Einfordern der Verantwortung beim Auftraggeber an den Tag zu legen.

4) **Das Lenkungsteam in der Verantwortung behalten:** Die höchste Form der Mitverantwortung für das Projekt übernimmt das Lenkungsteam, indem es in die Auftraggeberrolle »schlüpft«. Damit kommen dem Lenkungsteam dieselben Aufgaben zu wie dem ursprünglichen Auftraggeber. Solange die Mitglieder des Lenkungsteams sich »nur« als Entscheider im Projekt und nicht als Auftraggeber sehen, solange werden sie sich vor allem als Vertreter der Linieninteressen sehen. Als Auftraggeber werden

die Lenkungsteammitglieder die Projektinteressen noch stärker vertreten (müssen). Vor allem im Hinblick auf die Funktion des Lenkungsteams, die Projektinteressen in der Linie zu vertreten, kommt diesem Aspekt eine herausragende Bedeutung zu. Damit die Entscheidungen und Zusagen des Lenkungsteams auch eingefordert werden können, ist es wichtig, sie im Besprechungsprotokoll verbindlich zu dokumentieren. Werden sie nicht eingehalten, ist es Aufgabe des Projektleiters, dies zu thematisieren und die Auswirkungen auf den Projektverlauf darzustellen.

5) **Den Beitrag der anderen zum Projekterfolg hervorheben:** Nichts motiviert mehr als der Erfolg. Heben Sie deshalb den Beitrag der Projekt- und der Linienmitarbeiter immer wieder hervor. Damit werden sie motiviert, sich weiter einzubringen. Außerdem erhöht es die Identifikation mit dem Projekt, denn schließlich spiegelt der Projekterfolg auch die Leistungen der anderen Projektbeteiligten wieder. Loben Sie, wo es nur geht. (Natürlich nur, wenn das Lob auch angebracht ist und von ganzem Herzen kommt.) Das fördert die Kooperations- und Vertrauenskultur und damit die Bereitschaft, auch Kritik anzunehmen. Signalisieren Sie den anderen Projektbeteiligten, dass es auch *ihr* Projekt ist.

6) **Wenn alles nichts hilft:** Selbstverständlich ist es möglich, dass trotz aller Vorsichts- und Absicherungsmaßnahmen ein Projekt in einer pathologischen Unternehmenskultur in Turbulenzen gerät. Wenn der Projektleiter alle Register gezogen hat und sich sicher ist, dass er sein Bestes gegeben hat, dann ist er auch berechtigt, eindeutig und klar zu konfrontieren. Und natürlich darf sich auch jeder Projektleiter zu jeder Zeit fragen, ob er die Verantwortung unter diesen Umständen weiter tragen möchte. Rechtzeitig die Reißleine zu ziehen, ist ein Recht und auch eine Pflicht, die ein Projektleiter hat!

Je stärker die pathologische Unternehmenskultur ausgeprägt ist, umso mehr sollte sich der Projektleiter der zur Verfügung stehenden Projektmanagement-Tools bedienen und auf eine klare Projektorganisation drängen. Wo Verbindlichkeit und Engagement fehlen, müssen sie durch Nachdruck, Kontrolle und durch die Zuordnung klarer Verantwortlichkeiten eingefordert werden.

8.8 Der Projektmanagement-Check für Projektleiter

Wenn Sie als Projektleiter nun wissen möchten, wo noch Verbesserungspotenziale für Ihr Projekt stecken, dann nehmen Sie sich nun 15 Minuten Zeit, um den nachfolgenden Projektmanagement-Check durchzuführen. Vermutlich kommen Ihnen bereits beim Ausfüllen schon Ideen, was Sie in Ihrem Projekt noch verbessern können beziehungsweise woran es liegt, dass Ihr Projekt nicht so läuft wie gewünscht. Je nachdem, in welchem Umfang die Aussagen zutreffen, vergeben Sie bitte folgende Punktzahlen:

- 0 Punkte = Aussage trifft gar nicht zu
- 1 Punkt = Aussage trifft eher nicht zu
- 2 Punkte = Aussage trifft teilweise zu
- 3 Punkte = Aussage trifft eher zu
- 4 Punkte = Aussage trifft voll zu

Der Projektmanagement-Check für Projektleiter	Anzahl Punkte
1) Die Projektziele sind klar und messbar beschrieben und schriftlich festgehalten (Projektskizze, Projekthandbuch).	
2) Die Projektziele sind anspruchsvoll und realistisch.	
3) Die Projektressourcen sind hinreichend genau geplant und freigegeben.	
4) Die notwendigen Arbeitsmittel stehen zur Verfügung.	
5) Die Projektmitglieder sind namentlich benannt und schriftlich fixiert.	
6) Das Projekt-Ende ist schriftlich fixiert.	
7) Im Vorfeld des Projekts wurde eine Wirtschaftlichkeitsbetrachtung durchgeführt bzw. das Nutzen-Aufwand-Verhältnis ermittelt.	
8) Die Mitglieder des Lenkungsausschusses sind namentlich benannt.	
9) Das Projekt und die Projektziele wurden im Unternehmen ausreichend kommuniziert.	
10) Die Projektorganisation mit allen Projektbeteiligten und den Kommunikationsbeziehungen ist schriftlich festgelegt.	
11) Der Auftraggeber/das Lenkungsteam macht immer wieder deutlich, wie wichtig ihm das Projekt ist.	
12) Für den Projektstart wurde ein Auftaktworkshop durchgeführt bzw. ist eingeplant.	

Fortsetzung von Seite 170

Der Projektmanagement-Check für Projektleiter	Anzahl Punkte
13) Das Lenkungsteam wird regelmäßig über den Projektstand informiert.	
14) Die Mitglieder des Lenkungsteams zeigen durch ihre Diskussionsbeiträge, dass sie sich im Projektthema auskennen.	
15) Bei Bedarf bekomme ich schnell einen Termin im Lenkungsteam.	
16) Im Lenkungsteam werden die unterschiedlichen Bereichssichtweisen und -interessen offen diskutiert.	
17) Der Auftraggeber schaut auch ab und zu beim Projektteam vorbei.	
18) Das Projekt ist in überschaubare Teilprojekte und Arbeitspakete zerlegt.	
19) Jedem Teilprojekt bzw. Arbeitspaket ist ein verantwortlicher Projektmitarbeiter zugeordnet.	
20) Das Projekt ist in überprüfbare Meilensteine untergliedert.	
21) Nach jedem Meilenstein wird das Lenkungsteam informiert.	
22) Der Projektplan ist verbindlich und enthält fixierte Termine.	
23) Die Projektmitarbeiter ziehen voll mit.	
24) Zu jeder Projektgruppenbesprechung gibt es eine Tagesordnung/Agenda.	
25) Es sind die richtigen Leute im Projekt.	
26) Die Rollen und Aufgaben im Projektteam sind klar verteilt.	
27) Die ausstehenden Aufgaben mit den jeweiligen Verantwortlichen und den Erledigungsterminen sind in einer Liste dokumentiert.	
28) Die Ergebnisse der Projektbesprechungen werden protokolliert.	
29) Die in den Projektbesprechungen festgelegten Maßnahmen werden zuverlässig umgesetzt.	
30) Die Aufgaben sind zwischen den Projektmitarbeitern in etwa gleichmäßig verteilt.	
31) Als Projektleiter bin ich ausreichend moderationsgeschult.	
32) Mein Vorgesetzter verschafft mir ausreichende Spielräume zur Wahrnehmung meiner Projektleiteraufgabe.	
33) Die Projektmitarbeiter sind für das Projekt ausreichend freigestellt bzw. wurden so weit wie nötig von einzelnen Linienaufgaben entbunden.	

Fortsetzung von Seite 171

Der Projektmanagement-Check für Projektleiter	Anzahl Punkte
34) Die Zusammenarbeit im Projektteam ist durch Kooperation und Kollegialität geprägt.	
35) In unseren Projektbesprechungen erzielen wir regelmäßig gute Ergebnisse.	
36) In den Projektbesprechungen bringen sich alle Projektmitglieder aktiv ein.	
37) Der Projektplan wird in den Projektgruppenmeetings regelmäßig besprochen und der jeweilige Projektfortschritt festgestellt.	
38) Änderungen des Projektplans werden gemeinsam besprochen und eingepflegt.	
39) Wir erfahren ausreichend Unterstützung durch die Linie.	
40) Wir informieren im Unternehmen ausreichend über unser Projekt.	
Summe der Punkte	

Ergebnisauswertung:

0 – 40 Punkte:	Ihr Projekt weist erhebliche Mängel auf. So wie es jetzt aussieht, sollten Sie gar nicht erst anfangen. Analysieren Sie die Situation nochmals genau. Klären Sie vor allem, ob das Projekt wirklich gewünscht ist und klären Sie den Projektauftrag und die Projektziele nochmals.
41 – 80 Punkte	Ihr Projekt bedarf noch einiger wichtiger Nachbesserungen. Bevor Sie starten, prüfen Sie nochmals genau, was noch im Argen liegt und beheben Sie die wesentlichen Defizite.
81 – 120 Punkte	Das sieht ja schon ganz gut aus. Einige Projektrisiken, an denen das Projekt und Sie selbst scheitern könnten, bestehen allerdings noch.
121 – 160 Punkte	Herzlichen Glückwunsch. Alles liegt im grünen Bereich. Jetzt müssten Sie schon viel Pech haben, wenn das Projekt noch schiefgeht. Viel Erfolg!

Für Projektleiter das Wichtigste in Kürze:

- Fordern Sie einen klaren Projektauftrag und klare Projektziele ein.
- Fordern Sie die Einbindung der Linienverantwortlichen in das Projekt ein (Lenkungsteam).
- Sorgen Sie dafür, dass die richtigen Leute im Projekt sind.
- Erstellen Sie mit Ihrer Projektgruppe einen Projektplan.
- Starten Sie Ihr Projekt richtig mit einer gut geplanten Auftaktveranstaltung.
- Strukturieren Sie Ihr Projekt (Projektstrukturplan).
- Sorgen Sie für einen realistischen Zeitplan mit ausreichend Meilensteinen.
- Sorgen Sie für ausreichende Ressourcen.
- Achten Sie auf ein gutes Teamklima.
- Halten Sie regelmäßige Projektbesprechungen ab und stellen Sie sicher, dass alle Projektmitarbeiter daran teilnehmen.
- Sorgen Sie für eine regelmäßige Berichterstattung an das Lenkungsteam (Meilensteinberichte).
- Informieren Sie die Linie regelmäßig und beziehen Sie sie ein.
- Nehmen Sie Ihre Projektmitarbeiter mit in die Verantwortung. Delegieren Sie.
- **Halten Sie Auftraggeber und Lenkungsteam stets in der Verantwortung.**

9
Gelebtes Projektmanagement – wie Sie sicherstellen, dass Ihr Projektmanagement auch gelebt wird

»Der Mensch hat dreierlei Wege,
klug zu handeln:
erstens durch Nachdenken
– das ist der edelste;
zweitens durch Nachahmen
– das ist der leichteste:
drittens durch Erfahrung
– das ist der bitterste.«.

(Konfuzius, 551–479 v. Chr.)

Wahrscheinlich wurden in allen Unternehmen Projekte auch schon vor Erscheinen dieses Buches mehr oder weniger erfolgreich bearbeitet. Oftmals verfügen Unternehmen über ein umfangreiches Regelwerk für die Projektarbeit, aber es mangelt an Akzeptanz für dieses Regelwerk mit der Konsequenz, dass sich niemand daran hält. In diesem Kapitel geht es um die Einführung eines *professionellen* Projektmanagements, das nicht nur auf dem Papier steht, sondern wirklich gelebt wird. Hierzu ein Beispiel aus unserer Beratungspraxis:

Aufgrund einer sehr dynamischen Wettbewerbs- und Marktentwicklung gewann Projektarbeit im Unternehmen in den vergangenen Jahren zunehmend an Bedeutung. Der Controllingbereich wurde mit der Aufgabe betraut, ein Projektmanagementsystem aufzubauen. Mit hohem Einsatz und Professionalität wurden verschiedene Instrumente entwickelt:

- ein umfassendes Projekthandbuch, das für jedes Projekt angelegt werden sollte, in dem das Projekt detailliert zu beschreiben war und das als Planungsinstrument genutzt werden sollte;
- Projektlisten, die einen Überblick über alle laufenden Projekte liefern sollten;
- Auftragsnummern für die Erfassung der Projekte im entsprechenden ERP-Programm;

Projekte sicher managen. Marijan Kosel und Jürgen Weißenrieder
Copyright © 2007 WILEY-VCH Verlag GmbH & Co. KGaA, Weinheim
ISBN 978-3-527-50255-4

- Dienstanweisungen, in denen festgehalten wurde, wie Projekte im Wirtschaftsplan zu behandeln sind;
- Methoden zur Ermittlung der Wirtschaftlichkeit und so weiter.

Man ging davon aus, damit über ein ausreichend funktionierendes Projektmanagement-System zu verfügen. Doch weit gefehlt. Das Bild, das sich bot, sah ganz anders aus:
- Die Führungskräfte und Mitarbeiter im Unternehmen klagten über die Vielzahl an Projekten im Unternehmen, wobei keiner sagen konnte, wie viele es tatsächlich waren.
- Der Projektstatus der einzelnen Projekte war häufig unklar. Oftmals wusste man nicht, ob ein Projekt schon freigegeben war.
- Bei einzelnen Projekten war unklar, wer eigentlich der Projektleiter und wer Mitglied im Projektteam war.
- Es bestand Unklarheit darüber, bis wann Projekte abgeschlossen sein sollten. Dies wiederum führte dazu, dass Projekte so vor sich hin dümpelten.
- Die Projektleiter sahen sich teilweise als Einzelkämpfer ohne einen klaren Projektauftrag und ohne konkrete Projektziele.
- Um die vorgeschriebene Erstellung des Projekthandbuchs sowie die erforderlichen Wirtschaftlichkeitsberechnungen zu umgehen, wurden Projekte kurzerhand in Maßnahmen umbenannt, für die es keine besonderen Dokumentations- und Nachweispflichten gab.

Die Situation ist sicherlich typisch für viele Unternehmen. Natürlich stellt sich die Frage, warum die angebotenen Instrumente und Arbeitshilfen von den Führungskräften und Mitarbeitern nicht so angenommen werden, wie man es sich vorstellt. Die oben beschriebenen Verhaltensweisen liefern Hinweise auf das Fehlen wichtiger Erfolgsvoraussetzungen:

1) *Einsicht:* Fehlende Einsicht impliziert fehlende Motivation. Projektmanagement wird nur dann gelebt, wenn die Projektbeteiligten überzeugt davon sind, dass der Nutzen und die Vorteile die (scheinbare) Mehrarbeit, die professionelle Projektarbeit mit sich bringt, überwiegen. Wenn es gelingt, bei den Projektbeteiligten die Einsicht zu erzeugen, dass die Projektmanagementinstrumente wichtige Arbeits- und Hilfsmittel und nicht lästige bürokratische Gängelungswerkzeuge sind, dann ist eine wichtige Hürde auf dem Weg zum gelebten Projektmanagement übersprungen. Dazu ist es wichtig, das Projektmanagement so pragmatisch wie möglich zu gestalten und den »bürokratischen« Aufwand so gering wie möglich zu halten. Das soll nicht bedeuten, dass wir dafür plädieren,

den Anspruch an ein professionelles Projektmanagement zurückzuschrauben. Wir plädieren vielmehr dafür, genau darauf zu achten, was für das jeweilige Projekt und das jeweilige Unternehmensumfeld Sinn macht. Weniger ist da oftmals mehr. Der Grundsatz muss lauten: »So viel Freiräume für den Projektleiter wie möglich und so wenig Vorgaben und Einengungen wie nötig.« Viele Projektleiter beklagen den immensen »Papierkram«, den die Projektarbeit mit sich bringt. Wenn damit allerdings die Erstellung von Projekthandbüchern und Projektplänen und die Dokumentation des Projektfortschritts gemeint ist, dann zeugt das von einem falschen Verständnis von Projektarbeit und fehlender Einsicht in die Notwendigkeit dieser Instrumente. Fehlende Einsicht ist auf fehlende Information zurückzuführen. Bestehende Informationsdefizite können nur durch eine umfassende Information und Aufklärung der Mitarbeiter und Führungskräfte behoben werden.

2) *Befähigung der Projektleiter*: Wie oft wird jemand als Projektleiter »ins kalte Wasser geschubst«, ohne jemals eine ausreichende Ausbildung erfahren zu haben? Nicht ausgebildete Projektleiter können nicht wissen, welche Führungs-, Planungs- und Steuerungsinstrumente es gibt, geschweige denn, dass sie deren Anwendung beherrschen. Natürlich kann man fehlende Qualifikation zum Teil mit gesundem Menschenverstand und persönlichem Engagement kompensieren. Den Profistatus wird man damit aber nicht erreichen können, sondern nur, indem man auch bei der Einführung von Projektmanagement professionell vorgeht: Professionelle Projektarbeit setzt gut geschulte Projektleiter voraus. Jeder Projektleiter sollte *vor* Projektbeginn zumindest das »1 x 1 des Projektmanagements« gelernt haben. Zum Handwerkszeug gehört, wie man einen Auftrag klärt, einen Projektplan erstellt, eine Projektgruppe führt oder wie man Projektbesprechungen moderiert. Ausreichend geschulte Projektleiter sind nicht nur für die erfolgreiche Abwicklung ihres jeweiligen Projekts wichtig, sondern sie dienen auch als wichtige Multiplikatoren und Vorbilder für die künftigen Projektleiter. Junge Projektmitarbeiter können von einem geschulten und erfahrenen Projektleiter sehr viel lernen. So kann sich auf mittlere Sicht eine professionelle Projektmanagementkultur im Unternehmen entwickeln.

3) Damit Projektmanagement auch wirklich gelebt wird, braucht es einen spürbaren *Nachdruck,* einen gewissen *Zwang.* Die Menschen im Unternehmen orientieren sich in erster Linie daran, was im Unternehmen gerade wichtig ist und worauf besonders Wert gelegt wird. Sie verfügen über feine Fühler, mit denen sie wahrnehmen, was im Unternehmen gerade opportun ist, was der Unternehmensleitung gerade wichtig ist und

was ihnen Vorteile verschafft. Danach richten sie ihre Anstrengungen und Aktivitäten aus. Solange es keinen Zwang zur Veränderung gibt, wird auch kein Anlass gesehen, das eigene Verhalten zu verändern. Der Projektmanagementgedanke wird im Unternehmen nur dann gelebt werden, wenn die Unternehmensleitung und die oberen Führungskräfte immer wieder deutlich machen, dass es ihnen wichtig ist. Dazu gehört, die Anwendung der Mindeststandards für Projektmanagement immer wieder einzufordern und deren Einhaltung zu kontrollieren. Und last but not least selbst mit gutem Beispiel voranzugehen und den Mitarbeitern ein Vorbild zu geben. Wenn die Unternehmensleitung die Mindeststandards selbst nicht einhält, muss sie sich nicht wundern, wenn die Mitarbeiter es ihr gleichtun. Die Macht des Vorbilds wirkt am stärksten. Kritische Geister werden jetzt anmerken, dass Zwang, Kontrolle und das Einfordern von bestimmten Verhaltensweisen sich nicht mit einem partizipativen Führungsstil vertragen. Aus unserer Sicht ein gewaltiger Irrtum, denn Führung bedeutet ja gerade, auf Mitarbeiter Einfluss zu nehmen, um ihr Arbeits- und Leistungsverhalten so zu entwickeln, dass es dem Unternehmen und damit langfristig auch den Mitarbeitern nützt. Ohne eine konsequente Führung wird Partizipation zur Fahrt ins Blaue und endet früher oder später im Gestrüpp.[1]

9.1 Prozessorientiertes Vorgehen – gelebtes Projektmanagement als Projekt

Eine nette Anekdote aus einem Unternehmen wird uns noch lange in Erinnerung bleiben:

In einem schnell wachsenden Elektronikunternehmen mit fast 2000 Mitarbeitern an mehreren Standorten, das mit einigen seiner Produkte zu den Weltmarktführern zählte, wurde immer klarer, dass die Abwicklung von Projekten nach der alten Mentalität »auf Zuruf« nicht mehr funktionierte. Einer der Geschäftsführer hatte auf einer Tagung einen Projektmanagementprofi kennen gelernt und sich entschieden, dass Projektmanagement im Unternehmen durch diesen Berater eingeführt werden sollte. Eines Tages fuhr bei dem bodenständigen schwäbischen Unternehmen ein flotter, silberner Flitzer mit Hamburger Kennzeichen vor. Links entstieg ein braungebrannter, »gelackter« Mann und rechts entstieg seine sehr gut aussehende und ebenfalls braun gebrannte Assistentin, die ihm seine Materialien trug. Schon Tage vorher waren Pakete mit Ordnern angeliefert worden, in denen dokumentiert war, wie Projektmanagement im Unternehmen in Zukunft aussehen sollte. Die Bereichs- und Abteilungsleiter wurden zusammengerufen, und es wurde ihnen mitgeteilt, dass Projekte in Zukunft so definiert, geplant und abgewickelt werden sollten, wie es in den Ordnern stand. »Ob es denn noch Fragen gebe?« – »Nein, nicht wirklich.« Aber es gab noch Kaffee und Kuchen. Die Gespräche bei Kaffee und Kuchen hatten ungefähr folgenden Inhalt: »So kann man vielleicht Schiffe bauen oder einen Wolkenkratzer, aber doch nicht unsere ...!« oder »Lass mal, es wird nichts so heiß gegessen, wie es gekocht wird!« oder »Papier ist geduldig!« oder »Wenn der so schlau ist, dann soll er doch unsere Projekte machen!« oder »Ich glaube, dass wir nach der Definition gar keine Projekte haben, sondern nur Sonderaufgaben. Dann trifft uns das ja gar nicht.« Sicher war jedenfalls eines: Jahre später wurde in diesem Unternehmen begonnen, ein eigenes Projektmanagement zu entwickeln und eine passende Projektmanagementsoftware dazu zu suchen. Die alten Ordner dienten dann als Erinnerung an den braungebrannten, »gelackten« Berater, seinen flotten Flitzer mit den Flügeltüren und seine nicht minder flotte Assistentin. Immerhin!

Projektmanagement lässt sich nicht von heute auf morgen und schon gar nicht mit der Brechstange einführen oder zum Leben erwecken. Wenn dem Regelwerk die Akzeptanz verwehrt blieb, so hat das seine Gründe. Bequemlichkeit, Wissensdefizite, Qualifikationsdefizite bei den Projektleitern oder ganz einfach eingefahrene Gewohnheiten standen dem Projektmanagement bisher im Wege. Wenn nun die andere Form der Projektarbeit eingeführt werden soll, so stellt das für alle Beteiligten eine gravierende Veränderung dar. Und jede Veränderung ruft zunächst einmal Widerstände hervor. Um einen Abbau dieser Widerstände zu gewährleisten und Akzeptanz aufzubauen, empfiehlt es sich, die Belebung des Projektmanagements selbst als Projekt anzulegen. Machen Sie ein strategisches Projekt »Gelebtes Projektmanagement« daraus – mit allem, was ein Projekt braucht, mit einem Projektleiter, einem klaren Auftrag und klaren Projektzielen, einem Lenkungsteam und einem eigenen Budget. Stellen Sie sicher, dass das Projekt professionell und »vorbildlich« durchgeführt wird. Das hat Signalwirkung. Wie bei allen Veränderungsprojekten sind auch beim »gelebten Projektmanagement« wichtige Schlüsselfaktoren zu berücksichtigen: Klarheit der Ziele, Beteiligung der Betroffenen, Top-Down-Vorgehen, ganzheitliches Denken und Handeln sowie prozessorientiertes Vorgehen.

Die Abbildung 29 skizziert diesen Prozess in groben Schritten. Es ist wichtig, diesem Prozess auch eine gewisse Dramaturgie zu verleihen: als strategisches Projekt.

Abb. 29: Der Weg zum gelebten Projektmanagement

Im Nachfolgenden möchten wir einige wichtige Prozessschritte und Instrumente vorstellen, die dazu beitragen, dass das Projektmanagement auch wirklich gelebt wird und nicht zu einem Papiertiger verkommt. Auch hier der Hinweis: Instrumente stellen nicht per se sicher, dass es funktioniert. Sie sind immer nur so gut wie die Menschen, die mit ihnen arbeiten. Auch hier ist es wichtig, die gewünschten Verhaltensweisen immer wieder selbst vorzuleben und einzufordern. Außerdem: Die Entwicklung des Projektmanagements zu einem »gelebten Projektmanagement« ist ein Lernprozess – nicht nur für die Beteiligten, sondern für das ganze Unternehmen. (Dies gilt natürlich erst recht für die Einführung des Projektmanagements.) Analysieren Sie nach jedem Prozessschritt, wo Sie stehen, und leiten Sie die jeweils notwendigen weiteren Schritte ein.

9.2 Analyse und Diagnose

Bevor konkrete Veränderungen angegangen werden, ist es wichtig, zunächst einmal die Vergangenheit zu beleuchten. *Wie wurden Projekte im Unternehmen bisher angegangen? Was sind typische Erfahrungen, die man in Projekten immer wieder macht? Welche Projekte sind in der Vergangenheit ge-*

scheitert und warum? Was läuft konkret schief und woran liegt das? Welche Auswirkungen hat die bisherige Arbeitsweise auf das Unternehmen insgesamt? Wenn wir uns unser Projektmanagement in zwei Jahren vorstellen, wie sieht es dann aus? Welche Hindernisse werden wir dann überwunden haben? Die Beschäftigung mit diesen Fragen führt zwangsläufig zur Beantwortung der Frage: »Wie müssen wir unser Projektmanagement künftig gestalten, und was müssen wir tun, um dorthin zu kommen?« Je mehr Betroffene in die Analyse mit einbezogen werden, umso größer ist die Einsicht in die Notwendigkeit von Veränderungen und umso größer die Anzahl derjenigen, die Veränderungen wollen und mittragen. Das kommt Ihnen spätestens in der Konzeptions- und Umsetzungsphase zugute. Sie können immer wieder darauf verweisen, dass Sie sich letztlich nur auf die Ergebnisse und Anregungen der Mitarbeiter stützen. Außerdem kennen die Mitarbeiter dann den Hintergrund und die Ziele des Projekts. Insofern bietet es sich an, *alle* Beschäftigten, die von der Projektarbeit betroffen sind, in die Analyse mit einzubeziehen. Dies kann beispielsweise in moderierten Analyseworkshops erfolgen. Die Ergebnisse der Analyseworkshops werden zusammengetragen, aufbereitet und dienen als Entscheidungsgrundlage für das Managementteam. Selbstverständlich sollte man dabei nicht vergessen, auch die Belegschaft, insbesondere die Workshopteilnehmer über die Ergebnisse und die weitere Vorgehensweise zu informieren.

9.3 Commitment des Managementteams

Egal, ob Sie Projektmanagement einführen oder zum Leben erwecken wollen, stellen Sie sicher, dass der oberste Führungskreis geschlossen dahintersteht. Projektmanagement ist nur erfolgreich, wenn das Zusammenspiel mit der Linie funktioniert. Projekte sind auf die Unterstützung und den Umsetzungswillen der Linie angewiesen. Führungskräfte gleich welcher Ebene sind zunächst einmal daran interessiert, dass das Tagesgeschäft läuft, und sie ihre Linienfunktion erfüllen. Außerdem sind es die Linienverantwortlichen, die für die nötige Akzeptanz in der Belegschaft sorgen – oder eben nicht. Linienverantwortliche, die nicht voll hinter dem Projektmanagementgedanken stehen, werden ihn auch nicht mit Überzeugung gegenüber ihren Mitarbeitern vertreten können. Gerade deshalb ist es wichtig, den oberen Führungskreis für das Projektmanagement zu gewinnen, indem die neuen Projektspielregeln gemeinsam erarbeitet werden. Die oberen Führungskräfte machen sich dadurch mit ihrer Rolle als Promotoren des Projektmanagements vertraut, indem sie die Gelegenheit haben, sich inhaltlich damit auseinandersetzen zu können. Damit werden sie sich auch ihrer Verantwortung als Mitglieder des Managementteams für das Projektmanagement eher bewusst. Für ein *gelebtes* Projektmanagement ist dieses Commitment des Managementteams unverzichtbar. Commitment bedeutet nicht nur – wie vielmals angenommen – eine Vereinbarung der Führungskräfte untereinander, sondern bedeutet auch, eine Vereinbarung mit sich selbst zu treffen. Das geht viel tiefer als eine Vereinbarung mit jemand anderem zu treffen. Ein Commitment zu treffen, bedeutet, »mit voller Überzeugung »dahinterzustehen, quasi »mit Haut und Haaren«. »Sich committen« bedeutet, alles dafür zu tun, damit die angestrebten Ziele auch erreicht werden können. Wie bekommen Sie dieses Commitment? Hierzu sollten Sie auf die Analyseergebnisse zurückgreifen. Zeigen Sie auf, welche Nachteile dem Unternehmen aus der derzeitigen Situation entstehen. Damit machen Sie die Notwendigkeit der Veränderung deutlich. Aus den Analyseergebnissen können Sie mit den Worten der Führungskräfte und Mitarbeiter entnehmen, welche Vorteile ein funktionierendes Projektmanagement für das Unternehmen und die Führungskräfte bringt. Und vor allem: Sie können damit deutlich machen, was Sie von Ihren Führungskräften erwarten. Sie dürfen ruhig auch deren Unterstützung einfordern und unmissverständlich deutlich machen, wie wichtig es Ihnen ist. Das Managementteam sollte sich geschlossen als Auftraggeber für das Projekt »Gelebtes Projektmanagement« verstehen.

9.4 Beschreibung des Grobkonzepts und der Mindeststandards

Die Erarbeitung des Grobkonzepts und der Mindeststandards kann einer Projektgruppe übertragen werden. Das Ergebnis dient dem oberen Führungskreis als Diskussions- und Entscheidungsgrundlage. Noch besser: Der obere Führungskreis arbeitet das Grobkonzept selbst aus. Das stellt sicher, dass es dann wirklich alle verstanden haben und sich damit identifizieren. Die gemeinsame Ausarbeitung und Festlegung der Mindeststandards kann zum Beispiel im Rahmen des jährlichen Zieleworkshops erfolgen. Grobkonzept und Mindeststandards bilden für die Projektgruppe den Auftragsrahmen, den es auszufüllen und zu konkretisieren gilt. Unverzichtbare Mindeststandards sind beispielsweise:

- Jedes Projekt hat einen Auftraggeber.
- Jedes Projekt hat einen schriftlich benannten Projektleiter und schriftlich benannte Projektmitarbeiter.

- Es gibt ein Lenkungsteam mit namentlich benannten Mitgliedern.
- Der Projektauftrag und die Projektziele sind schriftlich fixiert.
- Für jedes Projekt ist ein Projekthandbuch beziehungsweise bei kleineren Projekten eine Projektskizze zu erstellen.
- Der Projektleiter informiert das Lenkungsteam regelmäßig über den Projektstand.
- Für jedes Projekt gibt es einen verbindlich festgelegten beziehungsweise vereinbarten Endtermin.

Gemäß dem Prinzip der Schriftlichkeit sollten diese Mindeststandards schriftlich festgehalten werden. Gemeinsam mit den Mindeststandards sollten auch die Erwartungen an Projektleiter und deren Aufgaben konkretisiert und fixiert werden. Die Entwicklung der Projektmanagementtools wie Projekthandbuch, Projektskizze oder Meilensteinberichtsbogen sollte allerdings der Projektgruppe überlassen werden. Da geht es um absolute Detailarbeit. Natürlich braucht man an dieser Stelle das Rad nicht neu zu erfinden und kann auf bestehende Unterlagen aus Fachbüchern (siehe auch die Anlagen in diesem Buch) oder anderen Unternehmen zurückgreifen. Dennoch sollten solche Tools nicht einfach unbesehen übernommen, sondern auf die konkreten Bedürfnisse Ihres Unternehmens angepasst werden. Geben Sie ihnen auch äußerlich eine eigene und ansprechende Note. Die Akzeptanz solcher Arbeitshilfsmittel hängt nicht zuletzt auch von der Übersichtlichkeit, dem logischen Aufbau und dem äußeren Eindruck ab. Das Auge will auch verwöhnt sein.

9.5 Einsicht bei allen Führungskräften erzeugen

Nachdem der obere Führungskreis geschlossen hinter dem Projektmanagement steht, geht es im nächsten Schritt darum, alle Führungskräfte mit ins Boot zu bekommen. Das geht in erster Linie über eine umfassende Information. Allerdings sollten die Führungskräfte an dieser Stelle noch nicht vor vollendete Tatsachen gestellt werden. Lassen Sie die bisher ausgearbeiteten Projektergebnisse (Grobkonzept, Mindeststandards, Projektmanagementtools) von den Führungskräften kritisch diskutieren. Ermuntern Sie sie, Kritik und Anregungen offen zu äußern, und seien Sie selbst offen dafür. Machen Sie Ihren Führungskräften deutlich, dass sie das Projektmanagement nicht nur mitgestalten können, sondern auch sollen. Alles was an dieser Stelle an vorhandener Kritik und Widerstand im Verborgenen bleibt, wird spätestens in der Umsetzungsphase wieder zum Vorschein gelangen.

Die Führungskräfte brauchen die Gelegenheit, ein gemeinsames Verständnis von Projektarbeit zu entwickeln. Dann können sie die Mindeststandards und die Rollen der Projektbeteiligten verstehen und akzeptieren. Damit kann auch die Erkenntnis wachsen, was an dieser Stelle von ihnen erwartet wird. Wurden die Führungskräfte bereits in der Analyse miteinbezogen, so sind sie schon mehr oder weniger im Boot. Haben sie die Notwendigkeit für Veränderungen bereits erkannt, dann geht es jetzt »nur« noch darum, sie mitzunehmen und in die Verantwortung zu bringen.

An dieser Stelle möchten wir einem möglichen Missverständnis vorbeugen: Wir gehen selbst nicht davon aus, dass alle Erkenntnisse bei den Betroffenen automatisch wachsen, indem man sie pausenlos bei allen Details beteiligt und nervtötend durch alle Denkprozesse jagt, die von anderen davor auch schon viele Male durchdacht wurden. Nur weil jedes Komma pseudodemokratisch gemeinsam gesetzt wurde, entsteht noch kein Commitment. Es ist aber auch nicht hilfreich – Sie erinnern sich an das Beispiel mit dem flotten Flitzer und den Flügeltüren – Fertigprodukte aus der Konserve einfach vorzusetzen und anzunehmen, dass damit der Hunger gestillt sei. Die Balance zwischen diesen beiden beschriebenen Extremen, die goldene Mitte, führt zum Ziel. Sie dürfen sich dabei ruhig auch auf Ihre Intuition verlassen.

9.6 Alle laufenden Projekte nochmals auf den Prüfstand

An einem Beispiel lässt sich zeigen, dass nicht alles, was von den Beschäftigten als Projekt bezeichnet wird, auch diesen Namen verdient.

Wir wurden in ein mittelständisches Unternehmen der Verpackungsindustrie mit mehreren hundert Mitarbeitern gerufen, um auf Wunsch der Inhaber eine umfassende Neuausrichtung des Personalmanagements mit sehr vielen Facetten über mehrere Jahre hinweg zu begleiten – ein sehr interessanter Auftrag. In der Klärungsphase äußerten die Führungskräfte Zustimmung zu der Notwendigkeit, diese große Aufgabe anzugehen. Gleichzeitig wurden bei den Führungskräften aber auch Bedenken laut, ob dieses Projekt denn neben den 250 anderen Projekten im Unternehmen bearbeitet werden könne. Zuerst dachten wir, wir hätten uns verhört, aber nein: Es gab tatsächlich eine Projektliste, auf der 250 Projekttitel verzeichnet waren. Rein rechnerisch gab es also 250 Projekte zu leiten, ungefähr jeder zweite Mitarbeiter war der Leiter eines Projektes, und jeder Mitarbeiter hätte in mindestens zwei Projekten mitarbeiten müssen. Es stellte sich bald heraus, dass zum einen fast alles, was man immer schon hätte machen wollen oder müssen, auf dieser Projektliste stand, selbst die einfachsten baulichen Reparaturmaßnahmen oder etwas umfangreichere Wartungsarbeiten et cetera. Außerdem enthielt die Liste reine Projektideen, die noch gar nicht als Projekt freigegeben wurden und für die auch noch kein Projektleiter bestimmt war. Die Vielzahl der Projekte wurde auch dadurch verursacht, dass viele Projekte nie abgeschlossen werden konnten, weil immer neue hinzugekommen sind. Die nicht abgeschlossenen Projekte verblieben auf der Projektliste, man beschäftigte sich doch immer wieder damit. Damit wurden Ressourcen gebunden, die für andere Aufgaben nicht mehr zur Verfügung standen. Außerdem wurde ein Gefühl der Unzufriedenheit hervorgerufen, weil man mit dieser immer länger werdenden Projektliste auch keine Erfolgserlebnisse vermitteln konnte – ganz im Gegenteil. Das Durchforsten dieser Projektliste führte dazu, dass aus den ursprünglich scheinbar 250 Projekten lediglich überschaubare 17(!) übrig blieben, auf die man die ganze Konzentration legen konnte.

Bevor neue Projekte initiiert werden, sollte man sich zunächst einen Überblick über alle laufenden Projekte verschaffen. Welche Projekte laufen gerade? Wie ist der Projektstand? Sind die Projekte ausreichend beschrieben? Stellen Sie alle Projekte auf den Prüfstand.

Falls noch keine Projektliste im Unternehmen existiert, empfiehlt es sich, eine anzulegen (siehe Abbildung 30).

Beauftragen Sie einen Mitarbeiter damit, alle Projekte die von irgendjemandem im Unternehmen genannt werden, in einer »vorläufigen Projektliste« zu erfassen. Lassen Sie sich zu jedem Projekt die in der Liste geforderten Daten nennen. Lassen Sie die Liste so weit wie möglich ausfüllen. Sie werden sehen, Sie bekommen die merkwürdigsten Konstellationen. Da wird es Projekte geben, bei denen es zwar einen Projektleiter, aber keinen Auftraggeber gibt. Oder es gibt einen Auftraggeber und einen Projektleiter, aber keine Projektgruppe und keinen Endtermin. Oder es werden Projekte benannt, die längst abgeschlossen oder vielleicht nur im Sande verlaufen sind. Es werden auch Projekte auftauchen, die nie stattgefunden haben. Diese Aktion wird wie eine Befreiung von Projektaltlasten sein. Es wird Ihnen ein gutes Gefühl verschaffen, Licht in das Projektwirrwarr zu bringen. *Simplify your Life* lässt grüßen.

Im Managementteam können Sie anschließend zusammen Position für Position durchgehen und alle Projekte löschen, bei denen sich beim besten Willen kein Auftraggeber finden lässt. Unterhalten Sie sich dann im zweiten Schritt darüber, welche Projekte denn nun wirklich und mit voller Energie angegangen werden sollen. Eine Anleitung dazu finden Sie in Kapitel 5 (Projekteffektivität – die richtigen Projekte auswählen). Womöglich werden nach diesem »Filter« nicht mehr als zwanzig Projekte übrig bleiben. Das ist doch

Alle laufenden Projekte nochmals auf den Prüfstand

Lfd. Nr.	Projektbez./ Projekt-Kürzel	Auftrag-geber	Projekt-leiter	Mitglieder Projekt-team	Mitglieder Lenkungs-team	Projekt-beginn	Projekt-ende	Projekthand-buch Projektskizze vorliegend?	Genehmig-tes Projekt-budget
1.									
2.									
3.									
...									
n									

Abb. 30: Die Projektliste

eine überschaubare Anzahl, oder? Alle anderen Projekte können offiziell abgemeldet werden. Die gibt's nicht (mehr)! Das hat für die Mitarbeiter eine wichtige Signalwirkung. Damit setzt man ein sichtbares Zeichen. Man zeigt, dass nicht immer nur neue Aufgaben draufgepackt werden, sondern dass man Prioritäten setzt und sich bewusst für oder gegen Projekte entscheidet. Jedes Projekt, das über diesen Weg »abgeblasen« beziehungsweise gecancelt wird, wertet die verbleibenden Projekte auf.

9.7 Einen Projektmanagementverantwortlichen installieren

Den Projektmanagementverantwortlichen könnte man auch als »Hüter und Treiber des Projektmanagements« bezeichnen. Seine Hauptaufgabe besteht darin, darauf zu achten, dass der Projektmanagementgedanke im Unternehmen gelebt und weiterentwickelt wird. Im Einzelnen kommen ihm folgende Aufgaben zu:

- Kontrolle: Er hat darauf zu achten, dass die Mindeststandards und Projektrichtlinien eingehalten werden. Er stellt sicher, dass es zu jedem Projekt ein Projekthandbuch oder eine Projektskizze gibt. Bei Bedarf hakt er beim Auftraggeber oder beim Projektleiter nach. Er behält die Projekt- und Berichtstermine im Auge und dokumentiert den jeweiligen Projektstand in der Projektliste.
- Er steht den Projektleitern und Führungskräften als Berater und Coach zur Seite. Bei Fragen oder zur methodischen Unterstützung kann er von diesen angefragt beziehungsweise angefordert werden.
- Er ist für die Neu- und Weiterentwicklung sowie die Implementierung von Projektmanagementtools verantwortlich. Dazu schaut er sich bei an-

deren Unternehmen um, testet neue Projektmanagementsoftware oder informiert sich auf entsprechenden Projektmanagementkongressen.
- Er initiiert rechtzeitig die erforderlichen Schulungsmaßnahmen für Projektleiter und Projektmitarbeiter und stellt damit die Projektfähigkeit der Organisation sicher.
- Er organisiert den Projektreview und erstellt hierfür die erforderlichen Unterlagen. Dazu holt er im Vorfeld die notwendigen Informationen ein.

Der Projektmanagement-Verantwortliche ist jedoch nicht für die Projektberichterstattung an das Lenkungsteam zuständig. Das ist und bleibt Aufgabe des jeweiligen Projektleiters. Damit der Projektmanagementverantwortliche seiner Aufgabe gerecht werden kann, braucht er die volle Unterstützung und Rückendeckung der Unternehmensleitung.

Unternehmen sehen ihren Erfolg und das Überleben zunehmend in strategischen Projekten. Nach unserer Überzeugung wird Projektmanagement dadurch weiter an Bedeutung gewinnen. Der Unternehmenserfolg wird deshalb noch stärker von der Effektivität und der Effizienz des Projektmanagements abhängen. Damit wird auch die Bedeutung des Projektmanagementverantwortlichen zunehmen. Größere Unternehmen werden an der Etablierung einer solchen Funktion nicht mehr vorbeikommen. Da ist es wohl nur eine Frage der Zeit, bis die Schaffung einer neuen Managementfunktion und zwar die des »Chief Project Officer (CPO)«[2] in deutschen Unternehmen Realität wird – sicherlich ein attraktiv klingender Titel. Wir bleiben da gerne etwas bodenständiger und bleiben bei dem Begriff des Projektmanagementverantwortlichen, der in mittelständischen Unternehmen sicherlich auf eine größere Akzeptanz stoßen dürfte.

9.8 Alle Projektleiter ausbilden

Die Bedeutung der Projektleiter für den Projekterfolg haben wir in Kapitel 8 ausführlich dargestellt. Projektleiter können nur dann ihren Aufgaben nachkommen, wenn sie ausreichend und rechtzeitig, das heißt *vor* Projektbeginn ausgebildet werden. Wenn man bedenkt, welche Verantwortung Projektleiter zu tragen haben und welche Projektbudgets sie verwalten, dann ist eine gute Projektmanagementausbildung eine gute Investition. Die Hoffnung, dass es ausreicht, einen Projektleiter einmal auf ein zweitägiges Seminar zu schicken und dann darauf zu vertrauen, dass das ein Berufsleben lang hält, wird regelmäßig enttäuscht. Das Bild eines Entwicklungs- und

Lernprozesses wird die Realität eher treffen als der einmalige Quantensprung. Mitarbeiter, die immer wieder für Projektleiteraufgaben herangezogen werden, sollten wenigstens alle zwei bis drei Jahre in den Genuss einer Qualifizierungsmaßnahme kommen. Die Entwicklung der Methoden- und Fachkompetenz wird dabei ergänzt durch neue Erkenntnisse zur Sozial- und Führungskompetenz. Ein guter Projektleiter braucht neben den typischen projektspezifischen Themen vor allem auch die Gelegenheit, sich in den Bereichen Führung, Moderation und Präsentation passend zu seinem Persönlichkeitsprofil zu entwickeln.

9.9 Regelmäßige Projektreviews durchführen

Im Projektreview trifft sich das Managementteam vierteljährlich, um sich mit allen laufenden und in Überlegung befindlichen Projekten intensiv auseinanderzusetzen. Im Einzelnen werden dabei folgende Fragen beleuchtet:

- Wie ist der Projektstand bei den einzelnen Projekten? Welche stehen auf Grün, welche auf Gelb und welche auf Rot?
- Wo gibt es Abstimmungsbedarf zwischen den einzelnen Projekten?
- Welche Projekte sind seit dem letzten Review abgeschlossen?
- Welche Projektideen stehen zur Freigabe an und für welche wird ein Projektauftrag erteilt?
- Welche Projektideen und -vorhaben sollten weiterverfolgt und für die nächste Review-Sitzung entscheidungsreif aufbereitet werden?

Projektreviews werden durch den Projektmanagementverantwortlichen organisiert und moderiert. Zentrales Arbeitsmittel ist die *fortlaufende Projektliste*, die auf der aktuellen Projektliste basiert. Die fortlaufende Projektliste besteht aus vier Teilen beziehungsweise Einzellisten: den abgeschlossenen Projekten, den laufenden Projekten, den zur Freigabe anstehenden Projekten sowie den Ideen und Vorhaben. Im ersten Schritt werden die seit dem letzten Review abgeschlossenen Projekte betrachtet. Wenn ein laufendes Projekt formal als abgeschlossen erklärt wird, »wandert« es von den laufenden zu den abgeschlossenen Projekten. Diese Liste ist quasi das Projektgedächtnis des Unternehmens. Darin sind alle Projekte aufgeführt, die in den letzten Jahren abgeschlossen wurden. Man bekommt mit dieser Liste eine gute Übersicht darüber, welche Mitarbeiter sich in der Vergangenheit besonders häufig als Projektleiter oder Projektmitarbeiter hervorgetan haben.

Im zweiten Schritt werden die zur Freigabe anstehenden Projekte unter Hinzuziehung der Ergebnisse der Vorklärung besprochen. Ist das Projekt viel versprechend, erfolgt eine vorläufige, in besonders viel versprechenden Fällen sogar eine endgültige Projektfreigabe. Andernfalls wird es aus der Liste herausgenommen oder verbleibt bis zum nächsten Review in der Liste »Zur Freigabe anstehende Projekte«.

Zuletzt beschäftigt man sich mit den Ideen und Vorhaben, die in der Vergangenheit entstanden sind und dort »geparkt« wurden. Diese Liste stellt sicher, dass gute Ideen nicht verloren gehen und einem systematischen Auswahlprozess unterzogen werden. Ideen und Vorhaben können endgültig verworfen werden, dann fliegen sie aus der Liste raus. Sie können zurückgestellt werden, dann bleiben sie in der Liste »Ideen und Vorhaben«, oder sie werden als viel versprechend angesehen und wandern damit in die Liste »zur Freigabe anstehende Projekte«. Diese Vorgehensweise stellt sicher, dass die Freigabe von Projekten immer ein Abwägen um die beste Ressourcenverwendung darstellt. Nur wenn man den Gesamtüberblick über alle zur Verfügung stehenden Handlungsalternativen hat, ist es möglich, die beste Auswahl zu treffen. Mit dieser Vorgehensweise wird auch sichergestellt, dass bei der Projektfreigabe immer auch die Frage nach der Realisierbarkeit und den ausreichenden Ressourcen betrachtet wird. Nicht selten haben wir erlebt, dass im Projektreview ein laufendes Projekt offiziell abgebrochen wurde, weil sich Rahmenbedingungen verändert haben. Ohne ein solch systematisches Vorgehen würden wohl manche Projekte noch so vor sich hin dümpeln und weiter wertvolle Ressourcen vergeudet werden. Unserer Meinung nach gehören Projektreviews zu den wichtigsten Steuerungsinstrumente. Die vierteljährliche Beschäftigung mit allen laufenden und potenziellen Projekten schärft die Sinne des Managementteams dafür, was im Unternehmen gerade geht oder auch nicht – diese Arbeitsweise hilft dem Managementteam, die Hand am Puls der Projekte zu behalten und zu schauen, ob sie auch noch »am Leben sind«.

Die Ampelliste
Bei der Verfolgung der laufenden Projekte hat sich die übersichtliche Darstellungsform der Ampelschaltung bewährt. Damit erkennt man den Status des jeweiligen Projekts auf einen Blick. Eine grüne Ampelschaltung signalisiert, das Projekt läuft planmäßig. Gelb bedeutet: »Achtung, hier besteht ein Risiko!« Und Rot bedeutet: »Hier liegt ein Problem vor, hier ist ein Korrektureingriff erforderlich!« Für die jeweilige Ampelstellung ist der Projektleiter verantwortlich. In einer ausgeprägten Vertrauenskultur wird man sich in der Regel darauf verlassen können, dass der jeweilige Projektstand auch

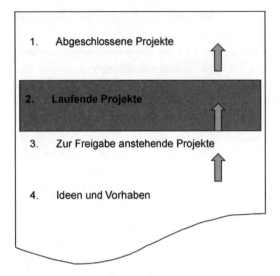

Abb. 31: Die fortlaufende Projektliste

wahrheitsgetreu im System wiedergegeben ist. In einer pathologischen Unternehmenskultur muss dies dagegen stark angezweifelt werden. Inwieweit diese Ampelliste als Kontroll- und Steuerungsinstrument im Unternehmen von Bedeutung ist, hängt ganz wesentlich davon ab, welche Bedeutung das Managementteam ihr beimisst. Wenn Projektleiter ihre Ampel auf Rot oder Gelb stellen und keine Reaktion des Managementteams erfolgt, dann signalisiert dies eindeutiges Desinteresse und damit die Nutzlosigkeit des Instruments. Andererseits, wenn Projektleiter ihr Projekt in der Ampelliste auf Grün stellen und dann beim Meilensteinbericht im Lenkungsteam festgestellt wird, dass das Projekt alles andere als problemlos verläuft, dann sollte schon eine eindeutige Ermahnung an den Projektleiter ergehen.

9.10 Leistungsbeurteilung für Projektmitarbeiter

Eine Idee, die uns im Verlaufe unserer schriftstellerischen Arbeit gekommen ist, möchten wir Ihnen nicht vorenthalten. Sie dient dazu, dem Projektleiter insbesondere im Einfluss-Projektmanagement noch mehr Führungskompetenz zuzuweisen. Wie wir bereits mehrfach erwähnt haben, klagen Projektleiter häufig über fehlendes Engagement ihrer Projektmitarbeiter. Disziplinarisch haben sie selbst keine Handhabe, um dagegen anzugehen. Andererseits haben sie keine Möglichkeit, gute Leistungen im

Lfd. Nr.	Projektbezeichnung	Projekt-leiter	Projekt-beginn	Projekt-Ende	Projektstatus
1.	SAP-Einführung	Herr Maier	30.6.2006	30.6.2008	○●○ Gelb
2.	Neues Dokumenten-managementsystem	Frau Schulz	15.7.2006	30.9.2007	●○○ Grün
3.	Neue Vertriebsorganisation Fernost	Herr Müller	31.7.2006	15.10.2007	●○○ Grün
...					
n	Digitale Personalakte	Frau Hinz	1.9.2006	31.1.2008	○○● Rot

Abb. 32: Verfolgung der laufenden Projekte

Projekt zu honorieren. Was spräche also dagegen, den Projektleiter bei der Beurteilung der Mitarbeiterleistung mit hinzuzuziehen? Wenn das Leistungsentgelt des Mitarbeiters zu einem gewissen Teil auch von seiner Leistung im Projekt abhängt, dann wäre das gewiss ein Beitrag dazu, den Stellenwert von Projektarbeit höher anzusiedeln.

Eine andere Möglichkeit sehen wir darin, auch wenn kein Leistungsentgelt daran geknüpft ist, grundsätzlich nach Projektende eine Leistungsbeurteilung der Projektmitarbeiter durch den Projektleiter vorzusehen. Daran könnte eine Empfehlung für Weiterbildungsmaßnahmen geknüpft werden. Wie oft bekommen Projektmitarbeiter denn überhaupt eine Rückmeldung zu ihrer Leistung im Projekt? Auch wenn die Beurteilung für das abgelaufene Projekt keine Wirkung mehr hat, so kann der Mitarbeiter doch wichtige Hinweise für das nächste Projekt mitnehmen. Auch hier gilt frei nach Sepp Herberger: Nach dem Projekt ist vor dem Projekt!

Ansatzpunkte für eine Entwicklung zu gelebtem Projektmanagement lassen sich also bei allen Projektbeteiligten im Unternehmen finden, beim Auftraggeber, dem Lenkungsteam, den Projektleitern und den Projektmitarbeitern. Die Aufgabe, Projektmanagement zum Leben zu erwecken, wird damit greifbar und umsetzbar. Just do it!

Das Wichtigste in Kürze:

- Die Einführung von Projektmanagement ist ein (Lern-)Prozess und kann nicht durch Brechstangen beschleunigt werden.
- Die Beteiligung der Betroffenen in diesem Prozess reduziert den Einführungsaufwand und verbessert die Ergebnisse sprunghaft.
- Die offene Information und Schulung der Projektbeteiligten leistet bei diesem Prozess einen wesentlichen Beitrag.
- Die Benennung eines Projektmanagementverantwortlichen erhöht die Erfolgsaussichten, dass Projektmanagement nachhaltig im Unternehmen verankert werden kann.
- Das Commitment des Managementteams ist Voraussetzung für ein gelebtes Projektmanagement.
- Projektreviews tragen dazu bei, den Überblick zu behalten und den Fokus auf einige wenige wichtige Projekte zu richten.
- Feedback, Beurteilung und Vergütung sind belebende Elemente für die Projektmitarbeiter.

10
Zu guter Letzt

>»Wer steile Berge erklimmt,
>hebt an mit ruhigem Schritt.«
>
>*(William Shakespeare, 1564–1616)*

Nun sind auch wir mit unserem Buchprojekt am Ende angekommen. Und wie bei allen Projekten konnten auch wir die übliche Schlusshektik nicht ganz vermeiden. Wahrscheinlich gehört das einfach zu einem richtigen Projekt dazu. Andererseits sind wir uns ganz sicher: Hätten wir nicht rechtzeitig einen Plan erstellt, aus dem hervorgeht, welche Kapitel bis wann fertiggestellt sein sollten, dann hätten wir den vertraglich fixierten Abgabetermin beim Wiley-Verlag sicherlich nicht halten können. Auch die »Auftragsklärung« mit Herrn Kreibaum zu Projektbeginn war für uns im weiteren Verlauf sehr hilfreich. Damit waren für uns die wesentlichen Inhalte klar, die Seitenzahl war innerhalb einer gewissen Spannbreite vorgegeben und das Layout bis ins kleinste Detail geregelt. Damit war »unser Projektauftrag« eindeutig beschrieben.

Auf einen Aspekt möchten wir am Ende dieses Buches nochmals explizit hinweisen: *Man kann Projekte selbst in einer stark ausgeprägten pathologischen Unternehmenskultur durch einen konsequenten und professionellen Einsatz der Projektmanagementinstrumente zum Erfolg bringen.* Damit möchten wir Sie ermuntern, vor den negativen Auswirkungen einer pathologischen Kultur nicht zu kapitulieren. Ganz im Gegenteil: Jedes erfolgreiche und im Geiste des Projektmanagements durchgeführte Projekt wird dazu beitragen, den erforderlichen Unternehmenswandel zu beschleunigen. Halten Sie sich als Projektleiter die Einflüsse und Auswirkungen der Unternehmenskultur stets vor Augen, dann wissen Sie, was in Ihrem Unternehmen gespielt wird. Damit vermeiden Sie, dass Sie sich in Scheingefechten aufreiben und verheizt werden.

In Bezug auf die Unternehmensleitung und das Topmanagement würden wir uns freuen, wenn es uns gelungen ist, Sie für die Anzeichen und die Auswirkungen von pathologischen Kulturelementen weiter zu sensibilisieren. Wir sind uns dessen sicher, dass man nicht alle Unternehmenskulturen, die nicht immer optimal funktionieren, gleich als pathologisch bezeichnen kann. Es war uns wichtig aufzuzeigen, dass man Projektmanagement nicht isoliert, sondern immer nur im Kontext des Unternehmensumfeldes betrachten darf. Auch wenn die Gestaltung des Unternehmenswandels eine Aufgabe darstellt, die viel Zeit, Geld und vor allem viel Energie, Überzeugungskraft und Beharrlichkeit erfordert, so sind wir absolut davon überzeugt, dass sich dieser Einsatz langfristig lohnt. Ein *nachhaltiger* Unternehmenserfolg lässt sich nur mit einer Unternehmenskultur erzielen, die durch Offenheit, Verbindlichkeit, Identifikation mit dem Unternehmen und unternehmerischem Denken geprägt ist. Die Grundlage hierfür sind eine partnerschaftliche Grundhaltung und gegenseitiger Respekt. Wer möchte, dass sich die Mitarbeiter als Partner des Unternehmens betrachten, der muss sie auch als Partner behandeln.

In diesem Sinne wünschen wir Ihnen viel Erfolg bei der Umsetzung!

Anlagen

Projekte sicher managen. Marijan Kosel und Jürgen Weißenrieder
Copyright © 2007 WILEY-VCH Verlag GmbH & Co. KGaA, Weinheim
ISBN 978-3-527-50255-4

Anlage 1:
Die Projektskizze

Projektname	
Projektziel(e)	
Projektleiter	
Mitglieder Projektteam	
Mitglieder Lenkungsteam	
Start/Ende des Projekts	Projektbeginn: Projektende:
Projektschritte Meilensteine	1. 2. 3. …
Projektkosten Budget Ressourcen	
Erfolgskriterien	
Sonstige wichtige Punkte	• Verknüpfung zu anderen Projekten

Projekte sicher managen. Marijan Kosel und Jürgen Weißenrieder
Copyright © 2007 WILEY-VCH Verlag GmbH & Co. KGaA, Weinheim
ISBN 978-3-527-50255-4

Anlage 2:
Der Projektleitfaden

Diese Maske wird im PC hinterlegt und für jedes Projekt vom Lenkungsteam angelegt. Die Bearbeitung erfolgt schrittweise in der vorgegebenen Reihenfolge durch den/die Projektverantwortlichen. Besonders wichtige Stellen sind mit dem Kurzzeichen zu versehen.

A Definitionsphase

I.	**Auftrag klären**	
1	Projektname	
2	Projektnummer	
3	Sparte/Produktbereich	
4	Thema/Aufgabe	Wie lautet konkret das Thema bzw. die Aufgabe?
5	Auftraggeber	Wer ist der Auftraggeber?
6	Fakten	Welche Fakten kennen wir bereits?
7	Meinungen	Welche subjektiven Meinungen gibt es dazu?
8	Chancen	Welche Chancen sehen wir aus heutiger Sicht in dem Projekt?
9	Risiken	Welche Risiken bzw. Hindernisse sehen wir aus heutiger Sicht in dem Projekt?

⇩ ⇩ ⇩

Soll das Thema weiterverfolgt werden?

Projekte sicher managen. Marijan Kosel und Jürgen Weißenrieder
Copyright © 2007 WILEY-VCH Verlag GmbH & Co. KGaA, Weinheim
ISBN 978-3-527-50255-4

II.	Ziele diskutieren und festlegen			
10	Ziele	Welche Ziele sollen damit erreicht werden?		
11	Zweck	Welchen Zweck (Wozu?) verfolgt der Auftraggeber mit dem Projekt?		
12	Benutzer Anwender	Wer wird das Ergebnis der Projektarbeit nutzen? Wem wird es nutzen? Wer ist davon betroffen?		
13	Lenkungsteam	Welche Linienvertreter gehören ins Lenkungsteam?		
14	Anforderungen	Welche Anforderungen ergeben sich aus den Zielen?		
15	Lastenheft (Erwartungen des Auftraggebers)	Pflichtenheft (Vereinbarung mit dem Auftraggeber)		Kz/ Datum
16	MUSS	MUSS		
17	SOLL			
18	KANN			
19	Erfolgskriterien	Wie werden wir am Ende des Projekts erkennen, ob wir unser Ziel erreicht haben? Das Projekt ist abgeschlossen, wenn ...		

⇩   ⇩   ⇩

III.	Informationen sichten und vorläufig bewerten	
20	Informationen	Welche Fakten und Kenntnisse haben wir bereits?
21	**Weitere Informationen**	Welche Informationen braucht das Projektteam noch?
22	**Erwartete Kosten (grob)**	Mit welchen Personal- und Sachkosten wird grob zu rechnen sein?
23	**Erwarteter Nutzen (grob)**	Welcher Nutzen wird grob erwartet?
24	**Vorläufige Projektfreigabe**	Ist es sinnvoll, das Projekt auf der Basis der jetzigen Informationen zu starten? ☐ ja ☐ nein

⇩   ⇩   ⇩

B Planungsphase

IV.	Projektorganisation	
25	Projektleiter	
26	Projektteam (Vertretern aus den betroffenen Bereichen)	Wer gehört zum Kern-Projektteam?
27	Erweitertes Projektteam (mit Vertretern aus/von ...)	Wen brauchen wir ab und zu zur Unterstützung?

⇩ ⇩ ⇩

V.	Projektablauf	Was ist alles zu tun? (Darstellung erfolgt z.B. in MS-Project)
28	Vorgänge	(a) Was ist alles zu tun? (Welche Vorgänge gibt es?) (b) In welcher Reihenfolge gehen wir vor? (c) Welche Sammelvorgänge können wir bilden? (d) Welche Verknüpfungen bestehen? (e) Welche Projektphasen ergeben sich daraus? (f) Wo müssen wir Meilensteine einbauen?

⇩ ⇩ ⇩

VI.	Zeitplanung	Welche Termine haben wir?
29	Termine	Wann muss das Projekt abgeschlossen sein?
30	Meilensteine	Zu welchen Terminen setzen wir die Meilensteine?
31	Zeiteinteilung	Wenn wir diese Termine kennen, wie müssen wir dann unsere Vorgänge siehe V. Projektablauf) zeitlich einteilen?

⇩ ⇩ ⇩

VII.	Aufgabenzuordnung	Wer macht was? Wer übernimmt welche Vorgänge?

VIII. Kostenplanung

32	**Kosten**	Mit welchen Kosten (Personal- und Sachkosten) müssen wir rechnen?
33	im ersten Jahr	
34	in den nächsten 2 Jahren	
35	**Nutzen**	Mit welchen Einsparungen (Personal- und Sachkosten) können wir rechnen ?
36	im ersten Jahr	
37	in den nächsten 3 Jahren	
38	**Amortisation**	Wann rechnet sich der Aufwand?
39	Voraussichtliche Amortisation der Aufwendungen nach …	

⇩ ⇩ ⇩

40	**Zwischenentscheidung**	Lohnt sich das Projekt? ☐ ja ☐ nein
41	Wenn nein, gibt es außer betriebswirtschaftlichen noch andere Einflussgrößen?	
42	Wenn nein, aus welchen Gründen machen wir das Projekt trotzdem?	
43	Wenn nein, müssen ggf. Anforderungen oder die Zeitplanung geändert werden?	
44	**Endgültige Projektfreigabe**	Gehen wir das Projekt an? ☐ ja ☐ nein

⇩ ⇩ ⇩

Projektbeauftragung

C Realisationsphase

IX.	Projektverfolgung	Wer ist in der Projektsteuerung verantwortlich für ...?	
45	Abstimmung	Wie erfolgt die Abstimmung im Projekt?	
46	Projektbesprechungen	In welcher Regelmäßigkeit? Wann finden die Projektbesprechungen statt? (Terminierung)	
47	Zeitplanung	Wer achtet auf die Zeitplanung?	
48	Projektkosten	Wer behält die Kosten im Auge?	
49	Pflege des Projektplans	Wer pflegt die Aktivitäten im Projektplan?	
50	Information	Wer sorgt für die Information betroffener/beteiligter Bereiche?	
51	Freigabe	Freigabe für die Realisationsphase	Kz/ Datum
	Projektleiter	☐ ja ☐ nein	
	Lenkungsteam	☐ ja ☐ nein	
	Linienverantwortliche	☐ ja ☐ nein	

D Abschlussphase

X.	Abschluss	Wurde das Projektziel erreicht?
52	Projektleiter	☐ ja ☐ nein
53	Lenkungsteam	☐ ja ☐ nein
54	Linienverantwortliche	☐ ja ☐ nein
55	Auswertung	Was lernen wir aus dem Projekt für Folgeprojekte?
56	Wiederholung im Lenkungsteam zur Kontrolle der Amortisationsziele Zum _____ (Datum) Durch _____ (Verantwortlich)	

Stand:

Literaturverzeichnis

Adams, Scott: *Das Dilbert Prinzip: Die endgültige Wahrheit über Chefs, Konferenzen, Manager und andere Martyrien*. Verlag Moderne Industrie, Landsberg/Lech 1997.

Akademie für Führungskräfte: *Schlechte Noten für Projektmanager*. Bad Harzburg 1997.

Baumgartner I. u. a.: *OE-Prozesse – Die Prinzipien systemischer Organisationsentwicklung*. Stuttgart, Haupt 2000.

Birker, Klaus: *Projektmanagement*. Cornelsen Verlag, Berlin 2003.

Bischof, A./Bischof, K.: *Besprechungen effektiv und effizient*. Haufe Verlag, Planegg/München, 2. Auflage 2004.

Blake, R. R./Mouton, J. S.: *Führungsstrategien*. Verlag Moderne Industrie, Landberg/Lech 1986.

Brunschede, T.: »Das Projekt im politischen Spielfeld – Handlungsempfehlungen bei Boykott und Widerstand«. In: *Projektmagazin* 02/2002.

Buckingham, M./Coffmann, C.: *Erfolgreiche Führung gegen alle Regeln*. Campus Verlag, Frankfurt/New York 2001.

De Marco, Tom: *Der Termin*. Hanser Wirtschaft, München 1998.

Doppler, K./Lauterburg, C.: *Change Management – den Unternehmenswandel gestalten*. Campus Verlag, Frankfurt/Main, 3. Auflage 1994.

Ellebracht, Heiner u.a.: *Systemische Organisations- und Unternehmensberatung*. Gabler, Wiesbaden 2003.

Friedag, H. R./Schmidt, W.: *Balanced Scorecard. Mehr als ein Kennzahlensystem*. Haufe-Verlag, Freiburg 2000.

Fritz, R.: *Den Weg des geringsten Widerstands managen*. Klett-Cotta, Stuttgart 2000.

Fröhlich, Adrian W.: *Mythos Projekt. Projekte gehören abgeschafft*. Ein Plädoyer. Galileo Business Press, Bonn 2002.

Gehringer, J./Michel, W. J.: *Frühwarnsystem Balanced Scorecard. Unternehmen zukunftsorientiert steuern. Mehr Leistung, mehr Motivation, mehr Gewinn*. Metropolitan, Düsseldorf/Berlin 2000.

Geißler, Cornelia: *Frustfaktor Job*, aus: www.manager-magazin.de.

Gröger, Manfred: »Nur 13 Prozent tragen zur Wertschöpfung bei«. In: *wirtschaft & weiterbildung*, Februar 2005.

Gröger, Manfred: *Projektmanagement: Abenteuer Wertvernichtung. Eine Wirtschaftlichkeitsstudie zum Projektmanagement in deutschen Organisationen*. München 2004.

Guimera, R.: »Team Assembly Mechanisms Determine Collaboration Network Structure and Team Performance«. In: *Science*, April 2005, Band 308, S. 697–702.

Haynes, M. E.: *Konferenzen erfolgreich gestalten. Wie man Besprechungen und Konferenzen plant und führt*. Überreuther, Frankfurt 2002.

Holman, P./Devane, T. (Hrsg.): *Change Handbook. Zukunftsorientierte Crossgruppen-Methoden*. Heidelberg, Carl-Auer-Systeme 2002.

Katzenbach J. R./ Smith, D. K.: *TEAMS – Der Schlüssel zur Hochleistungsorganisation*. Wirtschaftsverlag Ueberreuther, Wien 1993.

Kraus, Georg/Westermann, Reinhold: *Projektmanagement mit System*. Gabler, Wiesbaden 1998.

Kühl, Stefan/Schnelle, Wolfgang: »Jenseits der Win-Win-Mythologie«. In: *Organisations-Entwicklung* 3/03, S. 98–101.

Kulmer Ulla/Trebesch, Karsten: *Runderneuerung des Projektmanagements* (aus dem Internet).

Lessel, Wolfgang: *Projektmanagement. Projekte effizient planen und erfolgreich umsetzen*. Cornelsen Verlag, Berlin 2002.

Lomnitz, Gero: *Multiprojektmanagement. Projekte planen, vernetzen und steuern*. Moderne Industrie, Landsberg/Lech 2001.

Lomnitz, Gero: »Motivation von Projektmitarbeitern – eine Führungsaufgabe der Projektleitung?«, In: *Projekt Magazin* 2006.

Malik, F.: *Führen, Leisten, Leben*. Heyne, Stuttgart/München, 3. Aufl. 2003.

McGregor, D.: *Der Mensch im Unternehmen*. Econ, Düsseldorf, 1. Aufl, 1970.

Peipe, Sabine: *Crashkurs Projektmanagement*. Haufe, Freiburg im Br. 2005.

Peters, T. J./Waterman, R.H.: *Auf der Suche nach Spitzenleistung: Was man von den bestgeführten US-Unternehmen lernen kann*. Verlag Moderne Industrie, Landsberg/Lech 1986.

Pivit, Rainer: *Projektmanagement auf dem Weg zur Lernenden Organisation*. Aus: www.lustaufzukunft.de.

Reiter, Wilfried: *Die nackte Wahrheit über Projektmanagement*. Orell Füssli Verlag, Zürich 2003.

Reiter, Wilfried: *Projektmanagement für Einzelkämpfer*. Hoffmann und Campe, Hamburg 2004.

Ruschel, A.: *Besprechungen und Konferenzen. Kommunikation im Unternehmen*. Wirtschaftsverlag Langen, München 1998.

Schein, Edgar: *Organisationskultur*. EHP. Bergisch Gladbach 2003.

Schelle, Heinz: *Projekte zum Erfolg führen*. Deutscher Taschenbuch Verlag, München 2004.

Schmidt, Karsten: »Kritische Erfolgsfaktoren im Projektmanagement«. *Zeitschrift für Organisationsentwicklung*, 22 (2003), Nr. 3, S. 86–94.

Scott-Morgen, Peter/Little, Arthur D.: *Die heimlichen Spielregeln*. Campus, Frankfurt/Main 1995.

Seifert, J. W.: *Besprechungen erfolgreich moderieren*. GABAL, Bremen 2004.

Senge, Peter M.: *Die Fünfte Disziplin*. Klett-Cotta, Stuttgart 1996.

Smillie, Bill: »Fordern Sie die Verantwortung beim Auftraggeber ein«, In: *Projekt Magazin* 17/2001 (www.projektmagazin.de).

Sprenger, Reinhard: *Mythos Motivation*. Campus, Frankfurt/Main 2002.

Sprenger, Reinhard: *Vertrauen führt*, Campus, Frankfurt/Main 2002.

Stöwe, C./Weidemann, A.: *Mitarbeiterbeurteilung und Zielvereinbarung*, Haufe, Freiburg 2005.

Tumscheits, Klaus D.: *Erste-Hilfe-Koffer für Projekte. 33 Lösungen für die häufigsten Probleme.* Orell Füsli, Zürich 2004.

Weißenrieder, Jürgen/Kosel, Marijan: *Nachhaltiges Personalmanagement.* Gabler, Wiesbaden 2005.

Wunderer, R.: *Führung und Zusammenarbeit.* Schäffer-Pöschel, Stuttgart, 2. Aufl. 1997.

zur Bonsen, M. und all in one spirit: *Real Time Strategic Change. Schneller Wandel mit großen Gruppen.* Klett-Cotta, Stuttgart 2003.

Anmerkungen

Einleitung 1

1. Pivit, Rainer: *Projektmanagement auf dem Weg zur Lernenden Organisation*, aus: www.lustaufzukunft.de.
2. Fröhlich, A. W.: »Mythos Projekt. Projekte gehören abgeschafft. Ein Plädoyer«, in: *Galileo Business Press* 2002.
3. Gröger, M.: »Nur 13 % tragen zur Wertschöpfung bei«, in: *wirtschaft & weiterbildung*, Februar 2005.
4. Schmidt, K.: »Kritische Erfolgsfaktoren im Projektmanagement«, in: *OrganisationsEntwicklung* 3/2003, S. 86 – 94.
5. Akademie für Führungskräfte: *Schlechte Noten für Projektmanager*, Bad Harzburg 1997.
6. Schmidt, K.: a. a. O.
7. *Projekte scheitern an Menschen, nicht an Methoden*: Aus: www.4managers.de.

Kapitel 2

1. Birker, K.: *Projektmanagement*, Berlin 2003.
2. Birker, K.: *Projektmanagement*. Berlin 2003.
3. Birker, K.: *Projektmanagement*, Berlin 2003.
4. Birker, K.: *Projektmanagement*, Berlin 2003.
5. Lessel, W.: *Projektmanagement. Projekte effizient planen und erfolgreich umsetzen*. Berlin 2002

Kapitel 3

1. Peters, T. J./Waterman, R.H.: *Auf der Suche nach Spitzenleistung: Was man von den bestgeführten US-Unternehmen lernen kann*, Landsberg am Lech 1986.
2. *Unternehmenskultur – Arbeitsqualität zahlt sich aus*. Aus: www.INQA.de.
3. Schein, E.: *Organisationskultur*, Bergisch Gladbach 2003.
4. Weißenrieder, J./Kosel, M.: *Nachhaltiges Personalmanagement*, Wiesbaden 2005.
5. Weißenrieder, J./Kosel, M.: *Nachhaltiges Personalmanagement*, Wiesbaden 2005.
6. Kraus, G./Westermann, R.: *Projektmanagement mit System*, Wiesbaden 1998.
7. Kühl, S./Schnelle, W.: Jenseits der Win-Win-Mythologie, in: *OrganisationsEntwicklung* 3/03, S. 98 – 101.
8. Brunschede, T. : »Das Projekt im politischen Spielfeld – Handlungsempfehlungen bei Boykott und Widerstand«, in: *Projektmagazin* 02/2002.
9. De Marco, T.: *Der Termin*. München 1998.
10. Scott-Morgen, Peter/Little, Arthur D.: *Die heimlichen Spielregeln*. Frankfurt/Main 1995.
11. McGregor, Douglas: *Der Mensch im Unternehmen*, Düsseldorf 1970.
12. Geißler, C.: *Frustfaktor Job*, aus: www.manager-magazin.de.
13. Geißler, C.: a. a. O.
14. Adams, S.: *Das Dilbert-Prinzip: die endgültige Wahrheit über Chefs, Konferenzen, Manager und andere Martyrien*. Landsberg/Lech 1997.
15. Doppler, K./Lauterburg, C.: *Change Management. Den Unternehmenswandel gestalten*. Frankfurt/Main 1993.
16. Kulmer U./Trebesch, K.: *Runderneuerung des Projektmanagement*. Aus: www.competence-site.de.
17. DeMarco, T.: *Der Termin*, München, 1998.
18. Schein, E.: *Organisationskultur*, Bergisch Gladbach 2003.
19. Adams, S.: *Das Dilbert Prinzip: die endgültige Wahrheit über Chefs, Konferenzen, Manager und andere Martyrien*, Landsberg/Lech 1997.

20 Kraus, G./Westermann, R.: *Projektmanagement mit System*, Wiesbaden 1998.
21 Senge, P.M.: *Die Fünfte Disziplin*, Stuttgart 1996.
22 Doppler, K./Lauterburg, C.: *Change Management. Den Unternehmenswandel gestalten.* Frankfurt/Main 2005.

Kapitel 4

1 Aus: www.1eeurope.ch
2 DeMarco, T.: *Der Termin*, München, 1998.
3 Reiter, W.: *Die nackte Wahrheit über Projektmanagement*, Zürich 2003.
4 Schmidt, K.: »Kritische Erfolgsfaktoren im Projektmanagement«, in: *OrganisationsEntwicklung* 3/03, S. 86–94.
5 Kulmer, Ulla und Trebesch, Karsten: *Runderneuerung des Projektmanagement*, Aus: www.competence-site.de.
6 Schmidt, K.: »Kritische Erfolgsfaktoren im Projektmanagement«, in: *OrganisationsEntwicklung* 3/03, S. 86 -94.
7 Brunschede, T. : »Das Projekt im politischen Spielfeld – Handlungsempfehlungen bei Boykott und Widerstand«, in: *Projektmagazin* 02/2002.
8 Brunschede, T.: »Das Projekt im politischen Spielfeld – Handlungsempfehlungen bei Boykott und Widerstand« in: *Projektmagazin*, 02/2002.
9 Peipe, S.: *Crashkurs Projektmanagement*. Freiburg i. Br. 2005.
10 Tumuscheits, K. D.: *Erste-Hilfe-Koffer für Projekte*. Zürich 2004.

Kapitel 5

1 Gröger, M.: *Projektmanagement: Abenteuer Wertvernichtung. Eine Wirtschaftlichkeitsstudie zum Projektmanagement in deutschen Organisationen*. München 2004.
2 Schelle, H.: *Projekte zum Erfolg führen*, München 2004.

Kapitel 6

1 Kulmer, U./Trebesch, K.: *Runderneuerung des Projektmanagement*, aus: www.competence-site.de.
2 Schmidt, K.: »Kritische Erfolgsfaktoren im Projektmanagement«, in: *OrganisationsEntwicklung* 3/03, S. 86 -94.
3 Guimera, R.: »Team Assembly Mechanisms Determine Collaboration Network Structure and Team Performance«, in: *Science*, Band 308, April 2005, S. 697–702.
4 Mehr dazu in: Katzenbach J. R./ Smith, D. K.: *TEAMS – Der Schlüssel zur Hochleistungsorganisation*, Wien 1993.
5 Kraus, G./Westermann, R.: *Projektmanagement mit System*. Wiesbaden 1998.

Kapitel 7

1 Gröger, M:«Nur 13 % tragen zur Wertschöpfung bei«, in: *wirtschaft & weiterbildung*, Februar 2005.
2 Ellebracht, H. u.a.: *Systemische Organisations- und Unternehmensberatung*, Wiesbaden 2003.
3 Lomnitz, G.: *Multiprojektmanagement. Projekte planen, vernetzen und steuern*, Landsberg/Lech 2001.
4 Schelle, H. : *Projekte zum Erfolg führen*, München 2004.
5 Kraus, G./Westermann, R.: *Projektmanagement mit System*, Wiesbaden 1998.
6 Kraus, G./Westermann, R.: *Projektmanagement mit System*, Wiesbaden 1998.

Kapitel 8

1 Schelle, H.: *Projekte zum Erfolg führen*, München 2004.
2 Doppler, K./Lauterburg, C.: *Change Management. Den Unternehmenswandel gestalten*, Frankfurt/Main 1994.
3 Internet-Stellenangebot für einen Projektleiter bei T-Systems.
4 Seminarangebot des ASB-Management-Zentrum Heidelberg e.V.
5 Sprenger, R. K. : Mythos Motivation. Wege aus einer Sackgasse. Frankfurt 2002.
6 Rezension bei der Amazon.de-Redaktion zu der Video-DVD
7 Lomnitz, G.: »Motivation von Projektmitarbeitern – eine Führungsaufgabe der Projektleitung?«, in: *Projekt Magazin* 2006 (www.projektmagazin.de).
8 Schelle, H.: *Projekte zum Erfolg führen*, München 2004.

9 Lomnitz, G. : a.a.O.
10 Peipe, S.: *Crashkurs Projektmanagement*. Freiburg i. Br., Rudolf Haufe, 2. Aufl. 2005, S. 23.
11 DeMarco, T. *Der Termin*, München 1998.
12 Kraus, G./Westermann, R.: *Projektmanagement mit System*, Wiesbaden 1998.
13 siehe auch Weißenrieder, J./Kosel, M.: *Nachhaltiges Personalmanagement*, Wiesbaden 2005.

Kapitel 9

1 Doppler, K./Lauterburg, C.: *Change Management. Den Unternehmenswandel gestalten*, Frankfurt/Main 1994.
2 Smillie, B.: »Fordern Sie die Verantwortung beim Auftraggeber ein«, in *Projekt Magazin* 17/2001 (www.projektmagazin.de).

Stichwortverzeichnis

a
Ablauf- und Terminplanung 125
Abschlussbericht 92
Abschlussphase 31
Abschlussprojektsitzung 133
AKV-Prinzip 138
Alibi-Kultur 39
Ampelliste 189
Analyse 180
Arbeitsklima 144
Arbeitspakete 31
Auftaktworkshop 34, 165
Auftaktsitzung 117
Auftraggeber 25, 85, 108
Auftraggebers
 – Rollenverständnis und Aufgaben 85
 – Unterstützung des 65
Auftrags- und Zielklärung 87
Auftragsklärung 33, 108, 110 ff., 107
Auftragsklärungsworkshop 114

b
Balkenplan 31, 126
Bedenkenträgerkultur 39
Berater
 – externe 26
Bereichsbezogenes Projektmanagement 25
Bereichszieleworkshops 82
Berichterstattung 128
Besprechungskultur 38
Betriebsphase 31

c
Change Management 55, 87
Change Manager 69
Commitment des Managementteams 181

d
Definitionsphase 29

Detailplanung 31
Diagnose 180
Die Kommunikation im Projekt 102
Die pathologische Unternehmenskultur 41

e
Effizienzverluste 105
Einfluss-Projektmanagement 23
Erfolgsfaktoren
 – des Projektmanagements 72
expliziten Regeln 44

f
Fachkompetenz 152
Fehlerkultur 37
Führungsinstrumente 156
Führungskompetenz 153
Führungskräften 183
Führungskultur 36
Führungsstil
 – partnerschaftlicher 54

g
Gelebtes Projektmanagement 175
Grobkonzepts 182
Grobplanung 31
Grundlagenschulung 121

i
Implementierung von Projektmanagement-
 tools 186
Implizite Regeln 44
Information der Projektmitarbeiter 151

j
Jump & Go-Projekte 18

k
Kick-off-Meeting 119

Killerargumente 71
Kommunikation mit dem Lenkungsteam 130
Kommunikation zwischen den Projektbeteiligten 101
Kompetenzen des Projektleiters 138
Kongruenzprinzip 138
Konventionalstrafen 125
Kostenplanung 129
kritische Pfad 126

l

Lastenheft 112
Leadership 147
Leistungsbeurteilung 190
Lenkungsteam 26 ff., 91
Lernende Organisation 134
Linie 62
– Einbindung der 52
– Zusammenspiel zwischen Projekt und 50
Linienvorgesetzten 28, 94

m

Managementteam 181, 188
Maßnahmenliste 157
Masterplan 31, 115
Matrix-Projektmanagement 24
Meilensteinbericht 31, 92, 128
Meilensteine 90, 159
Meilensteinplanung 127
Meilensteintermine 31
Methodenkompetenz 153
Mindeststandard
– des Projektmanagements 182
Moderator 141
Motivation 143

n

Netzplantechniken 126
Nutzen-/Aufwandsbetrachtung 78

o

Organisationsformen von Projekten 23
Outdoortraining 166

p

pathologische Unternehmenskultur 41
Pflichtenheft 112
Planung 19
Planungsphase 30

Prinzip der generellen Regelungen 50
Prinzip der Schriftlichkeit 111, 183
Projekt 19
– Auslöser 22
– Definition 19
Projekt- und Vorhabenliste 77
Projektabschluss 132, 151
– formale 132
Projektauftrag
– unklarer 66, 107
Projektbeauftragung 31
Projektbesprechungen 157
Projektbeteiligte 25, 28 ff., 72, 85
Projektblockaden 64
Projektboykott 70
Projektcontrolling 77
Projektdokumentation 31
Projekteffektivität 15, 72, 75
Projekteffizienz 16, 72 ff., 105
Projektende 133
Projektentstehungsprozess 32
Projektevaluation 134
Projektfeier 133
Projektfreigabe
– endgültige 30, 31
– vorläufige 30, 80
Projekthandbuch 112
Projektkoordinator 29
Projektkosten 27, 130
Projektleiter 27, 187
– Aufgaben bei der Auftragsklärung 108
– Aufgaben des 147
– Auswahl des richtigen 152
– Kompetenz des 66
Projektleitfaden 33, 112
Projektleitung 73
Projektliste 185
– fortlaufende 188
Projektmanagement 22
Projektmanagement-Check 170
Projektmanagements
– Grundlagen 19
Projektmanagementverantwortlicher 186
Projektmitarbeiter 28, 63, 97
– Einbeziehung der 161
– unengagierte 66
Projektorganisation 23, 29, 100, 150
Projektphasen 29
Projektplan 161
Projektplanung 30, 124
Projektressourcen 65, 115

Projektreview 188
Projektrichtlinien 186
Projektrisiken 69
Projektskizze 33, 110
Projektstart 117
Projektstrukturplan 31, 115
Projektteam 99
– Zusammenstellung des 150
Projekttermine 27
Projekturkunde 133
Projektziele
– Klarheit der 26
– unklare 66, 107
Protokoll 157

q
Quick Wins 78

r
Realisierungsphase 30
Regeln im Projektteam 120
Reines Projektmanagement 24
Ressourcen 60
Ressourcenplanung 129
Rollenverständnis des Projektleiters 140

s
Schulung der Projektleiter 187
soziale Kompetenz 153
spontane Projekte 58
Strategie- und Ziele-Workshop 82
strategische Projekte 81
Streitkultur 37

t
Tagesordnung. 157
Teamarbeit 54
Teambildung 165
Teamentwicklung 120
Teamgröße 100
Teilprojekte 31
Teilprojektleiter 29
Terminverzögerung 126

u
Umsetzungskultur 39
Unternehmenskultur 35
– pathologische 167
Unternehmensleitlinien 44
Unternehmenswandel 49

x
Veränderungsprozess 49, 55
Verbindlichkeitskultur 37
Vertrauenskultur 38
Vorwärtsrechungs-Rückwärtsrechnungs-Methode 125
Wirtschaftlichkeitsberechnung 76
Wirtschaftlichkeitsrechnung 32

z
Ziel- und Auftragsklärung 112
Zielbildungsprozess 82
Zieleworkshops 82, 180
Zielklärung 33, 110
Zielkreuz der Projektarbeit 109
Zielsystem 81
Zusammenarbeit
– bereichsübergreifende 53
Zusammenarbeit im Projektteam 119
Zusammenarbeit im Team 163